当代世界研究丛书编委会

Overview of Contemporary World Events

当代世界大事概览(2017)

主　　编　郭业洲
执行主编　王祖茂　王道攀

党建读物出版社

本书编写人员

王小颖　王道攀　陈云梅　曹伟美
庞　怡　杨骞硕　毕　嘉　张桂凤
郑　军　马俊杰　石迎梅　丁　辉

目　　录

1月

- 习近平对瑞士进行国事访问，参加世界经济论坛2017年年会，访问联合国日内瓦总部等国际组织
- 特朗普宣誓就任美国第45任总统
- 韩国宪法法院展开针对总统朴槿惠弹劾案庭审
- 英国启动“硬脱欧”

国际社会寄语 2017。中国国家主席习近平发表新年贺词表示，2016 年，中国“十三五”实现了开门红。中国积极践行新发展理念，加快全面建成小康社会进程，推动经济增长继续走在世界前列。只要中国 13 亿多人民和衷共济，只要中共永远同人民站在一起，大家撸起袖子加油干，就一定能够走好我们这一代人的长征路。2017 年，中国共产党将召开第十九次全国代表大会，要继续发力全面建成小康社会、全面深化改革、全面依法治国、全面从严治党。中国人历来主张“世界大同，天下一家”。真诚希望国际社会携起手来，秉持人类命运共同体的理念，把我们这个星球建设得更加和平、更加繁荣。联合国秘书长古特雷斯称，请所有人一起下定决心，把和平放在首位，超越政治分歧，展现团结精神，彼此相互尊重，开展对话合作，实现进步繁荣。让 2017 年成为和平之年。美国总统奥巴马在推特发表新年祝辞表示，美国在过去 8 年取得了非凡进步。所有这些成绩的取得是做出艰难选择后的结果，是美国人努力工作和不屈不挠的结果。保持美国继续向前是美国所有人的任务。美国候任总统特朗普在推特上发声明表示，期盼一个精彩、繁荣的 2017 年，并“祝大家新年快乐，包括我的敌人以及那些和我对抗但输得很惨以致不知所措的人”。俄罗斯总统普京在新年贺词中表示，2016 年是“艰辛”的一年，但俄罗斯民众团结在一起，取得了丰硕的成果。英国首相特雷莎 · 梅表示，2016 年英国公投决定脱离欧盟，这对英国意义重大，意味着更大的机遇和挑战。德国总理默克尔表示，面对叙利亚阿勒颇遭轰炸的画面，必须再次说明，在过去一年里帮助那些的确需要保护的人，接纳他们在德国生活并且融入，是多么的重要和正确！“团结、开放、民主和让人民生活更好的经济繁荣”，是使人们对德国未来充满信心的原因所在。法国总统奥朗德强调法国打击恐怖主义的行动还没有结束，要继续斗争。澳大利亚总理特恩布尔呼吁澳大利亚人民团结一致，共同捍卫其价值观和生活方式，称澳大利亚国防军将继续在叙利亚和伊拉克打击恐怖分子。朝鲜最高领导人金正恩在新年致辞中强调，朝鲜党和政府将忠实秉承自主、和平、友好的对外政策理念，发展扩大与拥护自主性的国家的睦邻友好合作关系，为实现真正的国际正义共同努力。全民族应齐心合力，打开北南自主统一大道，改善北南关系。韩国代总统、国务总理黄教安称，将着眼于国家未来，遵从国民意愿，尽全力恢复国家稳定；韩国将加强与美国、日本、中国和俄罗斯等国的外交合作，避免韩国因总统弹劾案出现外交真空。

中国正式接任金砖国家主席国。1 日，中国国家主席习近平就中国正式接任金砖国家主席国致信俄罗斯总统普京、南非总统祖马、巴西总统特梅尔、印度总理莫迪，向四国领导人介绍中方担任主席国期间推进金砖国家合作进程的设想。习近平指出，在各成员国共同努力下，金砖国家合作成功走过了第一个十年，在政治、经济、人文等诸多领域结出丰富成果。领导人会晤进程不断迈出新步伐，为金砖国家合作注入新的动力。金砖国家堪称新兴市场国家和发展中国家合作的典范，为各成员国人民带来福祉，为促进世界经济增长、完善全球治理、推动国际关系民主化作出重要贡献。习近平强调，2017 年，金砖国家合作将开启第二个十年。展望未来，金砖国家合作将取得更大发展，也将在国际事务中发挥更大作用。当前，全球挑战突出，国际形势中不确定、不稳定因素增加，金砖国家要加强团结合作，维护共同利益。作为 2017 年金砖国家主席国，中方期待同各成员国一道，围绕“深化金砖伙伴关系，开辟更加光明未来”的主题，凝聚合作共识，规划合作蓝图。习近平对 2017 年 9 月将在福建厦门举办的金砖国家领导人第九次会晤提出四点期待：深化务实合作，促进共同发展；加强全球治理，共同应对挑战；开展人文交流，夯实民意基础；推进机制建设，构建更广泛伙伴关系。3 日，中国外交部发言人耿爽表示，习近平主席 1 月 1 日的致信拉开了 2017 年金砖国家“中国年”的大幕，标志着中国作为金砖国家主席国的工作全面启动。中方将秉持开放包容、合作共赢的金砖精神，确保会晤取得圆满成功。

土耳其、马里、加拿大等国发生恐怖袭击事件。1 日，伊斯坦布尔一家夜总会发生枪击事件。土内政部长苏莱曼·索伊卢表示，此次恐怖袭击造成 39 人死亡、69 人受伤，其中 4 人伤势严重。“伊斯兰国”极端组织发表声明宣称对该枪击事件负责。2 日，中国国家主席习近平致电土总统埃尔多安，向遇难者表示哀悼，向埃尔多安、遇难者家属和受伤人员致以诚挚慰问。中国总理李克强向土耳其总理耶尔德勒姆致慰问电，向遇难者表示哀悼，向耶尔德勒姆、遇难者家属和受伤人员致以诚挚慰问。13 日，土逮捕两名嫌疑人奥玛尔·阿西姆和阿卜列兹·阿卜杜哈米提。18 日，马里北部城市加奥一军营遭到自杀式汽车炸弹袭击，造成至少 50 名士兵身亡。该军营驻扎着马里政府军和亲政府的民兵武装，距离联合国超级营地不到 300 米。中国赴马里维和医疗分队在爆炸发生后紧急前往遭袭地点参与救援。联合国秘书长古特雷斯 18 日通过发言人发表声明，谴责这一事件，呼吁尽快将袭击者绳之以法。声明说，遭袭击的军营属于为实现马里《和平与和解协议》而成立的协调运行机制。古特雷斯敦促各方全面落实和平协议条款，并尽一切努力阻止此类袭击再次发生。29 日晚间，加拿大东北部的魁北克市郊外一座清真寺发生恶性枪击事件，共造成 6 人死亡，8 人受伤，其中多人伤势严重。加拿大政府将本次事件定性为恐怖袭击。

古巴举行大型阅兵式庆祝武装部队建立 60 周年。2 日，古在首都哈瓦那革命广场举行盛大阅兵式，庆祝武装部队建立 60 周年。阅兵式由古国务委员会主席兼部长会议主席劳尔·卡斯特罗主持。数万古民众参加了阅兵式和随后的群众游行，纪念已故革命领袖菲德尔·卡斯特罗以及他领导的反抗巴蒂斯塔独裁统治的游击战。古共产主义青年联盟主席珍妮弗·扬在集会上发言时说，菲德尔去世后首次举行的军事和群众游行意义非凡，古青年一代将追随菲德尔的革命理想不断努力。古不会放弃独立或主权。11 日，美国国务卿提名人蒂勒森在出席美国会参议院听证会时称，他将建议特朗普保持对古的经贸和金融封锁，并重新评估 2015 年美国把古从“支持恐怖主义国家”名单中删除的举措是否得当。25 日，在多米尼加共和国举行的拉美和加勒比国家共同体峰会上，古领导人劳尔表示，愿意与美新总统特朗普进行相互尊重的对话，并且就共同关心的问题进行合作。尽管两国“能够以文明的方式合作和共存”，古不会“对有关主权和独立的问题做出让步”。

韩国宪法法院展开针对总统朴槿惠弹劾案庭审。3 日，韩宪法法院首次展开针对总统朴槿惠的弹劾案庭审。朴槿惠缺席辩论，此次审判开庭 9 分钟后即宣告结束。宪法法院院长朴韩哲在开庭发言中表示，法院将竭尽全力，对弹劾案做出“严格、公正”的审理。朴韩哲同时敦促国会及总统方面在审理中与宪法法院保持合作。5 日，宪法法院举行朴槿惠弹劾案第二次庭审。朴槿惠仍未出庭，由其辩护律师代为出庭。国会一方和朴槿惠辩护律师一方展开激烈辩论。国会一方指出，朴槿惠面临涉嫌向“亲信”崔顺实泄露国家机密，让其介入人事任免；强迫大企业捐款，并收受贿赂；在“岁月号”沉船事故发生时没有积极应对，未能保护国民生命等多项指控，这些行为违反了国家宪法和法律，因此弹劾朴槿惠理由正当。朴槿惠一方辩护律师全盘否认朴涉嫌受贿的指控，要求法院驳回弹劾案。10 日，宪法法院举行总统弹劾案第三次庭审。朴槿惠的律师团提交答辩状，交代“岁月”号沉船事故当天朴的 7 小时行踪，但律师团没有拿出朴槿惠和时任国家安保室室长金章洙关于沉船事故电话沟通的记录。宪法法院指出答辩状未达要求，须补充总统通话记录等内容。国会弹劾案委员团批评说，朴槿惠在接到首次书面报告后没有作出指示，在巨大灾难面前处理延迟。因为在官邸而非办公室工作，浪费了营救“黄金时间”，花大约 1 小时做头发属于“玩忽职守”。以总统为中心的国家危机管理体系事实上处于“崩溃状态”。由于青瓦台总统秘书室前附属秘书郑虎成、“亲信干政”事件主角崔顺实、青瓦台政策调整前首席秘书安钟范 10 日均未出庭，庭审较快收场。宪法法院决定于 16 日和 19 日再分别对 3 人进行审问。18 日，韩三星电子副会长李在镕因涉嫌向朴槿惠行贿，接受首尔中央地方法院审讯，后在检方陪同下前往首尔拘留所，等待法院决定是否对其签发逮捕令。19 日，首尔中央地方法院以证据不足以及核心事项尚有争论为由，决定不对李在镕签发逮捕令。李在镕从首尔拘留所被释放。同日，韩执政党新国家党非常对策委员会委员长印名镇表示，由于弹劾总统程序尚在进行，该党不打算开除总统朴槿惠。因朴不仅是新国家党成员，还关系国家尊严，在她已经面临政治危机的时候不宜落井下石。21 日，韩国民众举行第 13 次周末烛光集会，要求朴槿惠立即辞职、宪法法院加快审理对朴弹劾案、逮捕在“亲信干政”事件中涉嫌有权钱交易行为的大企业掌门人。24 日，由新国家党反朴派组建的正党在首尔举行建党大会，推举郑柄国为首任党首。正党成为韩国会第四大党，拥有 31 名国会议员，与新国家党同为保守阵营。25 日，韩特检组执行崔顺实逮捕令，强制传唤崔顺实。

英国启动“硬脱欧”。3 日，英驻欧盟大使罗杰斯宣布辞去职务，他在辞职信中表示，和欧盟相比，英缺乏专业的谈判专家，英需要迅速任命一个谈判小组。他还说：“决定英国未来立场的高级部长们，也需要详细、真实、细微地理解欧盟其他 27 个成员国的观点、利益和动机。”同日，英首相府发布声明表示，在 3 月底英正式触发《里斯本条约》第 50 条、开启“脱欧”协谈之前，罗杰斯将会协助下一人选来接替其职位。4 日，英首相府宣布任命资深外交官蒂姆·巴罗为英驻欧盟大使。8 日，英首相特雷莎·梅在电视采访中称，英可能无法保留“丝毫”欧盟成员国身份。在英启动“脱欧”谈判之前，她面临为其“脱欧”策略提供更多细节的压力。英评论界认为，这是特雷莎·梅意图“硬脱欧”的一个迹象，商界称“硬脱欧”或将剪断英与欧盟单一市场纽带，令英经济受损。9 日，特雷莎·梅针对舆论表示，媒体使用了她无法接受的措辞，她不接受“硬脱欧”和“软脱欧”的说法，英彻底退出欧盟单一市场并非不可避免。“我们要做的是，尽可能在与欧盟的贸易关系、在欧盟单一市场中开展业务等方面，为英争取最为有利的协议。”17 日，特雷莎·梅在电视讲话中阐述英国“脱欧”谈判目标时强调，英不再待在欧洲共同市场、不再待在欧洲关税同盟、不再受欧洲法院司法管辖的约束、完全控制本国边境、限制来英的移民数量等，但英将寻求与欧盟签订自由贸易协定。这是英政府在 2016 年 6 月全民公投决定“脱欧”后首次就“脱欧”安排进行表态。特雷莎·梅发表此番讲话后英镑暴涨 2.5%。18 日，欧盟委员会主席容克在法国斯特拉斯堡表示，欧盟委员会在英“脱欧”问题上持“不怀敌意”的心态，不会寻求惩罚英。虽然他个人仍不愿看到英“脱欧”，但乐见特雷莎·梅对“脱欧”路线作出清晰表述。他希望与英达成一个对双方都公平的协议。容克还表示“脱欧”谈判将非常艰难。19 日，特雷莎·梅在达沃斯世界经济论坛上再次表示坚定“脱欧”。她称英在做出脱离欧盟决定后，正面临一个“巨大变革的时期”，希望在世界舞台上打造自己的新角色。英将大力主张商业、自由贸易和自由市场。这一进程也包括英在脱离欧盟之前，与欧盟签订“大胆和富有雄心”的贸易协定。英已开始与新西兰、澳大利亚和印度等一些国家就自由贸易协定进行谈判。24 日，英最高法院就“启动脱欧程序案”作出终审宣判，裁决英政府在启动“脱欧”程序前需经议会批准，但无须征得苏格兰、威尔士及北爱尔兰地方议会同意。英“脱欧”事务大臣戴维斯称，政府尊重最高法院裁决，将尽快向议会提交法案并获得议会通过，以确保按原计划于 3 月底前启动“脱欧”程序。

委内瑞拉总统马杜罗面临反对党挑战。4 日，马杜罗宣布任命前内政部长艾萨米为副总统，并更换了部分内阁成员。8 日，马杜罗再次宣布新措施，创建由副总统艾萨米领导的指挥部，来抗击国内反对派试图发起的政变。9 日，委内瑞拉反对党联盟控制的全国代表大会（议会）召开特别会议，通过了认定马杜罗总统“放弃职务”的提案。当天，委最高法院发表声明说，议会无权宣布总统“放弃职务”，应立即停止任何超越其职权的行为。委执政党议会发言人罗德里格斯表示，反对党将议会变成了“马戏团”，这是一个“荒唐的、非法的”决定。10 日，马杜罗在电视讲话中表示，他从未“放弃职务”，将对全国代表大会采取法律行动。11 日，委反对党联盟秘书长托雷阿尔瓦表示，由于政府一直未履行在此前对话中达成的协议，该联盟将不出席原定于 13 日与执政党举行的对话。他还指出，在国际斡旋小组努力下，双方此前在释放政治犯、恢复议会合法地位、人道主义援助以及重设选举时间表这 4 个问题上达成了一致意见，但马杜罗政府至今未兑现当时许下的承诺。15 日，马杜罗发表年度讲话，宣布委新货币将于 16 日开始流通，旧的 100 玻利瓦尔面值货币流通时间将延长至 2 月 20 日。16 日，马杜罗首次针对美国候任总统特朗普发表评论称，“总不会比奥巴马更糟”。30 日，委政府发布《政府公报》，马杜罗向副总统艾萨米正式授予 15 项属于总统的职权。这些职权包括任命副部长以及独立政府机构的领导层；审批部长和公职人员向中央银行购汇的申请；征用或强制购买财产；新增、修改和撤销独立政府机构；审批独立政府机构预算等。《政府公报》称，作出以上决定是为了提高政府运转和执行效率。

日本对外交往活跃。5 日上午，日防卫大臣稻田朋美在比利时首都布鲁塞尔与北约秘书长斯托尔滕贝格举行会谈。双方一致认为应在打击海盗等海洋安全、网络防御等领域推进合作。5 日晚，稻田在巴黎与法国国防部长勒德里昂举行会谈，确认加强两国防务合作。双方还就签署日自卫队与法军进行物资和劳务相互融通的《物资劳务相互提供协定》的重要性达成共识。6 日，为抗议韩在日驻釜山总领事馆前新设“慰安妇”少女像，日采取系列报复措施：中断为重新签订日韩货币互换协议开展的磋商；延期举行日韩高级别经济磋商；日驻釜山总领馆官员暂停在釜山一切双边外交活动；将驻韩大使长岭安政及驻釜山总领事森本康敬临时召回国。8 日，日外务副大臣薗浦健太郎访问阿富汗，与总统加尼举行会谈。薗浦提出日在 2016 年的内阁会议上决定拨款 190 亿日元（约合人民币 11 亿元）用于提升阿维持社会治安能力，要求阿政府为国家重建进一步努力。10 日，日首相安倍晋三表示，决心与美国候任总统特朗普共享有关亚洲安全环境认识，加强日美同盟，共享包括“法治”在内的基本价值观，并向全球强调日主张面向未来的外交理想。12—17 日，安倍启程对菲律宾、澳大利亚、印度尼西亚、越南 4 国进行访问。12 日，安倍在马尼拉与菲总统杜特尔特举行会谈，表示今后 5 年将对菲提供包括政府开发援助和民间投资 1 万亿日元（约合 88 亿美元）规模的援助。双方设立"经济合作基建联合委员会"。14 日，安倍同澳总理特恩布尔举行会晤，讨论了贸易和安全问题。日澳签署了修改后的《物品劳务相互提供协定》，将弹药列入可相互提供范围。15 日，安倍与印尼总统佐科举行会谈。安倍表示，希早日与印尼缔结促进防卫装备和技术转让协定，以加强双方在安全防务领域合作。日将在基础设施建设、加强海上警备能力和反恐措施等方面加大对印尼援助。16—17 日，安倍访越，会晤越总理阮春福，承诺向越提供 1174 亿日元（约合 10 亿美元）经济援助，并提供 6 艘新造大型巡逻船。阮春福表示欢迎日加大对越投资力度，乐见日成为越未来最大投资国。鉴于 2017 年菲担任东盟轮值主席国，越担任亚太经合组织首脑会议主席国，安倍向菲越两国表示，日将予以合作以便推动相关首脑会议获得成功。20—22 日，日美韩 3 国海军联合进行为期 3 天的导弹预警演习。3 国均派出"宙斯盾"驱逐舰参加演习，以模拟朝鲜发射弹道导弹为场景，主要演习 3 国的"宙斯盾"舰如何探测和追踪导弹，并在探测和追踪的过程中如何实现共享相关信息。26 日，日英两国政府签署了日本自卫队与英军互通物资的《相互提供物资与劳务协定》。英成为继美澳之后第三个与日签署该协定的国家，也是首个与日签署此协定的欧洲国家。

俄罗斯坚决否认干涉美国总统选举。6 日，美国家情报总监办公室在一份调查报告中称，俄罗斯政府通过网络袭击等方式干涉 2016 年美总统选举。报告表示，俄政府对特朗普有明显偏好，期望通过使民主党总统候选人希拉里丧失信誉的方式来提高特朗普获胜几率。特朗普同日表示，选举结果未受影响。8 日，即将出任美白宫办公厅主任的普里伯斯告诉美福克斯电视台，特朗普已接受美情报界关于俄通过网络袭击干涉 2016 年美总统选举的评估结果。特朗普上任后将下令美情报界就此事提供建议，并有可能采取相应措施。9 日，俄总统新闻秘书佩斯科夫表示，美情报界最新报告"不值一读"，报告对俄提出的指控是"业余的，充满感情色彩的"，俄坚决否认俄官员或部门干预美总统选举。

韩国总统选举展开政治竞争活动。5 日，韩最大在野党共同民主党前党首、总统热门人选文在寅在"权力积弊清算座谈会"上提议，韩总统办公室应搬至光化门，把青瓦台还给民众，总统24小时行踪应公开。7日，联合国前秘书长潘基文组成“竞选团队”。15日，潘基文表示，韩国政府出于防御目的应该部署“萨德”，“萨德”部署引起的与周边国家的关系问题，可以通过外交渠道得到妥善解决。16日，潘基文致电朴槿惠总统，表示希望朴圆满解决当前时局。17日，文在寅提出可将部署“萨德”作为解决朝核问题的筹码。首尔市市长朴元淳在脸书上称，“不能为了算计政治选票而改口”“政治人物如果站在国民的一边就要在任何情况下遵守对国民承诺”。19日，文在寅访问了为创造工作岗位立功的企业，这是文在寅宣布若他就任总统将创造130万个工作岗位构想后，正式开始进行相关活动。21日，潘基文助手发表声明说，潘基文就其弟在美国涉及一桩行贿案表示道歉，潘基文希望相关法律调查程序能够“严格、透明地”展开，以回应民众关切且不留任何疑点。22日，正式宣布参加总统竞选的忠清南道知事安熙正表示，仓促部署“萨德”是愚蠢行为。23日，韩在野党国民之党前党首安哲秀对韩下届总统大选潜在候选人分别作出评价。他认为，潘基文不参选的可能性在增大，文在寅是“过去的人”，此次大选将成为自己与文在寅的对决，而他有自信获胜。安哲秀还承诺会继前总统金大中后，在第四次产业革命时代的下一个20年有所作为。

朝鲜称洲际弹道导弹试射准备已进入最后阶段。8日，朝外务省发言人表示，朝的洲际弹道导弹试射准备已进入最后阶段，将随时发射洲际弹道导弹。这位发言人在回答记者提问时称，美国一贯坚持对朝敌视政策，几十年来一直侵犯朝的主权和重要权力。朝开发洲际弹道导弹是为了加强自卫能力，以应对美越来越不加掩饰的核战争威胁。而美却呼吁加紧对朝制裁，将朝的导弹发射准备说成是“挑衅”和“威胁”。同日，韩国国家安保室长金宽镇启程赴美，与美新一届政府人士就朝鲜和朝核问题、韩美同盟等两国主要安全政策进行广泛磋商。31日，韩国国防部长官韩民求和美国防部长马蒂斯通电话，双方评估了朝鲜半岛安保局势，就美方向韩提供“延伸威慑”等问题达成一致，两国将保持高度军事戒备，有效、及时应对各种突发状况。两国防长就按计划推进“萨德”反导系统部署，以及两国加强防务部门合作和对朝政策合作的必要性等达成共识。

世界再度聚焦伊朗核问题。10日，伊朗核问题六国与伊朗在维也纳举行了全面协议联合委员会第六次会议。六国与伊审议了制裁解除、执行核领域措施、阿拉克重水堆改造等重大问题，并再次确认了认真执行协议的政治意愿。17 日，伊总统鲁哈尼在首都德黑兰举行新闻发布会表示，伊核协议没有再谈判的可能。美国候任总统特朗普关于修改核协议的言论只是一面之词。18 日，联合国安理会举行伊核问题公开会。中国常驻联合国副代表吴海涛呼吁伊核问题各方坚定政治意愿，排除外部干扰，维护伊核问题全面协议的执行进程。31 日，针对美官员透露伊于 29 日试射了一枚中程弹道导弹，安理会应美方要求召开紧急会议，就此问题展开磋商。美常驻联合国代表黑莉称伊朗试射导弹“不可接受”，要求安理会采取措施。美国务院发言人托纳表示，美正在调查伊试射弹道导弹是否违反联合国安理会相关决议。当日，正在伊访问的法国外长艾罗在记者会上就伊连续多次试射弹道导弹表达了担忧，称“试射违反了伊核问题协议的精神”。艾罗表示，此访意在捍卫伊朗核问题协议，但也对伊举动保持警惕。虽然伊“大体上”遵守该协议，但在过去一年进行了“多次”弹道导弹试射，令该协议精神面临考验。同日，伊外交部长扎里夫警告美国不要故意“制造紧张”。但扎里夫并未证实伊试射导弹消息是否属实。他强调，“导弹问题并不在伊核协议范围之内”，伊的导弹“并非设计用于运载核弹头，而只是搭载用于正当防卫的普通弹头”。

2017 年全球经济增长速度为 2.7%。10 日，世界银行发布预测报告称，2017 年，剔除物价变动因素后的全球经济实际增速将为 2.7%，虽然高于 2016 年的 2.3%（推测值），但世行认为美国特朗普政府的政策可能成为导致动荡的因素。17 日，联合国发布《2017 年世界经济形势与展望》报告称，在全球经济陷入长期增长缓慢的局面下，在所有区域中，东亚和南亚继续维持最快经济增长速度。发达经济体增长 1.8%，新兴市场和发展中经济体增速将升至 4.2%。19 日，欧洲央行宣布维持三大利率，即主要再融资利率 0.0%、隔夜贷款利率 0.25%、隔夜存款利率 -0.4% 及现有量化宽松措施不变。

越南共产党中央总书记阮富仲访华。12—15 日，应中共中央总书记、中国国家主席习近平邀请，越共中央总书记阮富仲对中国进行正式访问，这是他第八次访华，也是其在越共十二大连任总书记后首次访华。12 日，习近平与阮富仲举行会谈。双方一致表示，要秉持“长期稳定、面向未来、睦邻友好、全面合作”方针和“好邻居、好朋友、好同志、好伙伴”精神，着眼大局、立足长远、坚定目标、相向而行，推动中越关系沿着正确轨道向前发展。习近平说，此访恰逢中越建交 67 周年及两国传统新春佳节即将来临之际，体现了越共中央和总书记同志对中越两党两国关系的高度重视。在双方共同努力下，中越全面战略合作伙伴关系持续健康稳定发展，两国传统友谊日益巩固，政治互信不断深化，务实合作成果累累，人文交流更加活跃。我们对中越关系的良好发展势头感到高兴。习近平就进一步发展中越关系提出七点建议：一是加强高层引领，增进政治互信。二是深化两党合作，促进交流互鉴。两党关系对两国关系具有重要引领作用，双方要构建全方位、宽领域、多层次交往格局，深化治党治国经验交流互鉴，共同提升执政能力和党的建设科学化水平。三是深化务实合作，加快战略对接。四是拓展两军交往，深化安全合作。五是活跃民间交往，夯实民意基础。六是妥善管控分歧，推进海上合作。七是加强国际协调，维护共同利益。中方支持越方举办 2017 年亚太经合组织领导人非正式会议。阮富仲对中共十八大以来所取得的重大建设成就表示祝贺，并对越中两党两国关系给予高度评价。他表示完全赞同习近平总书记对发展两党两国关系的建议，指出越中关系健康稳定发展对两国社会主义事业具有决定性意义。越南将传承越中传统友谊，坚持按照“十六字”方针和“四好”精神推进越中全面战略合作伙伴关系，这是越南对外关系的战略选择和长期外交政策的优先考虑。越方愿同中方一道，加强高层引领，深化战略沟通，增进政治互信，全面深化两党交流合作并发挥好对双边关系的引领作用，开展“两廊一圈”和“一带一路”倡议对接，加强并扩大双方海上合作，促进双方贸易、投资、旅游、国防、安全、民间交流和青年等领域合作取得更多实质性成果，把越中关系提升到更高水平，为促进地区乃至世界和平发展作出贡献。阮富仲访华期间，中越签署了《中国共产党和越南共产党高级干部培训合作协议（2017—2020 年）》等多个合作文件。中国国务院总理李克强、全国人大常委会委员长张德江、全国政协主席俞正声分别会见了阮富仲。

冈比亚总统更迭起风波。13 日，非洲联盟宣布，将从 19 日起不再承认贾梅为冈比亚总统。17 日，贾梅发表电视讲话，宣布冈进入全国紧急状态，时间为 90 天。18 日凌晨，议会通过决议，宣布将贾梅总统任期延长 90 天。贾梅表示，在全国紧急状态下，“任何违背法律、煽动暴力或扰乱公共秩序的行为都将受到严惩”，安全部队已经部署，以保证和平、法律和秩序。19 日，冈新当选总统巴罗在位于达喀尔的冈驻塞内加尔大使馆宣誓就任总统，但贾梅拒绝交出权力。巴罗呼吁贾梅尊重冈宪法。同日，联合国安理会一致通过决议，要求冈进行和平有序过渡，在当天将权力移交给当选总统巴罗。当日晚些时候，塞内加尔、尼日利亚、加纳、多哥、马里 5 个西非国家经济共同体成员国出兵冈比亚，意图通过武力逼迫贾梅交权。20 日，毛里塔尼亚、几内亚等国总统飞抵冈，为贾梅交权调停斡旋。21 日，贾梅宣布交出总统权力。当日晚，贾梅在几内亚总统孔戴的陪伴下登上其专机，飞往几内亚首都科纳克里，并于22 日赴赤道几内亚流亡。22 日，巴罗接受塞内加尔媒体采访时表示，流亡的前总统贾梅已将国库“掏空”。26 日，联合国秘书长西非和萨赫勒问题特别代表钱巴斯陪同巴罗从塞内加尔返回冈，协助冈实现政治过渡。

第 27 届法非首脑会议举行。14 日，第 27 届法非首脑会议在马里首都巴马科举行。本届会议为期一天，聚焦维护和平与安全、开展经济合作两个议题。共有 60 个代表团与会，其中包括来自法国和非洲的 35 名国家元首和政府首脑。法国总统奥朗德在开幕式表示，法与非洲拥有不可替代的特殊关系，双方前途紧密相连。未来 3 年法计划每年培训 2. 5 万名非洲士兵，以应对非洲地区面临的安全威胁和打击恐怖主义的任务。未来 5 年法将投资 230 亿欧元用以支持非洲发展，法还将组织成立由法非共同管理的法非投资基金，以支持和鼓励非洲中小企业发展。马里总统凯塔表示，非洲国家与法合作历史悠久，双方有意愿并有可能促进合作、维护和平、实现崛起。他强调，“法非首脑会议不仅是一次政治和外交会晤，也开辟了一个促进经济合作发展的交流空间。”峰会期间，企业界人士还出席法非经济论坛，就共同关心的经贸问题交换意见。

中东和平会议尝试解决巴以问题。15 日，由法国倡议的中东和平会议在巴黎召开，约 70 个国家和国际组织的代表出席。本次会议聚焦巴勒斯坦和以色列和平进程。会议发表联合声明说，应采取紧急措施扭转不利于解决巴以冲突的趋势，推动巴以之间实现公正、持久和全面和平。各方表示，近年来巴以地区暴力冲突不断，以继续推进定居点建设，不利于解决巴以问题，巴以双方应立即开始有意义的直接谈判。各方重申，巴以谈判达成的解决方案应满足双方的合理愿望，例如巴享有建国权利，以应完全结束自 1967 年以来对相关土地的占领，满足以安全需求等。同时，各方强调了以 2002 年阿拉伯和平倡议作为解决巴以冲突的全面框架的重要性。各方还对 2016 年 12 月联合国安理会通过的第 2334 号决议表示欢迎。该决议重申以在巴被占领土上的定居点活动“违反国际法”，敦促以停止一切定居点活动。决议还呼吁立即采取措施防止针对平民的一切暴力行为，并请国际社会为此作出集体努力。巴方对巴黎会议作出的新决定表示欢迎。以表示，巴黎会议“离和平更远了”。法国外长艾罗指出，以撤出1967年占领的巴领土，是解决问题的基础。与会的英国代表团指出“对大会有一定保留意见”，没有在闭幕声明上签字。22日，耶路撒冷市政府批准在东耶路撒冷多个定居点内扩建566套住宅。同日，巴总统府发表声明，谴责以扩建行为，并敦促国际社会向以施压，尽快执行反对定居点建设的联合国决议。

习近平对瑞士进行国事访问，参加世界经济论坛2017年年会，访问联合国日内瓦总部等国际组织。16日，应以洛伊特哈德为主席的瑞士联邦委员会邀请，中国国家主席习近平对瑞士进行国事访问。习近平在伯尔尼同洛伊特哈德举行会谈，强调中瑞2016年建立创新战略伙伴关系，对深化两国合作具有重要引领作用。双方要深化贸易、金融合作，加强在数字化、智能制造、产能等方面合作，拓宽人文、文化交流，扩大留学生规模，加强职业教育合作，促进地方和民间交往，密切在国际和地区事务中的沟通协作，维护全球贸易自由化进程，为落实2030年可持续发展议程作出贡献。习近平感谢瑞方积极支持“一带一路”合作倡议，赞赏瑞在欧洲国家中率先加入亚洲基础设施投资银行。洛伊特哈德表示，瑞方钦佩中国经济社会发展成就、特别是在减贫和提高人民福祉方面的骄人成绩。两国元首一致同意，在中瑞创新战略对话平台这一新机制引领下，加强“中国制造2025”同瑞“工业4.0”对接，加强“一带一路”建设合作。两国将共同举办2017年中瑞旅游年。双方愿以中国举办2022年冬季奥运会为契机，加强冬季体育运动合作。17—20日，世界经济论坛2017年年会在达沃斯召开。论坛主题为“领导力：应势而为、勇于担当”。来自100多个国家的3000多名政商界代表参会。应该论坛创始人兼执行主席施瓦布邀请，习近平于17日在论坛年会开幕式上发表题为《共担时代责任　共促全球发展》的主旨演讲，指出世界经济长期低迷，贫富差距、南北差距问题更加突出。究其根源，是经济领域三大突出矛盾没有得到有效解决。一是全球增长动能不足，难以支撑世界经济持续稳定增长。二是全球经济治理滞后，难以适应世界经济新变化。三是全球发展失衡，难以满足人们对美好生活的期待。这些问题反映出，当今世界经济增长、治理、发展模式存在必须解决的问题。第一，坚持创新驱动，打造富有活力的增长模式。第二，坚持协同联动，打造开放共赢的合作模式。第三，坚持与时俱进，打造公正合理的治理模式。第四，坚持公平包容，打造平衡普惠的发展模式。习近平强调，中国坚定向前发展的决心不会动摇。中国将着力提升经济增长质量和效益，不断激发增长动力和市场活力，积极营造宽松有序的投资环境，大力建设共同发展的对外开放格局。施瓦布表示，世界经济论坛愿加强同中国伙伴关系，为推动解决世界性问题共同作出努力。开幕式后，习近平会见施瓦布并共同见证《中国国家发展和改革委员会与世界经济论坛关于全面深化战略合作的谅解备忘录》签署。开幕式当天，习近平还会见了美国副总统拜登、比利时国王菲利普、乌克兰总统波罗申科等政要。18 日，应联合国秘书长古特雷斯邀请，习近平访问了联合国日内瓦总部，在日内瓦万国宫出席“共商共筑人类命运共同体”高级别会议，发表题为《共同构建人类命运共同体》的主旨演讲。瑞士重要国际组织负责人、各国常驻日内瓦使节以及中国籍国际组织职员等约 800 人现场聆听习近平演讲。习近平强调，纵观近代以来的历史，建立公正合理的国际秩序是人类孜孜以求的目标。主权平等是数百年来国与国规范彼此关系最重要的准则，也是联合国及所有机构、组织共同遵循的首要原则。主权平等，真谛在于国家不分大小、强弱、贫富，主权和尊严必须得到尊重，内政不容干涉，都有权自主选择社会制度和发展道路。各国平等参与决策，构成了完善全球治理的重要力量。新形势下，我们要坚持主权平等，推动各国权利平等、机会平等、规则平等。历史和现实给我们的启迪是，沟通协商是化解分歧的有效之策，政治谈判是解决冲突的根本之道。各国和国际司法机构有责任维护国际法治权威，应该确保国际法平等统一适用，不能搞双重标准，不能“合则用、不合则弃”，真正做到“无偏无党，王道荡荡”。我们要推进国际关系民主化。世界命运应该由各国共同掌握，国际规则应该由各国共同书写，全球事务应该由各国共同治理，发展成果应该由各国共同分享。我们应该秉承中立、公正、独立的基本原则，避免人道主义问题政治化，坚持人道主义援助非军事化。习近平强调，构建人类命运共同体，国际社会要从伙伴关系、安全格局、经济发展、文明交流、生态建设等方面作出努力。一要坚持对话协商，建设一个持久和平的世界。二要坚持共建共享，建设一个普遍安全的世界。三要坚持合作共赢，建设一个共同繁荣的世界。四要坚持交流互鉴，建设一个开放包容的世界。五要坚持绿色低碳，建设一个清洁美丽的世界。古特雷斯表示，长期以来，中国在应对气候变化、减贫、可持续发展、预防外交、维和等领域发挥了积极领导作用。联合国愿同中国共同推进世界和平与发展事业，实现构建人类命运共同体的伟大理想。同日，习近平还访问了世界卫生组织并会见陈冯富珍总干事。习近平指出，中国正在全面推进健康中国建设，建立了世界上规模最大的基本医疗保障网。中国欢迎世界卫生组织积极参与“一带一路”建设，共建“健康丝绸之路”。陈冯富珍表示世界卫生组织将始终坚定奉行一个中国政策，继续支持中国深化医疗卫生改革，并加强同中方在“一带一路”框架下合作，以提高“一带一路”沿线国家健康卫生水平。同日，习近平在洛桑国际奥林匹克博物馆会见国际奥林匹克委员会主席巴赫。习近平指出，中国坚定支持并积极参与奥林匹克运动。筹办北京冬季奥运会是中国今后几年一项重大工作。成功举办北京冬奥会，有助于推动中国和“一带一路”沿线经济增长，有利于地区和平与稳定。期待国际奥委会继续支持中国体育事业发展。巴赫表示，国际奥委会高度关注中国改革发展事业，相信中国在政治、经济、文化、体育等各领域将取得更大发展。国际奥委会愿继续同北京冬奥会组委会共同努力，确保举办一届精彩的北京冬奥会，并助力中国人民实现中国梦。

德国政府宣布将于 9 月举行大选。18 日，德政府宣布将于 9 月 24 日举行大选。最新民调显示，第三度争取连任的总理默克尔领导的基督教民主联盟及基督教社会联盟阵营，以 38% 支持率大幅领先，反移民的右翼民粹政党“另类选择党”，支持度排第三。

丝路国际银行正式开业。18 日，由中资企业投资设立的丝路国际银行在吉布提共和国首都吉布提市开业。吉总统盖莱出席当天仪式并为丝路国际银行授牌。吉财政部部长、丝路国际银行董事会主席伊利亚斯·穆萨·达瓦莱表示，该银行是中国长期支持吉基础设施建设在金融领域的具体体现，也是中国政府在相互尊重、平等互利原则基础上发展对非关系的最好例证。该银行将推动吉乃至非洲地区金融业发展，并为中非金融合作打下良好基础。丝路国际银行由中国亿赞普集团、招商局集团、丝路亿商信息技术有限公司等企业与吉财政部共同发起成立，是中资企业首次在非洲大陆获得银行牌照，也是吉首家合资银行。该银行董事会副主席、亿赞普集团董事长罗峰表示，丝路国际银行是中国企业积极推进与“一带一路”沿线国家和地区合作的有益探索，未来将以新技术手段、市场化方式推进“一带一路”倡议在金融领域开展实践。该银行成立后，将为吉带来无缝对接中国企业和银行的跨国便捷金融服务。

特朗普宣誓就任美国第 45 任总统。20 日，特朗普宣誓就任美第 45 任总统。特朗普发表就职演说，表示将以“美国优先”为政策基础，把权力交还人民；承诺增加就业和教育机会；遵循两准则：买美国货，雇用美国人；与世界团结对抗并铲除极端伊斯兰恐怖主义。特朗普称不会让人民失望，将把工作带回美，重新守卫边境，夺回美的财富并重新找回美人民的梦想，“美国会再次开始赢得胜利，见证前所未有的繁荣”。特朗普就职仪式当天，华盛顿市中心发生数百名抗议者沿街打砸汽车和商铺窗户事件。示威者与警方冲突升级，217 名抗议者被逮捕。世界多个国家和城市，如英国首都伦敦、比利时首都布鲁塞尔、菲律宾首都马尼拉等地民众也以集会、示威、抗议等不同形式表达对美今后政策的担忧。就职当日，特朗普发布一号总统行政令，宣布尽快废除“奥巴马医改法案”。23 日，特朗普签署行政令，正式宣布美退出跨太平洋伙伴关系协定。24 日，特朗普下令推动 Key stone XL（该管道项目将把加拿大阿尔伯塔油砂原油运往美国炼厂）和达科他（该管道项目将通过美中西部地区和墨西哥湾沿岸运输巴肯石油公司的原油）两条石油管道建设。25 日，特朗普下令沿美国、墨西哥边境建造约 2000 英里的隔离墙。这一做法引发墨方强烈反弹，两国领导人预定 31 日会晤取消。27 日，特朗普与培尼亚举行了约 1 小时电话交谈，试图缓解两国紧张关系。同日，特朗普签署针对美军备行政令，要求增加“更多战机、舰船和各类资源”以重建“空虚的美军事力量”，还签署行政令，要求国务院采取“新审查措施”，今后 120 天内暂停所有难民入境，90 天内暂停向伊朗、苏丹、叙利亚、利比亚、索马里、也门和伊拉克 7 国普通公民发放签证；无限期禁止叙利亚难民进入。当天，禁令在美引发争议，纽约、洛杉矶等地机场出现抗议示威。28 日，微软、谷歌、苹果、特斯拉、优步等美知名科技企业分别发表声明，批评“禁穆令”。面对批评和争议，特朗普当天否认该禁令针对穆斯林，坚称美需要这类严格禁令，需要建立“极端审查”机制，且这样的审查机制应当持续多年。同日，伊朗外交部表示伊朗将禁止美公民进入伊，作为对特朗普“限制难民入境”行政令的回击。加拿大总理特鲁多在社交网络上发文，称“多元化是我们的力量”，加欢迎那些“躲避迫害、恐怖和战争的人们”。29 日晚，荷兰、德国外交部发布联合声明，反对特朗普的难民和移民政策。同日，美白宫办公厅主任普里伯斯表示，绿卡持有者不在“禁穆令”范围。30 日，伊拉克议会批准了禁止美民众申请进入伊拉克的议案。同日，欧盟官员表示欧盟将继续坚持向难民提供庇护。31 日，联合国呼吁特朗普尽快解除该禁令，“全球范围内难民和移民的需求从未如此严重，美难民安置计划至关重要”。

日本首相安倍晋三发表 2017 年施政演说。20 日，安倍晋三在国会众议院发表 2017 年施政演说，内容涉及经济、外交和安保等方面。就经济政策，安倍列举就业改善、税收增长等“安倍经济学”取得的成果，表示将继续推进“地方创生（振兴地方经济）”、工作方式改革等重点政策，使日经济步入“良性循环”。在外交方面，安倍晋三宣称将把日打造成一个“闪耀于世界中心的国家”。日美同盟始终是日外交和安保政策基轴，这是不变的原则。安倍晋三表示愿早日访美，和特朗普进一步强化同盟纽带关系。关于日中关系，安倍晋三称，日欢迎中国和平发展，愿本着战略互惠关系的原则，和中方共同努力改善双边关系。谈到日俄关系时，安倍晋三称将于 2017 年早些时候访俄，向着缔结和平条约的目标切实努力。关于备受关注的修宪问题，安倍晋三宣称，2017 年是宪法实施 70 周年，国会宪法审查应该加深讨论，拿出具体方案。当日，日民进党党首莲舫批评安倍晋三对国民关心的事项只字不提。日共产党委员长志位和夫说，安倍晋三在演说中报喜不报忧，在介绍经济现状时回避家庭消费连续 15 个月负增长等最关键数字。他还批评安倍晋三试图强行修宪，呼吁在野党联手予以阻止。

土耳其议会通过向总统制过渡的宪法修正案。21 日，土大国民议会在第二轮投票中通过了包含实行总统制在内的宪法修正案，但需在几个月后的全民公投中获得通过方可生效，土政体由此将出现实质变化。这一宪法修正案共有 18 条内容，其中最受关注的条款涉及从宪法上赋予总统实权，将土从议会制改为总统制。修正案一旦生效，获得扩权的总统可以直接任命包括副总统和内阁部长在内的高官，而现行宪法下拥有更多行政权力的总理职位将不复存在。土司法部长贝基尔·博兹达说，“土历史以及土民众生活的一扇新大门今天被敲开”“如果我们的人民投下‘支持’票，这扇大门将完全打开”。执政党正义与发展党官员透露，公投预计最早于 3 月 26 日、不迟于 4 月中旬举行。

俄罗斯总理梅德韦杰夫再度当选统一俄罗斯党主席。22 日，俄执政党统一俄罗斯党第 16 次代表大会在莫斯科举行。会议选举俄总理梅德韦杰夫连任该党主席，任期 5 年。俄联邦委员会主席马特维延科、国防部长绍伊古、文化部长梅津斯基、农业部长特卡乔夫、莫斯科市长索比亚宁等连任统俄党新一届最高委员会成员。在连任发言中，梅德韦杰夫就统俄党自身建设和党内治理、巩固统俄党在俄政治经济领域的地位、地方与中央的财政关系、西方对俄制裁以及改善人民生活等向统俄党代表提出具体要求。梅德韦杰夫在会上还宣读了俄总统普京的致信。信中说，过去几年，统俄党走在了俄政治体系的最前沿，巩固了自身的执政地位和影响力，完善了俄政治体系中民主、竞争和透明的程度，在建设一个自由、强大、繁荣的国家方面作出重大贡献。普京同时要求统俄党总结经验，制定更加负责、高效的发展计划，带领俄向前发展。

英国政府公布振兴工业新战略。23 日，英首相特雷莎 · 梅公布业界期待已久的现代工业发展战略，以振兴英工业生产，刺激科技和研发投资，降低“脱欧”后英经济对服务业的过度依赖。这一被视为更多“政府干预和介入”的政策，将涵盖英经济、贸易、教育、交通、数字经济、科研创新、技能培训和本土投资等诸多领域，特雷莎 · 梅希望借此减少监管障碍、提高出口竞争力，建立具有领导力、支持创新和技术的新机构，从而使更多人受益。特雷莎 · 梅强调说：“这项方案将亮明英自身的优势，当我们走出欧盟，作为一个独立的国家亮相时，我们要锻造自身的样貌、自己的未来。现代工业战略就将表明我们未来想要的经济形态。”

叙利亚问题阿斯塔纳会谈召开。23—24 日，叙利亚问题国际会谈在哈萨克斯坦首都阿斯塔纳召开。参加会谈的除叙国际政府代表团、叙反对派代表团外，还有俄罗斯、土耳其和伊朗政府代表团。会谈由哈方面主持，联合国叙利亚问题特使德米斯图拉和美国驻哈大使作为观察员出席会谈。叙反对派代表团成员 50 人，由 13 支反政府武装组成。24 日，俄罗斯、土耳其和伊朗三国代表团在阿斯塔纳举行闭门磋商后发表联合声明，表示将建立叙停火三国联合监督机制。声明说，俄土伊三国支持叙政府和反对派武装在阿斯塔纳举行会谈，尊重作为多民族和多宗教国家的叙主权和领土完整。武力无法解决叙问题，只有在完全落实联合国安理会决议基础上用政治手段解决叙问题。俄土伊呼吁国际社会支持叙政治进程，以落实联合国安理会通过的有关叙问题的决议。三国还表示，将继续打击极端组织“伊斯兰国”和“征服阵线”，并将这两个组织同叙反对派武装区分开来。三国支持叙反对派参加定于 2 月 8 日在日内瓦举行的叙利亚问题和谈。

英国首相访问美国。26—27 日，英首相特雷莎 · 梅对美进行访问，成为特朗普正式就任美总统后首位访美的外国领导人。26 日，特雷莎·梅在费城发表演讲，回顾英美关系的历史，呼吁两国站在一起“重新引领世界”，但不会回到失败的干预政策老路，“英美干预主权国家并试图按照自己形象改造世界的日子已经结束了，在我们一起重新发现信心、重新振兴国家之际，我们迎来在新时代重振两国特殊关系的机遇和责任”。27 日，特朗普在白宫会见特雷莎·梅，双方会谈主要集中在打击“伊斯兰国”组织、两国军事防务关系、未来双边经贸关系等议题上。特朗普强调美英传统盟友关系，称美将重塑与英在军事、金融、文化、政治等方面的深厚关系。他承诺持久地支持这一“最特殊关系”。特朗普还重申对英“脱欧”的支持，表示“脱欧”有利于英更自由地与各国达成贸易协定，是一件“非凡的好事”。特雷莎·梅随后在记者会上称，会谈展现了英美跨大西洋盟友关系的重要性，是塑造两国关系的关键时刻，特朗普已接受英国女王邀请，将在年内对英进行国事访问。特雷莎·梅与特朗普重新确认了英美对北约“不可动摇的”承诺，特朗普承诺百分之百支持北约。特雷莎·梅同意继续努力劝说欧洲国家领导人履行承诺，按规定将国内生产总值的 2% 用于防卫事务，使得财务负担更平均地分摊到每个成员头上。针对特朗普确认白宫和克里姆林宫安排其将与俄罗斯总统普京通电话事，特雷莎·梅表示英将维持对俄经济制裁。媒体认为，特雷莎·梅的声音代表了许多欧洲国家对俄制裁的看法。

法国大选竞争激烈。29 日，法前教育部长伯努瓦·阿蒙在当天举行的总统选举左翼阵营初选第二轮投票中获胜。其得票率达 58.65%，阿蒙的竞争对手、前总理瓦尔斯得票率为 41.35%。阿蒙获初选胜利后，将代表法左翼第一大党社会党参加于 4 月至 5 月举行的总统选举。30 日，法中右翼阵营共和党候选人、前总理菲永和妻子佩内洛普因“空饷门”事件分别接受调查人员超过 5 小时问询。佩内洛普被指长期“吃空饷”，一共领取工资约 50 万欧元。当天，菲永接受问询后发表声明说，他和佩内洛普已向调查人员提供信息，以帮助证明佩内洛普确实做了工作，并未“吃空饷”。菲永还表示，今后数日将向检方提供更多证据，证实佩内洛普的工作“真实存在”。

乌克兰东部战火重燃。29 日，乌东部发生冲突，东乌武装和乌政府军在整个停火区互相炮击，各自宣称打死打伤对方几十人，同时至少十余名平民伤亡。30 日，正在德国访问的乌总统波罗申科指责俄罗斯从资金和军事上支持乌东部的分离武装，俄方予以否认。同日，波罗申科中止对德访问，返回国内召集国家安全和国防委员会紧急会议。31 日，联合国安理会呼吁双方立即恢复停火。同日，美国国务院表示“深度担忧”，呼吁“立即、持久停火，以避免更大的人道主义危机”。英国外交大臣约翰逊指出，“最重要的是符合明斯克协议，实现安全和持久停火”。俄外交部发表声明，呼吁西方对乌施加影响，使其放弃在顿巴斯进行军事报复和撕毁明斯克协议的企图。俄总统新闻秘书佩斯科夫表示，俄方呼吁俄法德三国加大对乌施压力度，迫使乌方履行明斯克协议。俄常驻欧安组织代表卢卡舍维奇表示，“媒体的消息让人坚信，冲突是基辅发起的”。

第 28 届非盟首脑会议举行。30—31 日，第 28 届非盟首脑会议在埃塞俄比亚首都亚的斯亚贝巴举行。非盟 54 个成员国的国家元首、政府首脑、代表出席会议。本届峰会上，乍得外长法基当选新一届非盟委员会主席，加纳前副外长奎西当选新一届非盟委员会副主席，峰会还新推选出 8 名委员。本届峰会主题是“通过投资青年，驾驭人口红利”。非洲多国领导人呼吁给予年轻人更多投入，充分发掘非洲青年的巨大潜力，并提出未来一年非盟将通过投资青年享受人口红利。在此次峰会上卸任的非盟委员会主席德拉米尼·祖马在致辞中表示，青年是非洲大陆的比较优势，可转化为人口红利。非洲青年是未来的筹码，“需要激发青年全部的潜力，让更多年轻人参与进来，他们才会有主人翁精神”，必须给所有非洲青年提供上学、完成中等教育、接受职业培训或大学学习的机会，拓展其科学、数学、工程、技术知识。联合国秘书长古特雷斯作为特邀嘉宾参会。他表示，青年人在非洲发展中扮演重要角色，超过 3/5 的非洲人口年龄低于 35 岁，非洲需要从青年一代中受益。联合国将对非洲青年资助计划进行全力支持。古特雷斯还指出，联合国作为非洲伙伴感到自豪。非洲国家的团结精神，尤其是西非国家团结一致应对区域危机的能力值得赞赏，世界可以从非洲智慧、非洲见解和非洲方案中学到很多东西。展望未来，联合国将根据非洲人民的优先事项和需要，增强与非洲合作伙伴关系，加强在可持续发展等领域合作。首先要提高双方的战略伙伴关系水平，实施非洲“2063 年议程”和联合国“2030 年可持续发展议程”，共同促进和平、安全和人权。其次要加强联合国与非洲 8 个区域经济共同体的伙伴关系。此外，联合国还将致力于支持非洲改善治理架构和区域一体化的努力。

2月

- 美国总统特朗普相关入境限制令受挫
- 韩美计划部署“萨德”反导系统
- 巴西爆发大规模骚乱
- 施泰因迈尔当选德国总统

欧盟加紧与多国签订双边自贸协定。1日，欧盟和墨西哥商定在4月3—7日和6月16—29日进行两轮额外谈判，以加速自贸协定升级进程。15日，欧洲议会全会投票批准欧盟与加拿大签署的《综合经济与贸易协定》，协定于4月正式生效。欧洲议会公告说，该协定是欧盟与七国集团国家签署的第一份自贸协定，对欧盟意义重大。协定全部生效后，欧盟与加多数货物与服务贸易关税将取消，双方还将在服务和投资领域创造大量市场准入机会。欧盟贸易委员马尔姆斯特伦在议会讲话中表示，当前全球贸易保护主义呈上升趋势，欧加自贸协定签署体现欧盟对自由贸易原则的坚持。21日，欧委会官员透露，欧盟与日本虽然2016年未能在最后关头达成自贸协议，但年内应可完成。

美国总统特朗普相关入境限制令受挫。1日，联合国人权专家小组称，美总统特朗普签署限制难民及7个西亚非洲国家移民入境的行政命令违反国际人道主义和人权法。联合国秘书长古特雷斯表示，美颁布入境限制令并非保护美或任何他国不受恐怖分子渗透的最佳有效方案，这些措施应尽早解除。欧盟外交与安全政策高级代表莫盖里尼称，尽管美称有关禁令不影响拥有欧盟和有关国家双重国籍公民，但无法改变欧盟对禁令的坚决反对。伊朗总统鲁哈尼称，特朗普此举明显是违反人权的歧视行为，证明美此前声称只对伊政府有敌意而不敌视伊人民的言论是虚假的。3日，美国华盛顿州西区联邦地方法院法官罗巴特签署临时禁令，裁定在全美范围暂停实施特朗普有关行政命令。美国务院称，为遵从总统颁布的入境限制令，美已暂时撤销近6万份签证。4日，美司法部就罗巴特裁决向联邦第九巡回上诉法院提起上诉，表示该裁决逾越司法权限，阻碍总统行政命令执行，损害公众利益。美国土安全部代理新闻发言人克里斯滕森声明，全面暂停实施相关入境限制令，恢复此前对入境旅客的检查方式。美国务院声明，已恢复因行政令被临时撤销的签证，只要签证未被盖上注销戳记，持证人可进入美境内。5日，美联邦第九巡回上诉法院驳回司法部要求，维持罗巴特裁决。6 日，美司法部再度向该上诉法院请求恢复执行相关行政命令。9 日，该院作出决定，再次拒绝恢复司法部上诉。10 日，特朗普在专机“空军一号”上向随行记者表示，正考虑颁布“全新”行政命令，禁止穆斯林人口居多国家的移民入境。16 日，美司法部称，特朗普政府不愿继续就法院对其难民及移民入境禁令的裁决进行上诉，而是将于近期撤销该行政命令，颁布新的替代性行政命令；通过此举，特朗普将为立即实施保护美国的举措扫清道路，而不是寻求可能旷日持久的进一步诉讼。21 日，美国土安全部发布《落实总统边境安全和加强移民执法的政策》和《执行移民法律以服务国家利益》两份备忘录。根据上述备忘录，美边境执法部门有权逮捕、拘禁并驱逐任何非法移民，特别是有犯罪记录的非法移民，美国安部将再雇佣 1 万名执法人员，入境不足两年的非法移民都可能遭驱逐，规定在全美范围适用。22 日，美国安部官员和白宫发言人均表示，特政府计划扩大被遣返的在美无证移民范围新指令不会导致大规模遣返，需要时间逐步执行。

美国政府对伊朗施加制裁。1 日，美白宫强烈谴责伊进行弹道导弹测试，称伊此举破坏中东局势稳定，对美地区盟友构成威胁，警告伊将为此面临后果。同日，伊国防部长达赫甘称，伊近日射导不违反伊朗核问题全面协议和联合国安理会第 2231 号决议，伊不允许外国干涉自身国防事务。3 日，美财政部宣布对 25 个与伊弹道导弹项目相关的实体机构和个人进行制裁，受制裁者在美司法管辖范围内的财产将被冻结，美公民禁止与其进行交易。同日，伊外交部对此发表声明称，有关制裁与美相关承诺不符，违反伊核问题全面协议精神。4 日，伊伊斯兰革命卫队称，将举行军事演习，以展示伊完全准备好应对威胁和美羞辱性制裁。7 日，伊最高精神领袖哈梅内伊在美总统特朗普上任后首次发表公开演讲，表示特显露了“美真实嘴脸”，伊不畏美威胁。10 日，伊举行盛大集会庆祝伊斯兰革命胜利 38 周年，伊总统鲁哈尼称，现在美等一些国家刚刚就任的执政者应当明白，必须以尊重和礼貌的方式与伊人民对话。伊不会屈服任何外来威胁，且将对这些威胁给予果断回应。20 日，伊斯兰革命卫队在伊中部沙漠地区举行代号“伟大先知 11”的军事演习，试射多枚“先进火箭”。24 日，国际原子能机构发表季度报告称，伊正在履行伊核全面协议，未寻求建设现存重水堆，未进行丰度超过 3.67% 上限的铀浓缩。截至 18 日，伊低丰度浓缩铀存量为 101.7 千克，远低于伊核协议规定的 300

千克，重水量为 124 吨，未超过 130 吨的上限。25 日，伊原子能组织主席萨利希表示，伊与俄罗斯达成联合生产核燃料的“路线图”，拟用 3 年时间分 3 批从哈萨克斯坦进口 950 吨核工业原料铀“黄饼”，其中前两年分两批进口 650 吨，第三年进口 300 吨。

韩美计划部署“萨德”反导系统。1 日，韩国联合参谋本部议长李淳镇同美国参谋长联席会议（简称）参联会主席邓福德通电话，李淳镇请求美方关注“萨德”入韩进程，呼吁美提高为韩提供延伸威慑的执行力，确保特朗普政府执政初期管控韩美同盟未定事宜。同日，美太平洋空军司令部宣布，新泽西州大西洋城空中国民警卫队 12 架 F－16“战隼”战机及 200 余名军人将在 2 月以轮换部署方式派往驻韩美军乌山空军基地。这是特上任后首次调动本土军力赴韩换防。3 日，韩国防部长韩民求在首尔会见来访的美新任国防部长马蒂斯，双方就按计划于年内部署和启动“萨德”系统达成共识，强调“萨德”只针对朝鲜导弹威胁。马蒂斯称，此访旨在强调美将美韩同盟关系承诺置于优先位置，美将坚持对盟友防卫及延伸威慑承诺。同日，韩外交部长尹炳世与马蒂斯会晤，双方认为外交施压和军事威慑仍是解决朝核问题主要方法，应进一步强化，将按计划推进部署“萨德”系统。部署“萨德”只针对朝军事威胁，未损害任何邻国利益。中国在遏制朝发展核能力并解决朝核问题上的作用至关重要，将密切合作推动中方发挥建设性作用，并确保中方彻底执行安理会涉朝决议。14 日，韩军方表示，韩美已就 F－22 隐形战斗机、核动力航空母舰等美战略武器参加 3 月举行的韩美联合军演“关键决断”和“鹞鹰”达成一致。24 日，韩国防部发言人文尚均称，韩政府将争取如期部署“萨德”反导系统。27 日，韩乐天集团理事会表决通过将星州高尔夫球场转让给国防部用于部署“萨德”反导系统的议案。28 日，韩国防部与乐天集团签署关于置换京畿道南杨州市军事用地与星州高尔夫球场的协议。

潘基文宣布不参加韩国总统竞选。1 日，联合国前秘书长潘基文与韩保守党领袖会晤后在韩国会举行记者会称，将收回主导国家政治变革、实现国家统合的政治意向，不参加韩下届总统竞选。潘基文表示，韩政坛部分陈腐狭隘的利己主义态度让其大失所望，希望自己的决定得到国民谅解，并向其支持者和共事者致歉。

英国政府公布“脱欧”计划白皮书。1 日，英议会下议院反对通过政府提交的要求议会授权首相特雷莎·梅启动正式“脱欧”程序的议案。2 日，英政府公布“脱欧”计划白皮书，以法律文件形式明确政府“脱欧”目标，强调实现平稳有序“脱欧”。8 日，英议会下议院投票通过政府提交的“脱欧”法案，并将法案移交上议院审议。17 日，特雷莎·梅在伦敦会见到访的法国总理卡泽纳夫，商讨英即将启动“脱欧”程序相关事务。特雷莎·梅表示，英国人通过公投决定退出欧盟，但并不是要退出欧洲，英继续把法国和所有欧盟成员国视为可靠合作伙伴，不会损害欧盟利益，英将保障所有在英生活的欧盟公民权利。20 日，英议会上议院开始审议“脱欧”法案。21 日，欧盟委员会主席容克透露，英“脱欧”肯定不会“打折”或“零损耗”，欧盟方面会开出天价账单让英政府承担。

俄美关系出现起伏。2 日，美国财政部宣布修改奥巴马政府对俄罗斯联邦安全局的制裁，允许美公司就信息技术产品与该机构进行“部分交易往来”。5 日，美总统特朗普同北约秘书长斯托尔滕贝格通电话，表达对北约的有力支持，同意于 5 月下旬赴欧出席北约领导人峰会，呼吁欧洲伙伴国承担更多义务。双方讨论了如何促使所有北约盟友履行防卫支出承诺，同意继续紧密协调合作以应对北约面临的各种安全挑战，并就和平解决乌克兰边境冲突的可能性进行探讨。同日，俄外交部长拉夫罗夫称，美前总统奥巴马给俄美关系造成损害，俄愿为恢复两国关系做好该做的。俄将密切关注美现总统特朗普的涉俄言论，“他关于在两国间展开正式对话的必要性的声明，为双边关系的积极推进带来了希望”。7 日，北约四支军队抵达立陶宛如克拉军事基地，数百名德国士兵被部署在距俄边境 100 公里处。9 日，美白宫发言人斯派塞称，由于俄吞并克里米亚，美方没有审视取消对俄制裁的可能性。10 日，拉夫罗夫表示，北约在俄边境附近举动具有挑衅和破坏稳定性质。13 日，白宫宣布，美国家安全事务助理弗林向总统特朗普递交辞呈，特朗普已接受，白宫国家安全委员会办公厅主任凯洛格出任代理国家安全事务助理。15 日，美一些参议员和众议员向两院提交有关国会对任何可能取消制裁行动予以监督的法案文本，法案规定任何取消或放宽制裁都要有 120 天的审查期。如果国会不通过相关取缔决议，总统才可以采取相应行动。16 日，俄总统普京在俄联邦安全局讲话时称，恢复俄与美及其他北约成员的情报机构对话符合各方共同利益，所有负责任国家均须在反恐领域合作。俄总统助理乌沙科夫称，俄美尚未就普京与特朗普会面达成协议或明确共识。俄总统发言人佩斯科夫称，俄美正在浪费时间，特别是在两国均无力独自解决紧迫世界问题之际。同日，美国务卿蒂勒森与俄外交部长拉夫罗夫在德国波恩会晤。拉夫罗夫在会晤后表示，此次会面是有成效的。蒂勒森在会后说，双方进行了一场有建设性的会议，讨论了许多共同关心的话题。美寻求与俄达成新共识，希望俄能遵守不让乌克兰冲突升级的《明斯克协议》。同日，美国防部长马蒂斯在布鲁塞尔称，美目前未准备好与俄进行军事合作，但美俄领导人将就此进行接触。在美和北约考虑与俄发展更紧密军事关系前，俄首先必须证明自己，重点是俄必须遵守国际法。当天，美国防部发表声明称，美参联会主席邓福德当日与俄武装力量总参谋长格拉西莫夫在阿塞拜疆举行会谈，双方表示美俄已建立避免在叙利亚空中发生互相碰撞的机制，同意就进一步采取类似稳定措施加强沟通。双方还讨论了美俄关系及欧洲、中东和世界其他地区安全问题。20日，美总统特朗普任命现役军人、美陆军能力集成中心主管麦克马斯特为新任国家安全事务助理。27日，美众议院情报委员会主席努恩斯在华盛顿称，目前尚无证据显示特朗普的竞选团队曾与俄官员定期接触。

以色列通过约旦河西岸犹太人定居点合法化法案。2日，美国白宫发言人斯派塞称，美政府对以色列定居点建设不持官方立场，尽管美方认为以现有定居点不会阻碍实现地区和平，但以方越界新建或扩建定居点可能无助于此。6日，以国会最终通过约旦河西岸犹太人定居点合法化法案，追溯4000个约旦河西岸已建犹太人住房具有合法效力，同时表述称"约旦河西岸原始的巴勒斯坦土地所有者可以因此获得金钱或其他土地补偿"。7日，联合国秘书长发言人迪雅里克在例行发布会上宣读秘书长古特雷斯的声明称，对以国会通过相关法案深表遗憾，该法案违反国际法，将为以带来"深远的法律后果"；要避免任何可能破坏"两国方案"的行动，所有核心问题均应由双方在相关安理会决议和共同协议基础上直接谈判解决。15日，美总统特朗普在白宫与以总理内塔尼亚胡会晤后，在两人联合记者会上称，美以关系牢不可破，以面临巨大安全挑战。将致力于推动以巴达成和平协议，但这需以巴双方作出妥协，通过直接谈判达成共识。无论是"两国方案"还是"一国方案"，只要以巴双方喜欢他就满意。联合国上月谴责以定居点建设活动的决议是对以不公平的单方面行动，呼吁以在定居点问题上退后一点。特还重申拟将美驻以大使馆从特拉维夫迁到耶路撒冷，但表示会很谨慎。同日，巴总统阿巴斯发表声明称，同意特朗普关于以在定居点问题上退后的观点；以应响应国际社会要求，停止所有定居点活动。巴方愿基于"两国方案"重启和平进程解决巴以冲突。联合国秘书长古特雷斯称，解决巴以冲突除“两国方案”外，没有其他替代方案，国际社会须尽一切努力实现“两国方案”。

欧盟举行非正式峰会。3日，欧盟28个成员国领导人在马耳他举行会议，讨论美国总统特朗普上任、英国“脱欧”背景下欧盟的发展道路、移民等问题。会议通过了《马耳他宣言》，包括应对地中海难民危机的十点计划，强调为关闭所谓中央地中海航线，尤其要培训利比亚海岸警备队并尽快为其配备所需，让他们能阻止有组织的蛇头团伙将难民送往欧洲。法国总统奥朗德称，美总统特朗普通过若干声明就欧洲应该做什么、不该做什么施压是不可接受的，特不应干涉欧盟事务。欧盟成员国领导人应顶住美压力，在国防、贸易和对俄关系等问题上团结一致，完全独立地思考欧盟未来。欧洲理事会主席图斯克称，保护欧美关系免受敌人破坏仍是欧盟最高政治优先事项，欧盟须依靠自身力量重拾信心。欧盟轮值主席国、马耳他总理穆斯卡特称，欧盟成员国关切美新政府某些措施和态度，反美情绪没有意义。欧洲要像过去一样同美打交道，涉及原则问题时不能保持沉默。

韩国继续调查朴槿惠“亲信干政案”。3日，负责调查总统朴槿惠“亲信干政案”的独立检察组前往总统府，出示搜查令要求调查取证。韩总统府发言人称，鉴于总统府是机密安全场所，独检组不得入内搜查，总统府愿提供相关文件协助调查。5日，独检组发言人称，已将总统明文列为犯罪嫌疑人，并予以公诉。8日，朴槿惠代理律师团通知独检组，不接受原计划于9日进行的当面调查，律师团日后将继续同独检组协调调查日期。13日，独检组再次传唤三星电子副会长李在镕，以调查其向朴槿惠和崔顺实行贿嫌疑。17日，韩法院签发对李在镕的逮捕证。20日，韩宪法法院进行朴槿惠总统弹劾案第15次庭审辩论，该院代理院长李贞美宣布不受理朴方代理律师团提出的推迟最终庭审辩论等申请，再次确认该院将于3月13日前给出审判结果。27日，韩宪法法院进行朴槿惠案最终庭审，国会及朴槿惠代理律师团最后一次辩论。朴在书面报告中全盘否认相关指控，称在国内外局势严峻复杂的情况下，对因个人失察给国民带来创伤并拖累施政一事感到愧疚，但从没有为谋求一己私利或帮助他人牟利而滥用或行使总统权限。同日，韩代行总统职权的总理黄教安拒绝延长独检组调查期限，称独检组正式调查活动将于28日结束。28日，独检组结束调查活动并宣布，认定总统朴槿惠为涉腐嫌疑人。怀疑朴槿惠与崔顺实共谋收取贿赂，随后以给予企业商业照顾作为回报。以涉嫌行贿、违反特定经济犯罪法等为由对李在镕等 5 名三星高管提起公诉，李除涉嫌向朴槿惠和崔顺实行贿外，被控罪名还包括涉嫌在国会听证会上作伪证。

日美高层频繁互动。3 日，美国国防部长马蒂斯抵达日本访问，分别同日本首相安倍晋三、内阁官房长官菅义伟、外相岸田文雄会晤，并出席防卫大臣稻田朋美主持的晚餐会。安倍晋三会见马蒂斯时称，欢迎马蒂斯将日作为首批出访国家之一，这显示美方对日美同盟关系的重视，希望对外展现日美同盟在特朗普政府时期不可动摇。马蒂斯称，希望明白无误表明美方坚定、百分百地同安倍和日本人民肩并肩站在一起。4 日，稻田朋美与马蒂斯在日防卫省会谈，双方确认日美同盟对维护亚太地区和平与稳定的重要性。稻田朋美表示希望不断推动日美韩三国防卫合作进一步强化。马蒂斯称，美将继续承认日政府对相关岛屿的施政管辖，此种情况下适用《日美安保条约》。日承担驻日美军经费责任的做法是他国楷模。7 日，岸田文雄与美国务卿蒂勒森首次电话会谈，商定为强化日美同盟关系展开紧密合作。10 日，美总统特朗普在白宫会见到访的安倍晋三，会后发表联合声明表示，将加强美日在安全领域同盟关系并深化双边经贸联系。美日同盟是亚太地区自由繁荣的基石不可动摇，美通过一系列核军备及常规军事能力防卫日本坚定不移。美将强化区域部署，日将在美日同盟中扮演更重要角色、承担更多责任。鉴于美已退出跨太平洋伙伴关系协定，两国将在双边框架下进行磋商，以探索实现相关目标最优途径。16 日，美国财政部长姆努钦同日副首相兼财务大臣麻生太郎通话。28 日，日国家安全保障局局长谷内正太郎在华盛顿与美国家安全事务助理麦克马斯特举行会谈，双方就加强日美同盟进一步紧密合作达成一致，就朝鲜推进核和导弹开发及日周边安全环境等问题交换了意见。

乌克兰东部局势继续动荡。3 日，乌总统波罗申科表示，将就是否加入北约举行公投。4 日晚，波罗申科与美国总统特朗普进行首次电话交谈，共同表示愿继续努力提升乌美战略伙伴关系，希望通过政治和外交途径解决乌东部顿巴斯地区局势问题。5 日，欧洲安全与合作组织驻乌特别观察团第一副主席胡伽提议，自当天 8 时起，阿夫杰耶夫市、亚西努瓦塔市、顿涅茨克机场、别斯基区等地实现停火，启动重要基础设施修复工作。乌国防部表示，基辅方面完全支持停火倡议，并提交了保障停火地区安全及对基础设施进行修复的书面承诺。顿涅茨克民间武装力量宣布，停火地区当天未发生任何武装冲突，接触线附近局势稳定。18 日，俄罗斯总统普京签署命令，宣布俄从即日起临时性承认乌东部顿涅茨克和卢甘斯克两州部分地区乌公民和“无国籍”人士的一系列身份证件，准许他们免签证进出俄。在有关各方按新明斯克协议解决乌东问题前，该命令一直有效。22 日，波罗申科在乌军队领导集体会议上表示，“我们已不得不面临来自俄方的全面战争威胁。”同日，“诺曼底机制”四国俄罗斯、乌克兰、德国、法国外交部长在慕尼黑就乌问题举行会晤，俄外交部长拉夫罗夫称，各方同意自 20 日起在乌东部实施停火，并撤出重型军事装备。24 日，欧安组织驻乌特别观察团负责人阿帕坎称，当天下午在被“顿涅茨克人民共和国”控制的亚斯奴瓦纳城，该团巡逻人员试图放飞无人机监测据称对顿涅茨克水过滤站的炮击时，遭武装分子开火攻击。26 日，美国务院发表声明，谴责欧安组织驻乌特别观察团遭袭事件，呼吁俄和乌亲俄武装分子遵守相关停火协议。

巴西爆发大规模骚乱。从 4 日开始，巴圣埃斯皮里图州首府维多利亚等多地因军警不满薪水待遇罢工，引发大规模骚乱。10 日，该州政府宣布与军警达成协议，军警将于 11 日上午 7 时恢复执勤。至此该州持续 7 天的军警罢工宣告结束，截至 10 日晚骚乱致 127 人死亡，商业经济损失达 3 亿雷亚尔（约合 9580 万美元）。

国际社会围绕叙利亚问题展开博弈。6 日，叙利亚问题联合行动小组第一次会议在哈萨克斯坦首都阿斯塔纳召开，俄罗斯、土耳其、伊朗及联合国代表出席，就叙停火联合监督机制建立与落实进行讨论。俄方代表团团长、俄武装力量总参谋部行动总局副局长哈吉穆罕默多夫少将表示，与会各方重点讨论如何确保停火协议持续运行，保障人道主义援助顺利发放，建立监督破坏停火行为有关措施，以及加强反对派间相互信任等问题。7 日，俄武装力量总参谋部行动总局局长鲁茨科伊在莫斯科说，俄、土、伊已商定打击叙境内恐怖组织控制的范围，俄方持续对叙平民实施人道救援，与合作方协同打击叙境内恐怖组织。12 日，土耳其总统埃尔多安表示，土军事行动最终目标是在叙北部建立 5000 平方公里无恐区域，并在此建立“安全区”，以便土收容的叙难民返回家园。16 日，叙利亚问题联合行动小组第二次会议在阿斯塔纳召开，叙政府和 9 个反政府武装代表及俄、土、伊三国代表等出席。各方就停火协议覆盖区域进行重点讨论。18 日，美国总统特朗普在佛罗里达州集会人群前宣称，要想解决难民危机，必须在叙和其他战争频发国家建立“安全区”，海湾国家应当负担相关费用。21 日，土军方表示，土部队 20 日在叙西北部巴卜镇展开空袭，加上以美国为首的多国军队的空袭，共炸死 44 名“伊斯兰国”武装分子，已控制巴卜镇大部分地区。22 日，联合国秘书长叙利亚问题特使德米斯图拉称，23 日在日内瓦举行的新一轮叙利亚问题和谈是旨在达成政治协议的多轮谈判的开始，不期待此次和谈取得突破。日内瓦和谈主要聚焦政治解决方案，处理叙停火和人道主义问题。23 日，叙利亚问题和谈在日内瓦举行。俄罗斯代表与叙政府代表会面后称，叙政府代表团展现出期待和谈取得进展的建设性态度，反对派要求叙总统巴沙尔下台的要求是荒谬的。24 日，德米斯图拉与叙政府和反对派代表分别会面，提交未来几天需协商达成一致的方案选项，表示希望俄向叙政府施压促其达成协议并遵守停火。25 日，叙政府安全部门位于霍姆斯省的两栋建筑遭自杀式炸弹袭击，至少 32 人死亡，“努斯拉阵线”宣称对事件负责。叙外交部致函联合国要求联合国秘书长和安理会谴责上述恐怖袭击，呼吁国际社会加倍努力打击恐怖主义并惩罚支恐国家。德米斯图拉称，每次和谈期间总会有人试图破坏，袭击在预料之中。叙政府首席谈判代表贾法里称，袭击是支持恐怖主义的国家向日内瓦和谈发出的明确信息。叙反对派“高层磋商委员会”代表称，和谈进展太慢，希望加快速度，举行直接谈判。28 日，联合国安理会在纽约联合国总部召开会议，对一份关于叙利亚化学武器问题的决议草案进行表决。该草案由英、法、美三国提交，建议制裁叙 10 个组织机构和 11 名个人，他们被指对 2014 年和 2015 年间叙境内使用化学武器负有责任。中国和俄罗斯两个安理会常任理事国投反对票，草案未获通过。

哥伦比亚政府与第二大反政府武装启动和平对话。7 日，哥政府与“哥伦比亚民族解放军”在厄瓜多尔首都基多举行和平对话启动仪式，正式启动旨在结束双方长达半个世纪武装冲突的谈判。哥政府和反政府武装谈判代表、厄外交部长及古巴、委内瑞拉、巴西、智利和挪威等国代表参加仪式。双方从 8 日开始举行闭门谈判，讨论受害者赔偿、停火等内容。“哥伦比亚民族解放军”现有成员 3000 余人，规模仅次于拥有 8000 人的“哥伦比亚革命武装力量”。

国际红十字会暂停阿富汗救援工作。8 日，6 名在阿北部派发救援物资的国际红十字会职员被枪杀，另 2 人被掳走。这是国际慈善组织遭遇的最严重袭击之一，国际红十字会决定暂缓在阿救援工作，但不打算撤走员工。无组织宣布对此负责。9 日，白宫发布消息称，美国总统特朗普和阿富汗总统加尼在电话交谈中讨论了在安全、反恐及经济发展领域加强双边关系的可能性，特强调美阿战略伙伴关系重要性，表达了对阿民族团结政府的支持。

联合国官员称解决利比亚民族分裂仍需五方面努力。8 日，联合国秘书长利比亚事务特别代表、联合国驻利比亚支助团负责人科布勒在安理会做情况通报时表示，尽管目前利局势有所好转，但导致利民族分裂的根源问题并未得到解决，利当局仍需在五方面进行努力：利当局必须首先确保将《利比亚政治协议》作为主要政治进程框架。瓦解利境内反叛武装团体、防止武器扩散。尽管利当局已宣布肃清“伊斯兰国”残余武装，反恐斗争仍任重道远。利用政府收益改善日益恶化的民生及公共服务。确保人权、法治和难民迁徙问题得到全面、认真解决。

美国制订打击极端组织“伊斯兰国”的初步计划。8 日，美军打击“伊斯兰国”行动指挥官汤森中将在前往伊拉克首都巴格达北部一处军事基地视察时表示，被极端组织“伊斯兰国”自命为都城的摩苏尔、拉卡两地将在未来半年内解放。20 日，美国防部长马蒂斯突访伊拉克，与当地官员和军事指挥官共同讨论加快打击“伊斯兰国”的军事行动。关于特朗普总统 1 月 28 日要求美军方负责人在 30 天内提出加强打击“伊斯兰国”的新方案，马蒂斯表示总体上支持与当地部队联手和直接通过当地部队打击“伊斯兰国”的战略。27 日，马蒂斯向白宫递交由美军方主导制定的打击“伊斯兰国”的初步计划。

穆罕默德·阿卜杜拉希·穆罕默德当选索马里新总统。8 日，索议会下院议长贾瓦里宣布，穆罕默德·阿卜杜拉希·穆罕默德当选新总统。索官方计票结果显示，首轮投票后，排在前 4 位的候选人分别是现总统马哈茂德、穆罕默德、前过渡政府总统艾哈迈德和现总理舍马克，随后舍马克宣布退出竞选。在次轮投票中，穆罕默德得票遥遥领先于马哈茂德和艾哈迈德。票数最高的 2 名候选人本应进入第三轮投票，但马哈茂德宣布弃选，穆罕默德获胜。22 日，穆罕默德在摩加迪沙机场区域举行的总统就职仪式上宣誓就职，并在就职演说中承诺将努力解决索面临的安全、干旱、腐败和贫困等挑战，恢复国家形象，为索带来和平与和解。联合国秘书长索马里事务特别代表、联合国索马里援助团团长基廷在讲话中表示，包括联合国在内的国际社会将帮助解决索面临的挑战，希望索政府和人民团结一致，共同建设国家。吉布提、肯尼亚、苏丹和埃塞俄比亚等国领导人出席了就职仪式。穆罕默德 1962 年生于摩加迪沙，达罗德族，美国纽约州立大学布法罗分校政治科学专业硕士，拥有美国、索马里双重国籍。1985 年至 1988 年任索马里驻美国使馆代理一秘，曾与多个人权组织一起工作。2010 年至 2011 年担任索马里过渡政府总理。

德国联邦政府与各州就加快遣返难民达成一致。9 日，德总理默克尔在柏林率内阁部长与各州州长举行关于难民问题的会谈。默克尔在会谈后表示，联邦与地方已达成一致，当前应以出台法案形式加快遣返德境内避难申请被驳回人士。德政府当天发布文告称，针对难民危机应对工作，尽管当局取得一些进展，但 2015 年入德难民人数之庞大，令联邦和地方层面仍感到面临巨大挑战。为进一步鼓励难民自愿离境，政府已许诺 2017 年将额外提供 9000 万欧元，其中 4000 万欧元直接用于遣返项目，5000 万欧元用于帮助难民返乡后重新适应的“再融入措施”。据德政府统计，2014 年遣返难民总人数约 2.7 万，2015 年达到约 5.8 万。20 日，德联邦总理府部长阿尔特迈尔表示，2016 年难民申请被拒后被遣返人员数量超过 8 万人，“这一数字创下纪录，而且还会继续增加”。22 日，德政府通过一项新法案，将允许相关部门今后更加迅速和严厉地遣返境内申请避难被驳回人员。该法案允许政府对被认为危害社会安全的难民采取检查其手机数据、在其身上安装具有定位功能的电子脚环等措施。

土耳其宣布将于 4 月 16 日举行修宪全民公投。11 日，土最高选举委员会主席萨迪·居文宣布，将于 4 月 16 日举行全民公投以决定是否批准宪法修正案。据此修正案，土将从议会制改为总统制，总统将有权颁布法令、宣布紧急状态规定、任命内阁部长及政府高官并解散议会，现总统埃尔多安将可能留任至 2029 年。该案获批需至少 51% 民众支持，一旦通过土将从 2019 年总统和议会选举后开始正式实施总统制，1923 年建立共和国以来实行的议会制将告终结。25 日，土执政党正义与发展党在首都安卡拉举行集会为公投造势。土总理耶尔德勒姆出席集会时称，修宪将为土耳其带来历史性改变，如果公投通过，总统在政府系统中的作用将得到加强，将成为土走向强大的开端。

朝鲜发射中程导弹。12 日，朝在平安北道芳岘一带向半岛东部海域发射一枚新型“北极星 -2”地对地弹道导弹，飞行高度和射程均达 500 公里。朝最高领导人金正恩亲赴现场指导发射工作，对朝拥有又一强力核攻击方式表示十分满意。当天，韩国外交部谴责称，朝此行为违反联合国安理会相关决议，对朝鲜半岛及世界和平与安全构成严重威胁。韩总统府紧急召开国家安保会议研究应对措施，代行总统职权的韩总理黄教安表示，政府将尽全力与国际社会合作，使朝受到应有惩罚。13 日，美国总统特朗普称，朝是个很大的问题，美将以“非常强硬”态度对待朝鲜。俄罗斯外交部发表通报，呼吁有关各方保持冷静，避免采取导致紧张局势进一步升级的行动，称俄方确信外交途径是解决包括核问题在内的朝鲜半岛问题的唯一出路。联合国秘书长古特雷斯通过发言人声明强烈谴责，呼吁国际社会继续团结应对，称朝此举是令人担忧的、再次违反联合国安理会决议的行动，朝领导层须全面遵守其国际义务，回归无核化道路。当天，联合国安理会紧急闭门磋商，安理会本月轮值主席、乌克兰常驻联合国代表弗叶利琴科在磋商后宣读媒体声明称，朝射导严重违反安理会相关决议，安理会对朝完全无视安理会有关声明仍进行弹道导弹发射活动及核试验深表关切；朝应避免包括核试验在内的进一步违反安理会相关决议的举动，全面遵守安理会相关决议；致力于通过和平、外交的政治方式解决当前局势，欢迎安理会成员及其他国家通过对话协助达成和平、全面解决方案；安理会将继续密切关注局势，并可能采取进一步措施。14 日，朝新任常驻日内瓦代表团大使韩泰松在联合国裁军会议上称，朝代表团强烈反对安理会近日声明及所有联合国对朝决议。同日，韩国防部国际政策次长朴哲均、日防卫省防卫政策课长加野幸司、美负责东亚和太平洋安全事务的代理助理国防部长约翰森举行视频会议，商定就有效应对朝射导威胁保持密切合作并加强情报交流与共享。同日，韩国家情报院向韩国会情报委员会汇报称，朝 12 日试射的弹道导弹发射架与地面角度为 89 度，若正常发射其飞行距离可能超过 2000 公里，朝已做好进行第六次地下核试验和发射洲际导弹的准备。同日，日防卫大臣稻田朋美在记者会上称，朝 12 日发射的导弹可能是使用固体燃料的新型陆基弹道导弹，可能采用“冷发射”方式发射，从难以被侦测、便于运输方面来讲对日构成军事威胁。14 日，一名朝鲜籍男子在马来西亚吉隆坡国际机场遇袭，送医路上身亡。16 日，美国务卿蒂勒森、日本外相岸田文雄、韩外长尹炳世在德国波恩会谈并发布联合声明，一致同意对朝射导“以最强烈措辞进行谴责”。27 日，欧盟理事会宣布对朝实施新制裁措施，包括限制与朝进行煤炭、铁和铁矿石交易，禁止进口朝的铜、镍、银、锌等。

施泰因迈尔当选德国新任总统。12 日，德联邦大会举行总统选举，前外交部长、社民党人弗兰克—瓦尔特·施泰因迈尔在联邦大会总共 1239 张有效票中赢得 931 票，以绝对多数在第一轮投票中即当选总统，将于 3 月 19 日正式就职。当天，中国国家主席习近平向施泰因迈尔致贺电。习近平在贺电中指出，当前，中德关系步入高水平发展阶段，双方高层交往密切，各领域合作日益深化。中德加强合作不仅有利于增进两国人民的福祉，而且有利于促进世界和平、稳定、繁荣。同日，俄罗斯总统新闻局称，俄总统普京已向施泰因迈尔致贺电，确认俄致力于就双边和国际议题继续与德进行建设性对话。施泰因迈尔 1956 年生于北莱茵—威斯特法伦州的代特莫尔德市，1976 年退伍后进入德吉森大学，先后就读于法学和政治学专业。1982 年和 1986 年两次通过国家法学考试，其间在吉森大学担任公法和政治学助教，曾任左翼杂志《民主与公正》编辑。1991 年取得博士学位并进入政坛，历任下萨克森州办公厅媒体官员、州长办公室主任、规划处处长、办公厅主任、总理府国务秘书、总理府办公室主任等。2005—2009 年以及 2013—2017 年年初两度担任德外交部长，2007—2009 年任德副总理。2009 年作为社民党候选人与现总理默克尔角逐总理宝座失利。

土库曼斯坦总统赢得第三个任期。12 日，土举行总统大选。13 日，土中央选举委员会在首都阿什哈巴德宣布，据初步统计结果显示，9 名候选人中，土民主党推选的现总统库尔班古力·别尔德穆哈梅多夫获 97.69% 的选票胜选连任。有超过 314 万名选民参加投票，投票率为 97.27%。上海合作组织秘书长阿利莫夫称，这是土历史上第一次有三个政党推选候选人参加总统选举，选举为所有候选人提供了平等条件，选举民主、开放、公正，上合组织观察员未在选举中发现舞弊行为。这是别尔德穆哈梅多夫第三个总统任期，也是 2016 年 9 月土修宪后首次总统选举，新宪法规定新一届总统任期从 5 年延长为 7 年。别尔德穆哈梅多夫 1957 年生于阿什哈巴德州格奥克太佩区，土库曼族。毕业于土国立医学院，医学副博士。1979—1997 年，就职于土卫生和医疗工业部。1997 年任土卫生和医疗工业部长。2001 年任土副总理兼卫生和医疗工业部长。2006 年 12 月，任土代总统兼武装力量代总司令。2007 年 2 月当选土第三届总统。2012 年 2 月，以 97.14% 的得票率当选土第四届总统。

欧盟、俄罗斯和美国经济增长数据陆续公布。13 日，欧盟委员会发布《2017 年冬季经济展望》报告，预测欧盟所有成员国有望在 2017 年实现自 2008 年经济危机以来的首次全面经济增长，但以特朗普上任为主的诸多不确定性因素将是欧盟必须妥善应对的严峻挑战。个人消费和公共投资仍将是经济增长的主要拉动力，投资不足仍是欧盟经济保持长期可持续发展面临的主要问题之一。因欧元区经济 2016 年下半年表现好于预期且 2017 年开局良好，决定上调经济增长预期。欧盟委员会预计，欧盟 28 国 2017 年和 2018 年经济均增长 1.8%，此前预测分别为增长 1.6% 和 1.8%。将 2017 年欧元区 19 国经济增速预期从 1.5% 上调至 1.6%、2018 年从 1.7% 上调为 1.8%，通胀预期从 1.4% 上调至 1.7%、预期 2018 年通胀率为 1.4%，失业率将从 2016 年的 10% 降至 2017 年的 9.6% 和 2018 年的 9.1%。欧盟经济金融事务、税收和关税同盟委员莫斯科维奇表示，过去一年欧洲经济在经历多重冲击之下仍展现出韧性，在当前面临高度不确定性的情况下，欧盟经济韧性受低油价支撑。欧盟经济将继续增长，民间消费将是欧盟经济增速主要驱动力。美的扩张性政策将推升利率。18 日，国际信用评级机构穆迪仍维持俄罗斯主权信用评级为 BA1 级，但将俄主权信用评级展望由“负面”上调为“稳定”，指出俄经济经两年衰退后开始复苏，上调俄主权信用评级展望是因为俄政府在制定中期财政政策时降低了对油气资源类收入的依赖，并且不断充实主权准备金。与其他类似收入水平国家相比，俄经济增长前景更加稳定。考虑到俄经济结构改革还没有到位，使得就业率低，抑制了投资活动，经济增速预计将保持在 1.5% 到 2%。俄财长西卢安诺夫对此表示欢迎，指出目前三大国际评级机构都已确认俄经济走出衰退渐趋稳定的现状。28 日，美商务部公布经济数据显示，维持美 2016 年国内生产总值初值，按年增长放缓 1 个百分点至 1.6%，为 2011 年以来最慢增速。修正美 2016 年第四季度国内生产总值年化环比增长率为 1.9%，第三季度为 3.5%。

美国认定委内瑞拉副总统贩毒并宣布对其制裁。13 日，美财政部宣布，美方经调查认定委副总统塔雷克·埃尔·艾萨米涉嫌参与毒品走私活动，美方决定对其进行制裁。艾萨米成为委受美制裁的最高级别官员。当天，美财政部海外资产控制办公室发表声明称，艾萨米将被禁止入境美国，他在美司法管辖范围内的资产将被全部冻结，任何美公司或个人禁止与其进行交易。14 日，委总统马杜罗称，美对艾萨米制裁毫无疑问是对委攻击，委将以平衡有力方式逐步回应；已指示委外交部向美政府提出正式抗议，要求美撤销制裁并向委副总统公开道歉。15 日，美总统特朗普在白宫会见委反对派领导人洛佩斯的夫人，随后在“推特”上发文，要求委政府立即释放洛佩斯。同日，委国家通讯委员会以歪曲事实、煽动侵犯委主权为由，下令暂停在委播放美有线电视新闻网西班牙语频道节目。

巴基斯坦发生多起重大恐怖袭击。13 日，巴旁遮普省首府拉合尔市议会附近发生自杀式炸弹袭击，造成至少 13 人死亡、83 人受伤。巴塔利班组织分支宣称对事件负责，称这是新一轮在全国范围内袭击巴政府部门的开始。16 日，巴南部信德省一座清真寺遭自杀式炸弹攻击，造成超过 70 人死亡和 150 人受伤。极端组织“伊斯兰国”宣称犯案。17 日，中国国家主席习近平致电巴总统马姆努恩·侯赛因，对信德省发生重大恐怖袭击事件表示慰问。21 日，巴与阿富汗交界的普什图省贾尔瑟达地区一法院外发生自杀式炸弹袭击和交火事件，造成包括 4 名警察在内的至少 6 人死亡。塔利班分支组织宣称对袭击负责。22 日，巴军方宣布，在全国范围开展大规模反恐军事行动，旨在全面消灭一切形式的潜在恐怖主义威胁，确保巴边境安全，巩固胜利成果；巴空军、海军、民间武装力量及其他安全执法部门将密切配合，全力支持此次军事行动。23 日，拉合尔再次发生爆炸，造成至少 8 人死亡、23 人受伤。

二十国集团非正式外长会召开。16 日，为期两天的二十国集团非正式外长会在德国波恩召开。当天，美国国务卿蒂勒森、日本外相岸田文雄、韩国外交部长尹炳世举行三方会议后发表联合声明称，美对韩日防卫承诺坚定不移，包括提供延伸威慑。同日，蒂勒森与英国外交大臣约翰逊会谈，英外交部在会谈后发表声明称，美无疑仍致力于与英和其他志同道合的伙伴密切合作，共同处理世界范围内的棘手问题。17 日，中国外交部长王毅会见蒂勒森。王毅表示，习近平主席前不久同特朗普总统进行的通话十分重要，中美两国对维护世界稳定、促进全球繁荣肩负共同责任，双方共同利益远大于分歧，中方愿与美方按照两国元首达成的共识，加强沟通，增进互信，管控分歧，深化合作，确保中美关系在特朗普总统任内取得更大发展，为世界和平繁荣作出更多贡献。同日，岸田文雄与俄罗斯外交部长拉夫罗夫会见时，双方确认将力争早日实现两国领导人关于在北方四岛（俄称南千岛群岛）开展经济合作的共识，同意 3 月 20 日在东京举行自 2014 年乌克兰危机以来中断的日俄“2 +2”磋商。同日，此次外长会闭幕，各国外长确认将推动全球发展、和平建设及与非洲合作，同意加大努力防止军事冲突，并就二十国集团如何帮助非洲发展和消除贫困交换意见。德国副总理兼外交部长加布里尔称，欧洲无疑应在防务支出方面承担更多责任，但不能因此影响应对气候变化、干旱、贫困等问题；此次外长会传递的一个重要信息就是和平与发展是同一枚硬币的两面；德作为会议主办方愿推进到2030年实现17项可持续发展目标的进程。

慕尼黑安全会议召开。17—19日，第53届慕尼黑安全会议召开。当天，中国外交部长王毅在全体会上发表题为《坚持合作理念，作出正确抉择》的主旨演讲，表示和平与发展仍是当今世界主流，强调解决当今世界面临的各种挑战需要继续坚持多边主义、不断加强大国合作、着力完善全球治理、坚定推进各类合作进程。英国国防大臣法伦和立陶宛总统格里包斯凯特均称，尽管西方需与俄罗斯对话，但俄是主要威胁。18日，联合国秘书长古特雷斯发表演讲，表示面对脆弱的国际形势，发展是预防冲突的重要途径。当前气候变化、人口过度增加、粮食安全风险上升等全球性趋势相互关联，导致激烈资源竞争，全球范围内冲突可能性上升。德国总理默克尔呼吁美国和其他各方支持和强化联合国、欧盟、北约等多边机构，她称坚信值得为共同的国际多边主义架构而奋斗，但这些机构必须在多个方面加以改善。北约是把美欧团结在一起的强劲同盟，符合欧洲和美国利益。欧俄关系仍面临挑战，但双方可在打击伊斯兰恐怖主义领域合作。俄外交部长拉夫罗夫称，北约是冷战遗物，西方发号施令的时代已结束，俄方希望建立一个后西方的、民主的世界秩序。俄希望与美发展相互尊重、承认两国对全球稳定共同责任的务实关系。俄与北约需恢复军事合作，但北约秘书长斯托尔滕贝格未表明北约已就此作好准备，这无助于解决安全问题。俄执行明斯克协议后欧盟才解除对俄制裁不合逻辑，在明斯克协议得到执行前俄也不会解除对欧盟制裁。美国防部长马蒂斯称，随着不稳定弧线在北约周边及外围形成，北约成员国在多条阵线面临威胁。美欧仍是对抗不稳定与暴力的最强大堡垒，相信双方会加强伙伴关系，共同抵抗对无辜民众及民主自由的攻击。

美国副总统彭斯访问欧洲。18日，美副总统彭斯在慕尼黑安全会议上发表演讲称，他代表特朗普总统向大家保证，美坚定支持北约，对北约承诺毫不动摇；美新政府将维护第二次世界大战后秩序，现在和将来都将与欧洲站在一起，将显著提高防卫开支保护美及美盟友免受威胁；北约成员国将国防开支增加至国内生产总值2%的承诺迟迟不兑现正侵蚀北约基础，特朗普总统期待美盟友信守承诺，是时候在这方面做得更多；美俄正寻找新的共同基础，特朗普总统相信会发现这种基础，但美将继续促使俄罗斯为其有关行为负责。

同日，彭斯会见德国总理默克尔，双方讨论了北约成员国履行分摊防卫费用承诺问题，同意继续推动北约转型以适应 21 世纪面临的威胁，承诺继续就一系列全球议题紧密合作。20 日，彭斯在布鲁塞尔分别与欧洲理事会主席图斯克、欧盟委员会主席容克、欧盟外交与安全事务高级代表莫盖里尼会晤。彭斯承诺特朗普政府将继续支持欧盟，发展美欧之间贸易与安全合作关系，并称俄应为其在乌克兰的行为负责，特朗普总统相信美俄双方可找到共识。图斯克在会晤后表示，在"国际法现有体系、北约及欧洲统一理念"等 3 个问题上，得到了特朗普政府的确认。容克称，美国也需要一个强大、统一的欧洲。21 日，德国防部宣布，将在此前公布的中期规划基础上增大扩军规模，到 2024 年使现役军人总数达到 19.8 万人。截至 1 月底德军现役军人为 177956 人，此次扩军规模将达 2 万人。这是德国在 2016 年 5 月作出统一 25 年来首个扩军决定后，不到一年内再度宣布加大扩军力度。

冈比亚当选总统巴罗宣誓就职。18 日，冈当选总统巴罗在首都班珠尔宣誓就职。他在就职讲话中称，他的就职是民主的胜利。冈人民现在有权利掌控自己命运。他将致力于推动社会经济发展，全面推行免费教育，确保所有儿童进入学校接受教育。

联合国警告南苏丹等地区陷入饥荒。20 日，联合国粮食及农业组织、儿童基金会和世界粮食计划署 3 家机构共同发布警报，称南苏丹部分地区目前进入饥荒状态，约 10 万人面临饥饿，另有 100 万人处于饥荒边缘。联合国呼吁提供持续和充足的紧急援助，防止饥荒造成更多损失。22 日，联合国秘书长古特雷斯称，武装冲突和气候变化导致尼日利亚、索马里、南苏丹和也门近 2000 万民众面临饥荒风险，呼吁年内为 4 国提供 56 亿美元人道主义资金，其中 44 亿美元应于 3 月底前到位，以避免发生重大灾难。

菲律宾举办东盟外长会。21 日，东盟外长非正式会议在菲长滩岛举行，菲外交部长亚赛主持会议，会上讨论了"东盟共同体建设"问题，包括"东盟共同体 2025 愿景"以及东盟关注的地区和国际事务。当天，亚赛在会后举行的记者会上表示，菲没有在外长会上提南海仲裁，也不会在担任东盟轮值主席国期间提及该仲裁。东盟将与中国共同设计一项南海行为准则，并希望在 6 月前完成制定框架工作，北京也显示出渴望完成这一工作的姿态。"在菲律宾看来，我们对于南海行为准则能在今年年中或此后不久完成搭建框架的工作充满信心。"

巴基斯坦和印度延长降低核武器事故风险双边协议。21 日，巴外交部发表声明说，巴与印度决定延长两国间关于降低核武器事故风险的双边协议有效期，延长期限为 5 年。此举旨在维护两国间和平与安全稳定的环境。双方认识到保持核安全是双边安全领域中一项重要内容，双方对此都负有责任。巴认为双方有必要为维护南亚地区战略稳定保持接触。

世界贸易组织《贸易便利化协定》正式生效。22 日，世界贸易组织总干事阿泽维多在日内瓦世贸组织总部举行的新闻发布会上宣布，继卢旺达、阿曼、乍得和约旦核准《贸易便利化协定》议定书后，目前核准成员数已达 112 个，超过世贸组织 164 个成员的 2/3，《贸易便利化协定》正式生效。阿泽维多表示，通过核准这项协定，世贸组织成员兑现了它们对多边贸易体制的承诺。该协定是 21 世纪全球贸易体制最大改革，其生效是对全球贸易体系投出的信心票。2013 年 12 月，世贸组织第九届部长级会议达成该组织成立以来首份多边贸易协定“巴厘一揽子协定”，而其中贸易便利化对全球贸易影响最为明显，能提高跨境贸易效率，降低成本，创造就业，提升全球贸易额。2014 年 11 月，世贸组织各成员通过有关落实《贸易便利化协定》议定书，此后该议定书交付世贸组织成员核准，2/3 成员核准接受后协议才能生效。2015 年 9 月，中国国务院作出接受世贸组织《贸易便利化协定》议定书的决定。

沙特外交大臣访问伊拉克。25 日，沙特外交大臣朱拜尔访问伊拉克，这是 2003 年以来沙特首次派遣外长级别高官访伊。朱与伊领导人的会谈主要围绕加强双边关系，打击极端组织，以及展开多领域合作等议题进行。

俄罗斯总统普京访问中亚三国。27 日，俄总统普京抵哈萨克斯坦最大城市阿拉木图，与哈总统纳扎尔巴耶夫举行会晤，就两国合作及共同关心的国际和地区问题交换意见。普在会谈中感谢纳扎尔巴耶夫为召开叙利亚和平会议提供便利和帮助，希望哈作为 2017—2018 年联合国安理会非常任理事国，能对俄解决国际问题的立场提供支持，称哈是俄重要经济合作伙伴，两国应进一步加强合作，促进各领域合作实现实质性增长，深入推动欧亚经济一体化进程。纳扎尔巴耶夫表示，在紧密合作的基础上组建欧亚经济联盟对于所有成员国都是重要和有前途的。哈俄间有着高度政治互信和相互理解，各领域合作将继续稳步发展。目前 7000 多家俄企在哈开设办事处，为哈工业发展积极发挥作用。在共同关心的国际问题上，哈俄立场一致，两国将在联合国安理会框架下为实现共同目标而努力，尤其是叙利亚问题。同日，普京抵塔吉克斯坦首都杜尚别，与塔总统拉赫蒙举行会晤，签署了 6 份合作文件，并在会后共同出席新闻发布会。普京表示，双方对阿富汗境内恐怖组织扩散，以及毒品走私和跨国犯罪迅速增长表示担忧，为此已达成共识，将使用俄军事基地来加大力度保卫塔阿边境。拉赫蒙表示，建交 25 年来俄为塔社会经济发展和国家独立作出重要贡献，在塔独立后的和平统一进程中发挥了重要作用。俄仍将是塔在各领域的战略合作伙伴，两国将继续加强在农业、纺织、矿业、能源等领域合作，在已有基础上扩大和加深区域合作。拉赫蒙特别强调，侨汇是塔国民收入重要来源，有众多塔民众在俄务工，希望在这方面能获俄支持。28 日，普京抵吉尔吉斯斯坦首都比什凯克，与吉总统阿塔姆巴耶夫举行会晤。普京表示，吉独立后走过了不平坦的发展道路，希望吉能保持稳定，乐见其民主制度建设不断推进。2017 年将由吉担任欧亚经济联盟主席国，俄将全力提供支持。阿塔姆巴耶夫表示，两国元首于吉俄两国建交 25 周年之际举行会晤意义非凡，相信未来两国仍将继续保持战略盟友和伙伴关系，加强在政治、经贸、人文、军事及军事装备等领域的相互协作。感谢俄方在吉困难时期给予援助，得益于普京总统的政治魄力，设立拥有 5 亿美元的俄吉发展基金已成为拓展双边投资合作、促进吉经济发展的重要机制。对吉而言加入欧亚经济联盟是正确之举，事实令流言与诽谤不攻自破，相信在俄方的帮助下，年底将清除所有剩余障碍“令吉完全融入欧亚经济联盟”。会谈后两国元首发布联合声明称，将继续推进各领域全面合作。

3月

- 英国正式启动“脱欧”程序
- 土耳其与欧盟多国外交风波迭起
- 韩国总统朴槿惠被弹劾罢免并批捕
- 特朗普移民和难民入境限制令受挫亚洲论坛2016年年会

“构建人类命运共同体”重要理念首次载入联合国安理会和人权理事会决议。1日，在联合国人权理事会第34次会议上，中国代表140国发表题为“促进和保护人权，共建人类命运共同体”的联合声明，宣介人类命运共同体重大理念及其对推动国际人权事业发展的重要意义，受到各方认同和支持。17日，联合国安理会一致通过关于阿富汗问题的第2344号决议，强调应本着合作共赢精神推进地区合作，以有效促进阿富汗及地区安全、稳定和发展，构建人类命运共同体。决议通过后，中国常驻联合国代表刘结一表示，此次安理会决议首次载入“构建人类命运共同体”的重要理念，体现了国际社会的共识，彰显中国理念和中国方案对全球治理的重要贡献。23日，联合国人权理事会第34次会议通过关于“经济、社会、文化权利”和“粮食权”的两个决议，明确表示要“构建人类命运共同体”，标志着这一理念成为国际人权话语体系的重要组成部分。

英国正式启动“脱欧”程序。1日，英议会上议院拒绝批准政府提交的“脱欧”法案，投票通过一项修正案，要求在“脱欧”法案中增加保障在英居住的欧盟公民权利的相关内容。7日，议会上议院投票通过一项修正案，要求在“脱欧”法案中增加保证议会对“脱欧”拥有更大决定权的相关内容。13日，议会下议院投票否决了议会上议院就“脱欧”法案提出的两项修正案，将“脱欧”法案再次交由议会上议院进行辩论和表决。随后，议会上议院不再坚持对法案的修正，投票通过“脱欧”法案的最初版本，授权政府启动“脱欧”程序。16日，英女王伊丽莎白二世签署“脱欧”法案，授权首相特雷莎·梅正式启动“脱欧”程序。29日，特雷莎·梅通过英驻欧盟大使蒂姆·巴罗向欧洲理事会主席图斯克递交信函，通知其英方正式启动“脱欧”程序。特雷莎·梅在信函中重申英政府此前提出的“脱欧”目标，包括控制欧洲移民进入英国、寻求与欧盟的自由贸易协议等，希望英与欧盟达成一个全面的协议，在英退出欧盟之后英欧之间继续保持深厚而特殊的伙伴关系，双方继续共同努力，保护共同拥有的欧洲价值观。同日，欧洲理事会主席图斯克举行新闻发布会表示，特雷莎·梅的信函启动了英脱离欧盟的谈判进程，这一谈判没有赢家，欧盟27国将更加坚定和团结，寻求将公民、商业和成员国遭受的损失降到最低。当日，欧洲理事会发表声明称，对英离开欧盟感到遗憾，并表示已经作好准备完成必要的谈判进程。31日，图斯克公布欧盟关于英“脱欧”谈判的指导方针草案。草案承诺欧盟将采取建设性的态度进行谈判，希望将来英成为密切合作伙伴。草案指出欧盟将分阶段进行谈判，第一阶段的主要目标是让英“脱欧”，解除英作为欧盟成员国享有的所有权利和所承担的义务，并在英退出欧盟会产生直接影响的情况下，为公民、企业、利益相关方和国际伙伴提供尽可能多的清晰度和法律稳定性；第二阶段将全面确定欧盟与英的未来关系；相关谈判将在2019年3月29日结束。

韩美加强军事合作。1日，韩国防部长韩民求和美国国防部长马蒂斯举行电话会谈，评估朝鲜半岛局势，表示要强力应对朝鲜挑衅。韩民求称将依据《驻韩美军地位协定》向美出让部署“萨德”系统的土地。马蒂斯称将做好设施建设、装备就位等工作，争取使“萨德”系统早日投入实战应用。同日，韩美两军在韩国及其周边海域开始代号“秃鹫”的联合军事演习。军演为期两个月，规模为历届最大。演习项目包括使用电脑进行的兵棋推演、海军陆战队联合登陆、定点清除朝鲜核设施以及导弹设施等，并演练“萨德”作战概念。美军卡尔·文森号核动力航母、B－52战略轰炸机、B－1B兰斯轰炸机、B－2隐形战斗机以及F－35B战斗机等战略武器参与演习。2日，韩国外交部宣布，经《驻韩美军地位协定》韩美联合委员会批准，韩国防部和驻韩美军正式启动转让部署“萨德”系统用地磋商。6日，“萨德”系统首批装备运抵韩国，开始相关部署工作。同日，中国外交部发言人强调，中方坚决反对美韩在韩国部署“萨德”反导系统，此举打破地区战略平衡，损害包括中方在内的地区有关国家的战略安全利益，也不利于维护朝鲜半岛的和平与稳定，敦促有关各方正视中方合理关切，停止有关部署进程，防止在错误的道路上越走越远。13—24日，韩美举行代号为“关键决断”的联合军演，演习内容包括运用4D反导作战概念演练先发打击朝鲜导弹基地。16日，韩国防部官员称已启动对“萨德”部署用地环境影响评估，韩美正加大力度争取尽快完成部署。17日，韩最大在野党共同民主党召集韩国会“萨德”对策特别委员会首次会议，认为“萨德”系统针对朝鲜导弹的实际防御能力有限，部署“萨德”招致中方强烈抗议，并使处于困境的韩经济雪上加霜，敦促停止部署。

伊拉克政府军推进摩苏尔收复战。1 日，伊政府军第九装甲师攻下进出摩苏尔西北城区的高速公路，切断极端组织“伊斯兰国”从摩苏尔通向城外据点泰勒阿费尔的道路。7 日，伊政府军收复包括政府机构建筑群、中央银行分行等在内的市政府行政区。8 日，伊政府军继续向摩苏尔城西北部推进，重新接管伊拉克第二大监狱——拜杜什监狱，并清理摩苏尔市中心部分地区的爆炸物。9 日，伊政府军收复摩苏尔西部多个地区，控制一所发电站，并继续向尼尼微大清真寺和哈德巴灯塔古迹推进。11 日，摩苏尔市内“伊斯兰国”武装分子外逃的最后一条通道被伊政府军切断。12 日，伊政府军同盘踞在摩苏尔老城区南部的巴布·图卜区的极端组织武装分子展开激战，同时攻克位于西部的新摩苏尔区。17 日，伊政府军收复位于摩苏尔市中心老城区边缘的巴沙清真寺和巴卜萨拉伊市场，并在西部推进到里萨拉和纳布卢斯地区。25 日，伊政府军鉴于平民伤亡率过高，决定暂停向摩苏尔西区推进。26 日，伊政府军恢复军事行动，在摩苏尔大清真寺附近与极端组织激烈交火，出动直升机对极端组织据点实施空中打击，并在摩苏尔西南部城区展开巷战。

经济合作组织第 13 次峰会举行。1 日，经济合作组织第 13 次峰会在巴基斯坦首都伊斯兰堡召开，巴基斯坦、土耳其、伊朗、阿塞拜疆和中亚 5 国领导人出席，阿富汗驻巴大使与会，中国外交部副部长张业遂作为特邀嘉宾，率领中国代表团出席。峰会的主题为“联通促进区域繁荣”，主要探讨加强地区在互联互通、贸易、能源和交通领域的合作。峰会发表《伊斯兰堡宣言》，重申各成员国对经济发展、共同繁荣、区域一体化以及区域内和平与稳定的政治意愿和坚定承诺，并达成多项经贸合作共识：一是欢迎中巴经济走廊在地区发展中发挥重要作用，加强成员国在公路、铁路、能源、贸易、互联网等领域的合作，强化与国际金融组织和相关国家合作，以及促进成员国间银行业合作；二是在未来 3—5 年实现成员国间贸易额翻倍；三是尽快实现经济合作组织再保险公司的营业，并鼓励其他国家加入；四是考虑成立经济合作组织地区电力市场，加强跨地区电网互联互通；五是加强成员国间跨境贸易，提高便利化水平；六是与国际通讯联盟合作，开展地区信息通讯业发展的联合研究，并制订后续行动计划；七是共同推动地区旅游产业发展。

土耳其与欧盟多国外交风波迭起。2—7 日，德国多州地方政府以安全原因或消防风险等理由，取消土耳其多名部长参加在德土耳其人宣传修宪公投的集会和演讲活动。5 日，土总统埃尔多安发表讲话称德国上述做法“与过去的纳粹无异”。8 日，德外交部长加布里尔表示土方关于纳粹的类比不可接受。9 日，德总理默克尔谴责埃尔多安关于纳粹的言论是荒谬的无稽之谈。11 日，荷兰政府以公共安全方面的原因，禁止前来参加为土公投宣传造势集会的土外交部长恰武什奥卢所乘坐的飞机着陆，并重申不欢迎土官员来荷为土公投举行政治活动。同日，土家庭和社会政策部长萨扬乘车入境荷欲在鹿特丹参加集会，被荷警方在土驻鹿特丹领馆附近拦截，并将其护送出境。当晚，土封锁荷驻安卡拉使馆和驻伊斯坦布尔领事馆，数百名支持土的示威者在鹿特丹与荷警方发生冲突。当日，埃尔多安发表讲话称荷是纳粹余孽、法西斯。荷首相吕特回应认为埃尔多安的言论过于离谱。12 日，丹麦首相拉斯穆森宣布，鉴于当前土与荷、德之间的矛盾升级，建议土总理耶尔德勒姆推迟访问丹麦。当日，瑞典和瑞士分别取消土官员在斯德哥尔摩、苏黎世的土公投造势活动。13 日，默克尔对荷政府拒绝土官员赴荷参加集会的做法表示支持。埃尔多安就此指责默克尔支持恐怖主义。北约秘书长斯托尔滕贝格敦促土和北约盟友保持冷静、缓和关系。欧盟外交与安全政策高级代表莫盖里尼和欧盟委员会负责扩大与睦邻政策的委员哈恩发表声明，呼吁土放弃过激言论、避免矛盾升级。同日，土宣布禁止荷驻土大使及外交官所乘班机入境、中止土荷高级别政府间会议，并向荷递交外交照会，要求荷正式道歉并启动相关调查。吕特对此表示，荷不提供其他国家用于政治选举造势的场地，禁止相关集会是本国议会下院选举前安全考虑。当日，奥地利总理克恩宣布将禁止土官员在奥为土修宪公投举行政治活动。14 日，土发表声明谴责欧盟支持荷，认为欧盟目光短浅、歪曲认知。19 日，埃尔多安在电视讲话中点名抨击默克尔是纳粹行径。加布里尔批评埃尔多安出语冒犯、做法越界。21 日，埃尔多安称欧盟是法西斯主义并残酷无情，欧洲当前形势使其想起第二次世界大战之前的局势。22 日，德国总统施泰因迈尔在发表就职演说时驳斥埃尔多安将德国比作纳粹的言论，认为此举损害土与伙伴国的关系。同日，埃尔多安在演讲中威胁欧洲人在世界各地街头都可能存在安全风险。23 日，埃尔多安称，土将重新评估与欧盟的政治关系以及土欧之间的难民安置协议。同日，欧盟召见土驻欧盟代表，抗议埃尔多安对欧盟的攻击和威胁言论。

叙利亚和谈继续举行。2 日，叙军方发布声明宣布，政府军从极端组织“伊斯兰国”手中收复叙中部古城巴尔米拉。声明表示，在俄罗斯和叙空军支持下，叙政府军重创极端组织“伊斯兰国”武装，已控制巴尔米拉及周边地区，在北部阿勒颇省打击“伊斯兰国”的行动也取得进展。3 日，联合国秘书长叙利亚问题特使德米斯图拉宣布，历时 9 天的第四轮叙利亚问题日内瓦和谈于当天结束，叙政府和反对派就下一轮和谈的主要议程达成一致。10 日，联合国安理会发表媒体声明，支持德米斯图拉领导的相关努力，支持通过由叙利亚主导的包容性政治进程，促进政治解决叙危机，满足叙人民的合法愿望，呼吁叙各方尽快重启和谈，并无条件参与新一轮和谈议程。14 日，第三轮叙利亚问题高级别会谈在哈萨克斯坦阿斯塔纳举行，内容主要涉及停火协议执行情况以及战俘交换等。参加会谈的有俄罗斯、伊朗、土耳其和叙利亚政府代表团以及联合国、美国和约旦的观察员，但作为谈判关键一方的叙反对派武装以停火协议没有得到遵守以及俄空军轰炸其阵地为由拒绝参加会谈。19 日，叙政府军在首都大马士革东郊与试图向市区渗透的反政府武装发生激战，反政府武装被击退。21 日，叙政府军空军与地面部队相互配合，击退反政府武装对大马士革市区发动的新一轮攻击。23 日，联合国斡旋的第五轮叙利亚问题日内瓦和谈开启非正式磋商，联合国秘书长叙利亚问题副特使拉姆齐与各方开始初步非正式磋商。24—31 日，第五轮和谈进入正式谈判。德米斯图拉分别与叙政府和反对派代表进行双边会谈，叙各方没有进行面对面的直接谈判。这是叙政府和反对派代表双方首次就共同商定的议程举行谈判，谈判议程为此前达成一致的组建民族团结政府、修订宪法、重新举行大选和反恐等 4 个议题。本轮和谈展现部分积极因素但未达成任何和平协议，各方将择期举行第六轮和谈。德米斯图拉在和谈结束后举行的记者会上表示，谈判各方严肃参与了此轮和谈，没有试图中断或停止和谈进程，不应低估或否定这次和谈取得的进展，谈判各方都乐于再次回到日内瓦继续这一政治进程。

埃及前总统穆巴拉克获释。2 日，埃最高上诉法院对前总统穆巴拉克涉嫌谋杀示威者一案进行终审，宣布穆巴拉克无罪。13 日，埃总检察长下令释放穆巴拉克。埃开罗地区检方表示，加上取保候审以来的拘禁时间，穆巴拉克将刑满释放。24 日，穆巴拉克结束为期 3 年的有期徒刑获释回家。

日本自民党延长党总裁任期。5 日，日执政党自由民主党第 84 届党大会在东京召开，自民党干事长二阶俊博向大会提交“总裁公选规则修正案”，将目前党章中规定的总裁任期最长“2 届 6 年”修改为“3 届 9 年”。在征求意见环节无人提出异议，该修正案正式获得通过。自民党将总裁任期改为“3 届 9 年”，意味着如果安倍晋三在 2018 年总裁选举中成功连任，且自民党仍保持执政党地位，其首相任期将持续至 2021 年。

美洲玻利瓦尔联盟第 14 次特别峰会举行。5 日，美洲玻利瓦尔联盟第 14 次特别峰会在委内瑞拉首都加拉加斯举行，委内瑞拉总统马杜罗、尼加拉瓜总统奥尔特加、古巴领导人劳尔·卡斯特罗、玻利维亚总统莫拉莱斯以及其他成员国代表出席。马杜罗在会议开幕致辞中表示，此次特别峰会是对委前总统查韦斯和古巴领导人菲德尔·卡斯特罗的致敬和纪念，希望联盟继续发挥加强拉美和加勒比国家间合作、互补与团结的作用。马杜罗认为，目前“白人霸权主义”继续横行世界，委以及其他美洲玻利瓦尔联盟成员国应致力于寻找完全不同于资本主义、帝国主义的经济发展模式，实现可持续发展和独立自主。马杜罗宣布，为应对美国政府移民政策的调整，各成员国决定立即重启一项特别基金，以便为在美居住的拉美和加勒比移民提供法律咨询和援助。奥尔特加、劳尔·卡斯特罗和莫拉莱斯在发言中对查韦斯和菲德尔·卡斯特罗的政治和精神遗产表示肯定，并呼吁拉美各国继续团结一致与帝国主义作斗争。与会各国表示应进一步加强拉美和加勒比国家间的团结，拒绝帝国主义和霸权主义行为，并决定由玻利维亚前外长乔克万卡担任美洲玻利瓦尔联盟秘书长。峰会最后通过题为《捍卫我们的美洲的团结、尊严和主权》的会议宣言，宣言反对美对委副总统艾萨米的指控和制裁，要求美立即取消所有对委制裁。

特朗普移民和难民入境限制令受挫。6 日，美国总统特朗普签署新的移民和难民入境限制行政命令，与旧令相比，主要调整部分如下：对伊朗、利比亚、叙利亚、索马里、苏丹和也门 6 国的公民实行 90 天入境禁令，将伊拉克从被禁名单中移除；美国土安全部将在 90 天内制订新的入境要求，对不符合要求的国家提出采取具体限制措施的建议；美合法永久居民及已持有效美签证的人员不受新令限制；统一难民入境标准，在 120 天内暂停接受所有难民，但不再无限期禁止叙利亚难民入境；新令执行留有 10 天缓冲期，将于 3 月 16 日起生效。8 日，美夏威夷州就新入境限制令向檀香山联邦地区法院提起诉讼称，新令试图基于宗教信仰而禁止穆斯林入境，破坏宪法根本原则，将伤害该州穆斯林、旅游业和外国学生。9 日，美华盛顿州、纽约州、马萨诸塞州和明尼苏达州均表示，新入境限制令同样不合法并违宪，要求把暂缓旧令的裁决延伸适用于新令。15 日，夏威夷联邦地区法院作出裁决，认为新令违反宪法中有关宗教的条款，将对夏威夷经济造成伤害，要求在全美范围内暂停执行新令。当日，特朗普发表讲话称，夏威夷联邦地区法院的裁决是司法越权，不排除上诉至美最高法院的可能性。同日，华盛顿、加利福尼亚、马里兰、马萨诸塞、纽约、俄勒冈等州也对新令发起法律诉讼，要求阻止新令实施。16 日，马里兰州联邦法院裁决冻结新令中暂停发放签证的内容。17 日，美司法部通知联邦第四巡回上诉法院，将就马里兰州联邦法院冻结新入境限制令中暂停发放签证的裁决提起上诉。29 日，夏威夷联邦地区法院作出裁决，延长“冻结”新版入境限制令，使原本两个星期的临时禁令变为时间更长、全国范围内有效的初步禁令。

朝鲜发射弹道导弹并进行火箭发动机点火试验。6 日，朝从平安北道向朝鲜半岛东部海域发射 4 枚弹道导弹，导弹飞行距离约为 1000 公里。当日，中国外交部发言人指出，中方反对朝方违背安理会决议进行有关发射活动，当前形势下，有关各方都应保持克制，不做相互刺激、加剧地区局势紧张的事。俄罗斯外交部发表声明称，近日朝鲜半岛局势由于朝最新射导和韩美大规模联合军演更加紧张，呼吁进一步努力通过政治和外交手段解决朝鲜半岛问题。美国白宫发言人斯派塞称，朝最新射导是进一步挑衅行为，美将采取包括在韩国部署“萨德”系统等措施加强抵御朝弹道导弹威胁的能力。欧盟和北约谴责朝最新射导，敦促朝尽快与国际社会重启对话。韩国代行总统职权的国务总理黄教安称，韩将与国际社会紧密合作，让朝受到应有的惩罚。7 日，联合国安理会发表媒体声明，谴责朝严重违反安理会相关决议发射弹道导弹，加剧地区及更大范围的紧张局势，增加地区性军备竞赛的风险，呼吁缓和朝鲜半岛等地区的紧张局势。8 日，联合国安理会举行闭门会议，就朝射导及朝鲜半岛核问题进行磋商，讨论下一步应对措施。18 日，朝在西海卫星发射场进行新型大功率火箭发动机的地上点火试验。朝最高领导人金正恩表示，此次试验取得成功对于朝的宇宙开发具有重大意义。22 日，朝从东部元山试射一枚导弹失败。23 日，联合国安理会发表媒体声明，强烈谴责朝弹道导弹发射活动及火箭发动机点火试验，对朝采取日益破坏稳定的行为及无视安理会的做法深表关切，敦促朝避免包括核试验在内的进一步违反安理会相关决议的活动，重申维护朝鲜半岛及东北亚地区和平与稳定的重要性。

特朗普艰难推进内政。7 日，美国国会众议院共和党议员提出新医改法案草案，用于代替“奥巴马医改法案”，遭到民主党反对，共和党内部对其中部分条款也存异议。16 日，美白宫公布 2018 财年联邦政府预算纲要报告，该报告题为“美国优先：让美国再次伟大的预算纲要”，提议大幅增加国防预算，同时同等削减国务院、环保局、农业部等的非国防支出，希望在不扩大财政赤字的前提下增强美国防安全和“硬实力”。预算纲要提出，2018 财年联邦政府可自由裁量支出总额约为 1.065 万亿美元。其中，国防支出为 6030 亿美元，比现有法律规定的上限水平增加 540 亿美元；非国防支出为 4620 亿美元，对应减少 540 亿美元。与 2017 财年临时拨款法案水平相比，预算纲要将 2018 财年国防部、国土安全部和退伍军人事务部的预算分别增加 10%、6.8% 和 5.9%，其他联邦政府部门的预算则都有不同程度削减，其中，美国环保局预算降幅高达 31.4%。23 日，由于共和党内部不能形成多数意见，国会众议院关于新医保法案的投票被推迟。特朗普向共和党内持强硬保守立场的“自由党团”让步，修改了新医保法案部分关键条款。24 日，反对新医保法案的共和党众议员增加 2 人，总人数超过 30 人。因未能争取到足够支持票以通过法案，共和党在众议院全体投票前宣布撤回新法案。

欧盟春季领导人会议举行。9 日，欧盟春季领导人会议在比利时首都布鲁塞尔召开。会议的重点议题是经济和贸易，讨论研究移民问题、安全与防务、西巴尔干地区局势以及纪念《罗马条约》60 周年相关准备工作等，投票选举现任欧洲理事会主席图斯克连任。峰会首日发表成果文件强调，欧盟将坚持实施积极的贸易政策，努力推进开放和基于规则的多边贸易体系，与国际贸易伙伴深化联系，在世界贸易组织中发挥核心作用；加速推进与中国、日本和墨西哥等国的贸易谈判，加强对华贸易，基于互惠互利原则，共同推进贸易发展；对不公平的贸易行为，欧盟要在世贸规则允许的范围内加强自我保护。成果文件呼吁继续加快欧洲单一市场建设，尊重商品、资本、人员和服务的 4 个自由流动原则，并顺应数字经济的迅猛发展，加快数字建设，加强创新发展。成果文件关注安全与防务问题，指出在当前形势下，欧洲必须采取更多行动确保安全，促进周边及其他地区的和平与稳定。成果文件赞同 3 月 6 日欧盟成员国外长和防长会议关于成立小型军事指挥中心等决定，强调加强欧盟与北约的合作。10 日，除英国以外的欧盟 27 国领导人举行非正式会议，就欧盟的未来设想展开讨论。对于欧盟委员会主席容克此前发布的《欧洲的未来》白皮书所提出的“多速欧洲”设想，各成员国意见不一，法国、德国、意大利、西班牙等国支持建设“多速欧洲”，部分东欧国家强烈反对，认为这将在东西欧之间形成新“铁幕”。由于存在分歧，当日会议未达成成果文件。10 日，峰会闭幕后图斯克和容克举行联合记者会。图斯克强调，团结是欧盟最珍贵的资产，各国认同未来将继续加强互信和团结。容克针对部分成员国对“多速欧洲”的担心表示，其出发点是 27 国作为联盟共同前行，没有制造新“铁幕”的意图。

欧美相继公布最新货币政策。9 日，欧洲中央银行召开例行货币政策会议，决定维持欧元区三大关键利率不变，其中欧元区主导利率维持在零，并继续实施宽松货币政策。欧洲央行行长德拉吉表示，在未来较长一段时间里，欧洲央行预期将关键利率维持在目前或更低水平。德拉吉认为，欧元区名义通胀率当前快速上升主要源于能源和食品价格上涨，欧元区核心通胀率仍然增长乏力，拉升通胀率仍需超宽松货币政策的支持。同日，欧洲央行上调欧元区经济增长和通胀预测，欧元区 GDP 预计 2017 年增长 1. 8%、明后两年分别增长 1. 7% 和 1. 6%；欧元区通胀率预计 2017 年为 1. 7%、明后两年分别为 1. 6% 和 1. 7%。15 日，美国联邦储备委员会宣布将联邦基金利率目标区间上调 25 个基点到 0. 75% 至 1% 的水平。美联储发表声明称，2017 年 2 月以来的经济指标显示美国就业市场继续走强，家庭消费继续温和上涨，企业固定投资有所企稳，整体经济活动保持温和扩张步伐。美联储主席耶伦表示，加息决定反映了美国经济继续朝着充分就业和 2% 的通胀目标稳步前进，由于财政政策的细节仍存在不确定性，目前尚难判断其对经济产生的影响，美联储将根据经济发展形势及时调整货币政策。

韩国总统朴槿惠被弹劾罢免并批捕。10 日，韩宪法法院宣布，8 位法官一致通过针对总统朴槿惠的弹劾案，朴槿惠成为韩宪政史上首名被弹劾罢免的总统。弹劾事由及判决结果指出，朴槿惠任总统期间违宪、违法情节严重，为亲信崔顺实个人利益滥用总统职权，隐瞒崔顺实干政事实，并否认外界质疑，从未显示遵守宪法的意愿，辜负了民众信任，损害了代议民主和法治精神；此外，朴槿惠未接受“亲信干政”事件特别检察组及检察机关的讯问，且拒绝对青瓦台的搜查取证。当日，数百名反对弹劾的示威者试图冲闯宪法法院并与警方发生冲突，2 名示威者身亡。同日，韩选举委员会发表声明宣布，从当日开始接受总统候选人登记申请。12 日，朴槿惠离开总统府青瓦台，返回位于首尔三成洞的家中，并委托自由韩国党议员闵庚旭宣读声明称，就未能尽到总统职责向国民致歉，向信任和支持自己的国民表示感谢，她愿承担一切结果，相信事实终会水落石出。15 日，韩代行总统职权的国务总理黄教安宣布，韩第十九届总统选举将于 5 月 9 日举行。21 日，检察厅特别调查本部传唤朴槿惠，对其受贿、滥用职权等嫌疑展开调查，朴槿惠在受询前表示将诚实接受调查。27 日，韩检方决定提请首尔中央地方法院对朴槿惠签发逮捕证。30 日，朴槿惠出庭接受法院审问，成为韩实施逮捕令签发前审问制以来首位受到审问的前总统。31 日，首尔中央地方法院签发对朴槿惠的逮捕令，法院发表声明称，考虑到检方提出的朴槿惠涉嫌罪名以及朴槿惠销毁证据的可能性，法院予以批捕。朴槿惠随即被移送至首尔看守所。

土耳其总统埃尔多安访问俄罗斯。10 日，土总统埃尔多安访问俄罗斯，与俄总统普京举行会谈，双方确认两国关系已实现正常化，两国将在地区安全和经贸领域加强合作。普京表示，俄土经贸合作具有战略意义，俄正在设法全面恢复与土耳其的经贸往来。普京认为，目前叙利亚局势依然复杂，面临很多不确定因素，俄土军方和相关机构为应对叙利亚问题正在展开卓有成效的合作。埃尔多安表示，土俄在铺设天然气管道、建设阿库尤核电站等方面的合作已重回正轨，国防工业已成为双边合作的重点，土方期待俄方全面解除对土经济制裁。埃尔多安强调，在土俄两国协助解决叙利亚问题时应把“维护叙领土完整”作为一项基本宗旨，土方不会接受叙利亚目前的分裂状态。

印度人民党在部分地方邦选举中获胜。11 日，印选举委员会公布北方邦、北阿肯德邦、旁遮普邦、果阿邦和曼尼普尔邦等 5 个邦地方议会选举结果。执政党印度人民党在人口最多的北方邦 403 个议席中获得 300 多个席位，而一直在北方邦执政的社会主义党和国大党合计获得 54 席；印度人民党同时在北阿肯德邦以明显优势获胜；国大党赢得北部农业重地旁遮普邦选举；果阿邦和曼尼普尔邦选举，各党选票均未过半，需多党联合执政。

俄罗斯不断加强军备力量。13 日，俄国民近卫军宣布进行成立以来首次突击战备检查。此次战备检查由俄军队和国民近卫军联合指挥，内容包括反情报侦察、反恐、反极端组织等，重点研究如何加强对国家能源、工业、交通等重要部门的安保以及相关动员培训等问题。20 日，俄在克里米亚举行大规模军事演习，首次在此地区演练一次空投 3 个空降兵单位。演习旨在加强部队反击恐怖分子和敌军的能力，俄空降兵、黑海舰队、南部军区空军和防空部队第四集团军参加演习。24 日，俄东部军区举行反恐演习，演习内容包括封锁、消灭非法武装以及对恐怖分子渗透破坏军事设施行为的应对措施等，重点演练小分队突袭、任务支援、火力掩护和战术撤退等科目。27 日，俄国防部长绍伊古表示，俄中央军区过去 3 年换装 3100 件现代化武器装备，作战能力大幅提高，2017 年还将换装 1200 件现代化武器装备，防空部队将继续换装 S－400 防空导弹系统，使中央军区的防御范围增加 2.5 倍，并进一步增强对重要设施的安全保障。此外，中央军区将组建重型炮兵营，继续征召合同兵，提高导弹和炮兵部队的作战能力。28 日，俄总统普京签署关于扩充武装力量计划的命令。命令宣布，从 2017 年 1 月 1 日起，俄武装力量编制为 1897694 人，其中包括 1013628 名现役军人；自 2017 年 7 月 1 日起俄武装力量人数将增至 1903051 人，其中现役军人数量不变。30 日，俄国防部网站发布公告称，俄空天部队开始部署新一代陆基空间管制系统。公告宣布，俄空天部队计划在境内部署 4 套新型激光光学系统和 4 套无线电系统用于识别太空物体，到 2020 年之前，俄对宇宙空间可实现全天候、全方位管制。新一代激光光学系统已在阿尔泰边疆区部署完成并投入战备执勤，该系统通过与太空在轨设备的配合发现并跟踪了近 1500 个太空物体，并发出近 300 次预警。公告称，为优化空间反导预警系统，俄空天部队正在试验一种太空轨道装置，用以减少导弹预警时间并显著提高预警效率和信息准确性。

匈牙利总统阿戴尔胜选连任。13 日，匈国会举行总统选举，现任总统阿戴尔・亚诺什与反对党候选人毛伊泰尼・拉斯洛参选。匈国会共有 199 个议席，在第一轮投票中，阿戴尔获得 131 张选票，毛伊泰尼获得 44 张选票，2 名候选人均未获得当选总统所需的 2/3 多数票。在第二轮投票中，阿戴尔获得 131 张选票，毛伊泰尼获得 39 张选票。根据匈宪法规定，阿戴尔以简单多数票当选总统成功连任。阿戴尔 1990 年起担任匈青年民主主义者联盟国会议员，1998—2002 年出任匈国会主席，2009 年当选欧洲议会议员，2012 年 5 月当选匈总统。

国际货币基金组织发布《全球前景与政策挑战》报告。14 日，国际货币基金组织发布监测报告，呼吁各国采取多边解决方案以应对全球风险，实现经济一体化益处的最大化。报告认为，全球经济面临的不确定性增加，经济一体化和技术革新对发达经济体就业和收入分配带来的负面影响正在引起更多担忧，并导致发达经济体内顾倾向加剧，其可能采取的保护主义政策将扰乱全球贸易秩序，损害经济增长。报告指出，随着美国接近充分就业水平，其可能推出的扩张性财政政策将导致美元进一步走强，加剧新兴经济体和低收入国家资本外流。报告呼吁二十国集团成员共同努力维护贸易带来的益处，避免保护主义，推动多边解决方案以应对全球风险，完成全球金融监管改革，加强全球金融架构建设。报告预测，近期指标显示全球经济增长有望提速。发达经济体增长前景有所改善，美国由于有望推出更具扩张性的财政政策，其经济前景将进一步好转。在中国和印度经济增长带动下，2017 年新兴经济体对全球经济增长的贡献将超过 3/4。

法基就任非盟主席。14 日，非洲联盟委员会主席交接仪式在埃塞俄比亚首都亚的斯亚贝巴的非盟总部举行，穆萨·法基宣誓就任非盟委员会主席。法基表示，将竭尽全力工作以不辜负非洲人民的期望，努力提升非洲大陆在世界舞台上的地位，新一届非盟委员会的工作重点将放在非盟改革、非洲和平与安全、妇女和青少年问题等方面。法基现年 56 岁，曾任乍得总理、外交部长，2016 年任非盟执行委员会主席，2017 年 1 月在第 28 届非盟峰会上当选为新一届非盟委员会主席。

荷兰议会举行众议院选举。15 日，荷议会众议院举行选举，共有 28 个政党参与角逐，注册选民约为 1300 万。21 日，荷选举委员会公布选举计票结果。首相吕特领导的传统右翼自由民主党赢得 150 个议席中的 33 个，继续保持第一大党地位。其他主要政党中，极右翼自由党赢得 20 个议席，基督教民主联盟和六六民主党分别赢得 19 个议席，绿色左翼党和社会党分别赢得 14 席，工党赢得 9 席。本次选举总计 13 个政党取得议席，无一政党赢得议会多数。吕特选后表示，自由民主党愿与基督教民主联盟、六六民主党合作，组建一个稳定多数的联合政府。

乌克兰政府决定暂停与东部民间武装控制区之间的货物运输。15 日，乌国家安全和国防委员会紧急会议宣布，鉴于乌东部冲突地区局势持续动荡，乌政府决定暂停与东部民间武装控制区之间的货物运输，货运将在完全停火、重型武器撤出顿巴斯以及归还被接管的企业之后恢复。相关地区之间的货物运输已于当天下午 1 时全面中断，只有人道主义救援物资的运输不受限制。乌国家安全和国防委员会秘书图尔奇诺夫对此决定解释称，之所以暂停与东部民间武装控制区之间的货物运输，是因为自 3 月以来，东部民间武装强行接管所控制地区的乌国有企业并交由外部势力管理，以及俄罗斯宣布临时性承认东部民间武装发放的身份证件。图尔奇诺夫表示，责成乌内阁立即研究制定措施，确保乌燃料动力和冶金企业正常运转，并分析运输封锁将对国家经济造成的不利影响以及如何把影响减至最小。16 日，俄罗斯外交部发表声明称，乌政府对乌东部的交通封锁令有违明斯克 2 号协议，并可能把相关地区局势带入人道主义灾难。

美国国务卿蒂勒森出访日韩中。16 日，美国务卿蒂勒森访问日本，分别会见日本首相安倍晋三和外相岸田文雄，与日方就朝核问题、双边关系和其他地区问题进行讨论，并与岸田文雄共同举行记者会。蒂勒森称，美过去 20 年谋求朝鲜半岛无核化的努力已经失败，需要研究新思路应对来自朝鲜的威胁，此次访问亚洲目的即是就新思路与各方交换意见。日方称，在美调整对朝政策之际，日美双方同意在朝核问题上采取一致立场、共享“战略目标”。17 日，蒂勒森访问韩国，在前往韩朝军事分界线非军事区韩国一侧进行视察之后，分别会见韩国代行总统职权的国务总理黄教安和外交部部长尹炳世，与韩方就朝鲜半岛局势、双边关系和其他热点问题进行讨论，并与尹炳世共同举行记者会。双方重申将强化美韩同盟。蒂勒森表示，对朝的战略忍耐政策已经结束，美将考虑所有可能选项，寻求通过外交、安全、经济等全面措施促使朝弃核。尹炳世称，韩美坚持以全面、可核查、不可逆的方式使朝弃核。18 日，蒂勒森访问中国。中国国务委员杨洁篪会见蒂勒森，中国外交部长王毅与蒂勒森举行会谈并共同会见记者。双方强调加强中美关系的重要性，希望为两国元首会晤做好准备，并就共同关心的国际和地区问题交换意见。19 日，中国国家主席习近平会见蒂勒森。习近平指出，当前中美关系发展面临重要机遇，希望双方按照两国元首达成的共识和精神，加强高层及各级别交往，拓展双边、地区、全球层面各领域合作，妥善处理和管控敏感问题，推动中美关系在新起点上健康稳定向前发展。习近平强调，中美关系对两国、对世界都很重要，双方要本着对历史、对子孙负责的精神把握好中美关系的发展方向。要加强战略互信，增进对彼此的认知，中美共同利益远大于分歧，合作是双方唯一正确选择；要从长远和战略角度看待中美关系，拓展合作领域，实现互利共赢；要加强地区热点问题上的沟通和协调。要尊重彼此核心利益和重大关切，维护中美关系大局稳定；要鼓励和扩大两国人民友好往来，不断夯实中美关系的社会基础。蒂勒森表示，美方愿本着不冲突不对抗、相互尊重、合作共赢的精神发展对华关系，不断增进美中相互了解，加强美中协调合作，共同应对国际社会面临的挑战。

德国总理默克尔访问美国。17 日，美总统特朗普在华盛顿与到访的德总理默克尔举行会晤，并共同出席美德商界领袖圆桌会以及联合记者会。双方讨论了贸易、北约防务、移民、反恐、乌克兰危机、阿富汗问题等议题。特朗普表示，美国将继续支持北约，同时北约盟友也应该相应地承担防务开支；美德必须继续携手，共同打击“伊斯兰国”等极端恐怖主义组织，保护两国人民。特朗普强调，移民问题涉及国家安全，必须强化边境安全，把本国人民的安全放在首位。特朗普认为，贸易政策应公平，其倡导的“美国优先”执政理念不是孤立主义。特朗普称，美德就和平解决乌克兰冲突的必要性达成共识，赞赏默克尔与法国总统奥朗德在解决乌克兰冲突方面的领导力。默克尔表示，德将逐年增加防务开支，在 2024 年达到国防开支占国内生产总值 2% 的目标；北约在阿富汗和其他地区为美国反恐作出贡献。默克尔认为，在保障边境安全的同时，应该考虑到给予难民重塑生活的机会。默克尔认可公平贸易的重要性，指出应以开放的思维来看待全球化；希望欧盟与美恢复贸易协定磋商，欧盟成员国由欧盟代表对外一致进行贸易谈判。默克尔强调，应寻求安全解决乌克兰冲突的方案，一旦乌克兰局势明朗后，与俄罗斯关系也应得到改善。

二十国集团财长和央行行长会议举行。17—18 日，二十国集团（G20）财长和央行行长会议在德国巴登 - 巴登举行，围绕全球经济形势、国际金融架构和监管、国际税收、促进对非洲投资以及其他全球治理议题，各方成员进行了深入讨论。会议重申 2016 年 G20 杭州峰会的一系列重要政策承诺，并在诸多重点议题上取得积极进展：就增强经济韧性的一系列原则达成一致；启动“促进对非洲投资”倡议，以推动私营部门对非洲投资；进一步完善国际金融架构，强调加强对跨境资本流动分析和风险监控的重要性；继续推进国际税收合作，加大应对税基侵蚀和利润转移的工作力度等。会议强调，全球经济下行风险依然存在，为实现强劲、可持续、平衡、包容性增长的目标，不能单独依赖货币政策，还应采取灵活的增长友好型财政政策，尤其是扩大高质量的投资，同时保证债务与国内生产总值之比可持续。在汇率问题上，会议重申将就外汇市场密切沟通，避免竞争性货币贬值，不将汇率用于竞争性目的。

法国公布总统候选人正式名单。18 日，法宪法委员会公布参加 2017 年总统大选的最终候选人名单，共有 11 人取得法律要求的 500 张市长支持票，从而获得候选资格。候选人分别为：右派联盟代表菲永、中左派联盟代表阿蒙、前经济部长马克龙、极左派“法国不屈服”党首梅朗雄、右翼起立党主席杜彭－埃尼昂、极左翼工人斗争党代表阿尔托、极右翼国民阵线党首勒庞、极右翼共和联盟党首阿塞利诺、团结进步党党首谢米纳德、中间派人士拉萨尔和极左翼新反资本主义党党首普图。20 日，法电视一台 TF1 以及新闻频道 LCI 共同举办选举第一轮电视辩论，民意支持率在 10% 以上的 5 名总统候选人菲永、马克龙、勒庞、阿蒙和梅朗雄获邀参加，5 人围绕“法国社会模式”“法国经济模式”“法国在世界上的地位”三大主题阐述竞选纲领，并与对手展开辩论。

日俄重启“2＋2”磋商。20 日，日本外务大臣岸田文雄、防卫大臣稻田朋美在东京与到访的俄罗斯外交部长拉夫罗夫、国防部长绍伊古举行会谈。双方同意在反恐等方面加强合作，并就继续推进防卫交流和举行联合演习达成共识。双方确认将敦促朝鲜遵守联合国安理会相关决议、放弃核武器和导弹计划。双方在领土争端问题上分歧犹在，日方抗议俄方在争议岛屿部署导弹，俄方则表示在争议岛屿上部署兵力完全出于防卫目的。双方对于在韩国部署“萨德”系统问题上意见不一，日方认为在韩部署“萨德”是应对朝鲜导弹威胁的需要，俄方指出在韩部署“萨德”将对地区稳定带来不利影响而予以反对，俄方对美国在亚太地区部署反导系统表示担忧，认为美国的反导系统与朝鲜构成威胁的程度并不相称。

世界气象组织发布“全球气候状况年度声明”。21 日，世界气象组织发布声明指出，2016 年全球气象指标破多项纪录，全球气温创新高，海冰处于异常低位，海平面上升，海洋热含量增长势头不减。声明表示，2015—2016 年发生的强厄尔尼诺事件致使 2016 年气温上升，推动了因温室气体排放造成的长期气候变化。2016 年全球绝大多数陆地气温均高于 1961—1990 年的平均水平，海洋表面温度为有气象记录以来最高，全球海洋热含量为历史第二高水平，北半球海洋热含量创新高。声明称，在厄尔尼诺事件期间，全球海平面上升显著，2014 年 11 月—2016 年 2 月海平面上升约 15 毫米，远高于 1993 年后每年上升的 3 毫米—3.5 毫米，创下新的历史纪录。降水方面，2016 年是亚马孙流域有记录以来降水最少的一年；中国平均降水量是有记录以来降水最多的一年，全国平均降雨量为730毫米，比长期平均水平高16%。此外，北极海冰2016年最大值为1452万平方公里，是自1979年有卫星记录以来的最低值。世界气象组织预测，极端天气与气候状态在2017年仍将延续。

英国伦敦发生恐怖袭击事件。22日，一名袭击者驾驶汽车在伦敦市中心议会大厦附近冲撞行人，随后下车持刀行凶，试图冲进议会大厦，在刺死一名负责安保的警察后，被警方开枪击毙。本次袭击事件造成1名警察、2名平民及凶手本人死亡，40余人受伤。事件发生时，首相特雷莎·梅正在议会大厦准备接受议员关于英退出欧盟议题的质询。特雷莎·梅发表声明严厉谴责这起恐怖袭击，称绝不会向恐怖行动妥协，任何试图通过暴力破坏自由、民主等价值观的行径注定会失败，英不会因为这起袭击调高恐怖威胁级别，仍然维持在5个级别的第二高等级“严重”级。23日，伦敦警方宣布，已确认被击毙的犯罪嫌疑人为哈利德·马苏德，现年52岁，在英出生，近期主要生活在西英格兰地区，曾因非法拥有武器、违反公共秩序等罪名被指控，但此前没有情报显示其有意发动恐怖袭击。警方同时宣布已在伦敦和伯明翰拘捕8名涉嫌与袭击案有关人员，并将继续在全国范围内搜查。同日，极端组织“伊斯兰国”发表声明宣称制造了伦敦恐怖袭击。伦敦恐袭事件发生后，中国国家主席习近平、国务院总理李克强分别向英女王伊丽莎白二世、首相特雷莎·梅致慰问电，对恐怖袭击表示强烈谴责，对无辜遇难者表示沉痛哀悼，对伤者和遇难者家属表示诚挚慰问，表示中国坚决反对一切形式的恐怖主义，愿同英国和国际社会加强合作，为维护中英两国和世界安全作出积极努力。美国、德国、俄罗斯、法国等多国政要以及联合国秘书长古特雷斯、欧盟领导人，通过各种方式谴责恐怖行径、就恐袭事件致哀、表达对英的支持。

欧盟举行纪念《罗马条约》签署60周年特别峰会。25日，除英国以外的欧盟27个成员国的领导人和欧盟机构领导人，在意大利罗马召开特别峰会，纪念《罗马条约》签署60周年。本次峰会以“欧洲：我们的共同未来”为主题，回顾欧洲一体化进程60年来取得的成就，讨论欧盟当前面临的挑战，规划欧盟未来10年的发展。峰会签署《罗马宣言》，标志着欧洲一体化进程进入新阶段。宣言指出，建立欧洲共同体是大胆而有远见的努力，60年前欧洲共同体源于几个国家憧憬持久和平的构想，如今欧盟作为政治和经济实体，已在全球范围发挥重要作用，并获广泛支持。宣言确认欧盟各成员国建设团结、统一的欧洲和推动欧盟繁荣发展的共同政治意愿，指出欧盟决心面对快速变化的世界的种种挑战，为欧盟各国公民提供安全和新的机会，欧盟将通过进一步的联合和团结以及对共同条款的尊重，使自身更加强大和更具活力。宣言描绘了欧盟未来发展的蓝图，指出在未来 10 年中，欧盟应是安全、稳定、繁荣、有竞争力、可持续和具有社会责任的联盟，具有在世界上发挥关键作用的能力，以及塑造全球化的能力，并对尊重欧洲价值观的欧洲国家开放。宣言特别指出，欧盟成员国将以不同的速度和必要的程度共同行动，朝共同的方向努力前行。

伊朗总统鲁哈尼访问俄罗斯。27 日，伊总统鲁哈尼抵达俄罗斯进行为期两天的访问。28 日，俄总统普京与鲁哈尼举行会谈，双方商定积极推进贸易、能源合作，在反恐问题上协调行动，并就合作打击恐怖主义和叙利亚危机的解决途径交换意见。两国元首会谈后签署联合声明并举行新闻发布会。普京表示，俄伊关系友好相互尊重，两国同意就深化各领域合作进行对话，继续巩固互利关系，全力将双边关系提升为新层次的战略伙伴；两国在国际热点问题上配合默契，将加强反恐合作，协调打击“伊斯兰国”等极端组织，稳定叙利亚、阿富汗等国局势；两国应继续加紧落实贸易和产业合作路线图，为加强粮食、本币结算和银行业等领域的交流创造有利条件。鲁哈尼表示，两国领导人在会谈中讨论了伊朗与欧亚经济联盟建立自贸区的问题，对叙利亚、阿富汗、也门的局势表示担忧，双方将把反恐斗争进行到底，直至彻底消灭整个地区的恐怖分子。鲁哈尼访俄期间，伊俄双方在铁路、油气、原子能、旅游等基础设施和能源领域签署了 15 份合作文件。此外，陪同鲁哈尼访俄的伊外交部长扎里夫表示，俄可以在特定情况下使用伊境内的军事基地打击叙利亚境内的恐怖分子。

第 28 届阿拉伯国家联盟首脑会议举行。29 日，第 28 届阿拉伯国家联盟首脑会议在约旦召开，约旦等 21 个成员国的国家元首、政府首脑或代表与会，联合国秘书长古特雷斯、非盟委员会主席法基、欧盟外交和安全政策高级代表莫盖里尼等出席会议开幕式并发表讲话，俄罗斯、美国和法国总统分别派特使参会。会议的主要议题是巴勒斯坦问题和叙利亚危机，并就涉及巴勒斯坦问题、叙利亚危机和反恐议题等的 17 项决议草案进行讨论和表决。会议发表《安曼宣言》，重申巴勒斯坦问题是阿拉伯世界的中心议题，明确继续坚持 2002 年阿拉伯和平倡议，呼吁推进落实联合国安理会第 2334 号决议。宣言认为，实现全面、持久的和平依然是阿拉伯国家的战略选择，阿拉伯国家将在“两国方案”的基础上，继续致力于重新启动巴以之间举行认真、有效的和谈以结束冲突，“两国方案”是实现安全与稳定的唯一途径。宣言谴责一切恐怖主义和极端主义行径，强调阿拉伯国家将继续保持密切合作打击极端主义，从根本上铲除恐怖主义的土壤。宣言表示，解决叙利亚危机的前提是在阿拉伯国家联盟宪章的基础上保证叙利亚的主权和领土完整，并遵照安理会第2254号决议，达成各方都能接受的政治和解方案。

第16届中美洲—墨西哥首脑会议举行。29日，第16届中美洲—墨西哥首脑会议在哥斯达黎加首都圣何塞举行，哥斯达黎加、墨西哥、哥伦比亚、巴拿马、危地马拉、洪都拉斯、萨尔瓦多、尼加拉瓜、伯利兹和多米尼加等10个美索美洲（北起墨西哥、南到哥伦比亚的美洲地区）国家的元首或高级代表出席，联合国拉丁美洲和加勒比经济委员会执行秘书巴尔塞纳与会。本届会议的主题是“美索美洲让我们团结”，寻求加强对话和协商，团结一致应对挑战，并讨论气候变化、公私合营模式、妇女权益、打击贩毒等议题。会议发表《圣何塞声明》，表示将致力于美索美洲地区一体化和可持续发展，同时强调反对一切形式的种族歧视和针对移民的犯罪，呼吁尊重移民及其家属的人权。

4月

- 习近平访问芬兰并赴美国举行中美元首会晤
- 朝鲜多次射导加剧半岛紧张局势
- 土耳其修宪公投通过
- 叙利亚发生疑似使用化学武器事件

韩美日针对朝鲜首次举行联合反潜演习并举行会谈。3 日，韩国国防部宣布，韩国、美国和日本海军 3—5 日在韩济州岛南部的韩日公海上举行首次联合反潜演习。声明称，演习针对朝方的“潜艇威胁”，旨在提高三国探测、识别及跟踪潜艇能力。演习内容包括模拟搜寻、探测和追踪潜艇，并交换相关情报。参加此次联合演习的三国海上装备包括韩国海军“姜邯赞”号导弹驱逐舰和一架“山猫”直升机，美国海军派出“麦坎贝尔”号宙斯盾驱逐舰、MH－60 型反潜直升机和一架 P－3 型海上巡逻机，日本海上自卫队派出了“泽雾”号驱逐舰和一架反潜直升机。25 日，朝鲜核问题六方会谈韩美日三方代表团团长在日本东京会晤，就如何应对朝挑衅达成一致意见称，如果朝发动战略挑衅，三国将采取“严厉的制裁措施”。韩国外交部朝鲜半岛和平交涉部部长金烘均、美国国务院对朝政策特别代表约瑟夫·尹和日本外务省亚洲大洋洲局局长金杉宪治参加会晤。26 日，三国共同研究在朝强行实施第六次核试验或试射弹道导弹时，切断朝资金链，联手推进禁止其渔权交易的方案。金烘均在会谈结束后强烈警告朝停止发起战略挑衅，并表示若朝一意孤行，三国就将采取严厉的制裁措施，其后果朝恐难以承担。

俄罗斯圣彼得堡地铁发生爆炸。3 日，俄圣彼得堡市地铁发生爆炸，共造成 16 人死亡、50 余人受伤。圣彼得堡市宣布 4—6 日为哀悼日。4 日，俄总统普京到圣彼得堡地铁站为爆炸死难者献花，随后前往俄联邦安全总局圣彼得堡分局召开专门会议。俄总检察长办公室宣布该事件为恐怖袭击。当天，中国国家主席习近平就此次地铁爆炸造成人员严重伤亡向普京致慰问电。习近平表示，他谨代表中国政府和中国人民，并以他个人的名义，对遇难者表示深切的哀悼，向伤者和遇难者亲属表示诚挚的慰问。中方强烈谴责这一令人发指的恐怖袭击行径。中方坚决反对一切形式的恐怖主义，愿同俄罗斯及国际社会一道，加强反恐合作，维护世界及地区和平与安全。同日，国务院总理李克强向俄总理梅德韦杰夫致慰问电，对所有遇难者表示沉痛哀悼，向遇难者亲属表示诚挚慰问。同日，法国总统奥朗德、德国总理默克尔和普京通话，就此次事件向普京表示慰问。三国领导人表示，同意加强反恐方面的合作，特别是有关信息的即时交流共享。同日，日本首相安倍晋三与普京举行电话会谈，向普京致以哀悼和慰问，确认日俄两国将合作消灭恐怖主义。5日，朝鲜最高人民会议常任委员会委员长金永南向普京致慰问电称，希望俄能尽快从悲痛中走出来。25 日，国际恐怖组织搜索情报集团引述一个名为“伊玛目谢米尔营”的组织 24 日通过毛里塔尼亚通讯社发表的声明称，该组织坦承在“基地”组织头目艾曼·扎瓦希里的指令下，发动了此次攻击。

习近平访问芬兰并赴美国举行中美元首会晤。4 日，中国国家主席习近平抵达芬兰进行国事访问。5 日，习近平与芬总统尼尼斯托举行会谈。两国元首一致确认建立和推进中芬面向未来的新型合作伙伴关系。双方重申相互尊重主权和领土完整，并同意积极落实两国元首就中芬伙伴关系达成的重要共识。双方同意加强经济发展规划对接，探讨在“一带一路”框架内开展合作。不断丰富人文交流形式和内容，将 2019 年确立为“中芬冬季运动年”。加强在国际和地区事务中的沟通和协调，积极参与气候变化多边进程，加强北极事务合作。双方认为中芬面向未来的新型合作伙伴关系是中国欧盟战略伙伴关系的补充。会谈后，两国元首共同见证了创新、司法、大熊猫合作研究等领域双边合作文件的签署。双方发表《中华人民共和国和芬兰共和国关于建立和推进面向未来的新型合作伙伴关系的联合声明》。同日，习近平在会见芬总理西比莱时强调，中方愿同芬方在推进科技创新、节能环保、北极事务、旅游体育等重点领域务实合作。6 日，应美国总统特朗普邀请，习近平赴美佛罗里达州海湖庄园举行中美元首会晤。习近平指出，他同总统先生保持了密切联系，并愿同其就中美关系和重大国际及地区问题深入交换意见，达成更多共识，为新时期中美关系发展指明方向。习近平强调，合作是中美两国唯一正确选择。欢迎总统先生年内对中国进行国事访问。要充分用好新建立的外交安全对话、全面经济对话、执法及网络安全对话、社会和人文对话 4 个高级别对话合作机制。推进双边投资协定谈判，推动双向贸易和投资健康发展，探讨开展基础设施建设、能源等领域务实合作。要妥善处理敏感问题，建设性管控分歧。双方要加强在重大国际和地区问题上的沟通和协调，共同推动有关地区热点问题妥善处理和解决，拓展在防扩散、打击跨国犯罪等全球性挑战上的合作，加强在联合国、二十国集团、亚太经合组织等多边机制内的沟通和协调，共同维护世界和平、稳定和繁荣。特朗普表示，美中两国作为世界大国责任重大。双方应就重要问题保持沟通和协调，可以共同办成一些大事。他希望同习近平主席建立良好的工作关系，推动美中关系取得更大发展。特朗普愉快接受了习近平发出的访华邀请。当晚，习近平和夫人彭丽媛出席特朗普和夫人梅拉尼娅在海湖庄园举行的欢迎晚宴。晚宴上，习近平和特朗普分别发表了讲话。习近平指出，他同特朗普总统进行了会谈，就中美关系发展达成重要共识，并愿意在相互尊重和互利互惠的基础上，拓展贸易投资、外交安全、执法网络、人文交流等广泛领域务实合作，以建设性方式处理分歧和敏感问题，让两国人民从中美关系发展中有更多获得感。中国有句话说，万丈高楼平地起。他愿同总统先生一道，带领两国对发展中美关系抱有良好愿望和热情的建设者，把中美关系的大厦一层一层建设好，使之更牢、更高、更美。特朗普表示，习近平主席领导中国取得出色的发展成就，在世界上受到广泛尊重。他同习近平主席第一次见面就广泛议题交换了意见，建立起良好友谊。7 日，习近平与特朗普举行中美元首第二场正式会晤。习近平强调，中美已互为第一大贸易伙伴国，加强经贸合作前景广阔，双方要抓住这个机遇。中方欢迎美方参与“一带一路”框架内合作。习近平指出，两军关系是中美关系的重要组成部分。军事安全互信是中美战略互信基础。双方要保持两军各级别交往，落实好双方已经商定的年度交流合作项目，用好并不断完善重大军事行动相互通报信任措施机制和海空相遇安全行为准则两大互信机制。习近平表示，中方愿同美方加强执法合作。中美在维护网络安全方面拥有共同利益。中国望美方在追逃追赃方面给予中方更多配合。习近平强调，中国坚定不移走和平发展道路，不奉行你输我赢的理念，不走国强必霸的老路，愿同美方一道维护世界和平、稳定和繁荣。特朗普表示，美方愿同中国继续加强经贸、两军、人文等各领域合作，支持中方追逃追赃方面的努力。美方将同中方开展合作，努力消除影响两国关系的因素和问题，使美中关系实现更大发展。8 日，习近平一行回到北京。

叙利亚发生疑似使用化学武器事件。4 日，叙伊德利卜省南部一个由反对派控制的小镇疑似遭受毒气袭击，造成至少 100 人死亡，400 多人受伤。同日，国际禁止化学武器公约组织、联合国叙利亚问题特使德米斯图拉、叙利亚问题国际独立调查委员会均发表声明，对此事件表示强烈谴责。同日，美国白宫发言人斯派塞指责叙政府军针对平民使用化学武器，但没有提供任何证据。同日，叙政府声明，“不曾使用”也“不会使用”化学武器。5 日，俄罗斯国防部发表声明支持叙政府的说法。同日，联合国安理会就叙疑似化武袭击事件召开紧急会议。美国、英国和法国三国提交决议草案，要求对事件进行彻查，强调叙政府有义务提供 4 日空军行动的具体信息，允许调查人员立即进入涉嫌化武袭击的空军基地。6 日，美军向位于叙中部的霍姆斯市空军基地等数个目标，发射 59 枚精确制导“战斧”式巡航导弹。同日，美总统特朗普发表电视讲话称，他下令对叙境内的一处机场实施定点军事打击，以回应叙政府军对无辜平民进行的化武袭击。同日，欧盟发表声明，敦促联合国安理会强烈谴责袭击事件，确保对事件进行迅速、独立和公正的调查。叙外长穆阿利姆称，叙政府军过去没有、现在没有、未来也不会对本国人民甚至袭击叙平民的恐怖分子使用化武。7 日，叙政府军发表声明称，美对叙进行公然侵犯，造成 6 人死亡，数人受伤。这次袭击对叙政府军的反恐努力造成伤害。美在未了解真相前，指控叙政府军使用化学武器，此次袭击违反国际法。叙总参谋部称，美已成为极端组织“伊斯兰国”的盟友。同日，俄外交部、外长拉夫罗夫分别谴责美国，称美国以此为借口对正在打击恐怖主义的叙采取军事打击，是对主权国家的“侵略”。俄美双方曾签署备忘录，明确“在叙境内行动时防止误会，并确保俄美空军飞行安全”。但鉴于美对叙政府军实施军事打击，俄方已暂停履行相关备忘录规定，并呼吁联合国安理会召开紧急会议，讨论叙局势。同日，联合国秘书长古特雷斯发表声明，呼吁叙冲突各方保持克制。8 日，拉夫罗夫同美国务卿蒂勒森通话时称，有关叙军使用化武的指控与事实不符。有必要就有关叙疑似化武攻击事件进行全面、公正和专业调查。9 日，蒂勒森接受采访时称，美对叙实施导弹打击旨在向任何违反国际准则的国家发出信息，即如违反国际协议，不履行承诺，对他人造成威胁，就可能在某个时候引起反弹。美希望将重点转向叙政府和反对派之间的停火协议。届时美望能与俄合作，利用俄影响力在叙全境建立稳定区，为日内瓦和谈创造条件。同日，美常驻联合国代表黑利接受采访时称，击败“伊斯兰国”、逐出伊朗在叙影响、罢黜叙总统巴沙尔是美优先事项。10 日，为期两天的七国集团外长会议在意大利小城卢卡举行，利比亚局势、乌克兰问题、伊朗核问题等是原定议题，但因化武袭击事件而升级的叙局势成为会议焦点。蒂勒森表示，美有意重新担当起重任，向任何胆敢侵害无辜百姓的罪恶行为发出通牒。英国外交大臣约翰逊要求俄方与国际社会合作，尽其所能通过政治途径解决叙利亚问题，确保类似化武袭击事件不再重演。意大利外长阿尔法诺称，欧洲大部分盟友都对美对叙采取军事行动表示支持。呼吁召开叙问题特别会议，以期重启叙政治进程，避免军事行动进一步升级。11 日，会议闭幕并发表公报，谴责叙化武袭击事件，呼吁国际禁化武组织展开调查，支持美打击叙空军基地，敦促俄运用对叙政权影响结束冲突。同日，德国外长加布里尔在会后称，七国集团成员国都希望避免军事冲突升级，政治解决叙问题，望俄参与到和平解决叙冲突的政治进程中。阿尔法诺称，七国集团支持对叙俄的现行制裁，但对英关于追加制裁的提议未达成共识。法国外长艾罗称，七国集团成员国外长认为在巴沙尔当权的情况下叙问题不可能和平解决。12 日，联合国安理会就英法美提交的谴责叙化武攻击、要求叙政府配合调查的决议草案进行表决，美等 10 个成员国支持，俄罗斯和玻利维亚反对，中国、哈萨克斯坦和埃塞俄比亚弃权，决议因俄行使否决权未获通过。同日，叙常驻联合国代表贾法里称，叙已致函禁化武组织，邀请其派出中立、专业和公正的使团赴叙空军基地，以便全面、透明和公正地查清所发生事件。13 日，禁化武组织发表声明称，叙化武袭击事件调查团对从现场采集的样本进行分析，初步评估认为的确曾发生化武袭击。同日，巴沙尔在接受媒体专访时表示，有关叙城镇疑遭化武攻击一事，他仅接受公正的外部调查。化武攻击“纯属编造”，是美军在为发动攻击找借口。叙政府军多年前就已交出所有化武，且绝对不会使用遭禁用的化武。24 日，美国财政部发表声明，宣布对 271 名“与叙政府化武开发项目”有关的叙政府机构人员实施制裁。

朝鲜多次射导加剧半岛紧张局势。5 日，朝在咸镜南道新浦一带向半岛东部海域发射一枚弹道导弹，飞行约 60 公里，在日本专属经济区外坠落。韩国政府称，这是对联合国安理会决议的公然挑衅。日政府表示强烈谴责，并通过外交途径向朝提出严正抗议。美国进行简短回应，未作进一步评论。6 日，联合国安理会发表媒体声明，强烈谴责朝进行的弹道导弹发射活动，重申维护朝鲜半岛等地区和平与稳定的重要性。声明说，朝试射弹道导弹严重违反安理会相关决议，要求朝全面遵守决议对其规定的义务。同日，欧盟宣布对朝实施新制裁措施，扩大对朝投资与服务领域的限制。欧盟决定将对朝投资禁令扩大到军火、冶金和金属加工、航空航天等行业，同时还将限制在化工、采矿、炼油、计算机等领域对朝个人或实体提供服务。此外，欧盟宣布将 4

名个人列入对朝制裁“黑名单”。7 日，日本政府在内阁会议上作出决定，将把 13 日到期的对朝单边制裁再延长 2 年，继续全面禁止对朝进出口和所有朝鲜籍船舶入港。9 日，美国海军派遣“卡尔·文森”号航空母舰战斗群驶向朝鲜半岛。10 日，朝外务省发言人表示，朝方注意到美突然把航母战斗群驶往朝鲜半岛水域，如果美选择“先发制人打击”或“清除首脑部门”等军事选项的话，朝方将予以回击。同日，朝人民军总参谋部发言人强烈谴责美对朝和韩日等使用双重标准。他说，美对韩所说“可以打击朝鲜全境”等挑衅言论一言不发，却每当朝进行军事训练时，就冠上“挑衅”和“威胁”的罪名，美的双重标准和两面主义不容忽视。15 日，平壤举行纪念金日成诞辰 105 周年的阅兵式和群众游行，展示朝最先进导弹装备“闪电”防空导弹和“北极星 -2”型潜射中程弹道导弹。16 日，朝试射一枚导弹，导弹发射后立刻发生爆炸。17 日，俄罗斯外长拉夫罗夫称，希美方能理智对待朝问题，不做出类似轰炸叙利亚的单边行为。同日，联合国秘书长发言人迪雅里克说，联合国对朝鲜半岛局势升级深表关切，呼吁朝采取一切必要措施缓和局势。18 日，朝外务省副相韩成烈接受采访时表示，朝将继续进行导弹试射活动，将会在每周、每月和每年进行更多导弹试射。如美采取军事行动，“战争将一触即发”。20 日，联合国安理会发表媒体声明，强烈谴责朝发射弹道导弹的活动，要求朝不再进行核试验。22 日，朝中社在一篇评论中说，美对朝不断施加军事压力和经济制裁，在韩部署战术性核武器。只要美总统特朗普不放弃敌对政策，朝对重启与美对话也无兴趣。24 日，特朗普在会见联合国安理会 15 个理事国代表时表示，朝现状不可接受，呼吁对朝实施更严厉制裁。25 日，朝在江原道元山市附近举行史上最大规模火力演习，以纪念朝人民军建军 85 周年。28 日，联合国安理会在纽约联合国总部举行朝核问题部长级公开会，安理会 15 个理事国及韩国代表与会，中国外交部长王毅出席，朝未派代表参会。美国务卿蒂勒森作为安理会本月轮值主席主持会议。代表们围绕朝鲜半岛核问题及安理会相关决议执行情况先后发言。联合国秘书长古特雷斯首先在会上通报朝鲜半岛情况时，谴责朝多次违反安理会相关决议，持续寻求核导计划。呼吁朝不要再进行发射活动，敦促国际社会加大缓和紧张局势的努力，重启并加强沟通渠道，以降低误判和误解风险。王毅代表中方发言时说，对于朝鲜半岛核问题，中方立场十分明确，不管形势如何变化，都应始终坚持两个基本方向：第一，坚持无核化既定目标，中方坚决反对朝研发和拥有核武器，坚定执行安理会各项涉朝决议；第二，坚持对话谈判解决，只要对话谈判仍在进行，半岛局势就能保持基本稳定，反之则会走向失控。王毅强调，作为半岛近邻，中国为推动谈判解决半岛核问题作出了不懈努力。中方呼吁各方，尤其是半岛问题直接当事方——朝美，重启对话进程。蒂勒森称，朝持续推进核导计划，导致地区和国际局势不稳定，如果国际社会不采取有效措施，将会产生“灾难性后果”。他就下一步行动提出 3 点建议。第一，安理会成员均应严格执行安理会决议规定的对朝制裁措施；第二，国际社会应设法阻断朝获取支持核导计划资源的渠道；第三，从金融层面“孤立”朝，制裁向其核导计划提供资金的第三方国家、组织或个人。蒂勒森表示，通过外交途径谈判解决朝鲜半岛核问题，是美首选方案。但同时强调，美不会放弃使用武力手段保护自身及其盟友的安全。俄副外长加季洛夫称，朝发展核导不可接受，俄方呼吁朝回到核不扩散体系中。加季洛夫强调，各方应通过外交手段解决朝核问题，选择“武力”会给朝鲜半岛、给整个东北亚地区带来灾难性后果，绝不可接受。29 日，朝从平安南道北仓一带试射一枚导弹，导弹发射后在空中爆炸。30 日，朝外务省副相韩成烈会见俄驻朝大使马采戈拉时表示，美对朝进行史上最大规模联合军演和增派战略资产行动，是激化朝鲜半岛局势的根源。朝将继续采取措施强化核遏制力，以粉碎美国的核战争威胁，维护国家主权和生存权及朝鲜半岛和平。俄方对朝立场表示理解，希望朝鲜半岛局势尽快得到缓解。

泰国新宪法正式颁布实施。6 日，泰国王玛哈·哇集拉隆功在曼谷王宫签署新宪法，标志着泰自君主立宪制以来第 20 部宪法正式颁布实施。2016 年 8 月新宪法草案经全民公投获得通过，同年 11 月初由巴育内阁提交国王签署。2017 年 1 月，哇集拉隆功国王要求修改新宪法草案中有关规定国王权力的部分，因此草案又进行了重新修改。按照规划，自新宪法颁布实施起，与选举相关的 4 部子法须在 8 个月内完成，并经国王签署生效。巴育政府承诺，新宪法实施后，泰于 2017 年底依据新宪法举行 2014 年政变后的首次大选。泰副总理威沙努表示，新宪法颁行后，政府各部门工作将进行相应调整。有关机构成员若有意参加全国大选，须在大选前 90 天内辞去现任职务。

朝鲜举行第 13 届最高人民会议第五次会议。11 日，朝第 13 届最高人民会议第五次会议在万寿台议事堂举行。朝最高领导人金正恩出席。会议讨论通过了内阁关于开展国民经济发展五年战略工作及 2017 年工作任务、2016 年国家预算执行情况和2017年预算、全面实施12年制义务教育、最高人民会议外交委员会选举、其他人事变动和任命等5项议题。朝内阁总理朴凤柱在会上作报告时指出，2016年经济各部门工业生产超额完成任务，打开了实现经济发展5年战略的突破口。教育委员会委员长兼普通教育相金承斗在报告中指出，从2017年4月1日新学年起，朝所有地区已全面实现12年制义务教育。会议决定在时隔19年后重设最高人民会议外交委员会，以朝劳动党中央委员会副委员长李洙墉为该委员会委员长。受朝劳动党中央委员会委托，因职务变动，免去金完洙、李明吉最高人民会议常任委员会委员职务，任命朝社会主义妇女同盟中央委员会委员长张春实、祖国统一民主主义战线中央委员会书记局长兼议长朴明哲为最高人民会议常任委员会委员。根据内阁总理提议，任命张吉龙为化学工业相。受朝鲜劳动党中央委员会委托，免去张炳奎朝最高检察院院长职务，任命金明吉为最高检察院院长，免去张炳奎朝最高人民会议法制委员会委员职务。

美国国务卿蒂勒森访问俄罗斯。11日，美国务卿蒂勒森抵达俄罗斯进行访问。12日，俄外长拉夫罗夫与蒂勒森在莫斯科举行会谈，议题主要集中在双边关系、反恐、叙利亚等当前热点国际问题。双方在会谈中一致认为，必须尽一切努力制止俄美关系恶化并恢复两国信任。为此双方同意组建工作组，处理需要立刻解决的双边问题。双方共同提到，应毫不妥协地打击国际恐怖主义。双方应加强沟通，美俄领导人之间应建立外交及军事热线联系。双方一致同意，支持叙局势保持稳定，坚持朝鲜半岛无核化政策，履行明斯克协议。蒂勒森特别向俄方解释美海军航母战斗群驶向朝鲜半岛附近海域属于“例行调派”。在叙利亚问题上，蒂勒森强调美有关叙总统巴沙尔必须下台的主张。拉夫罗夫表示，俄支持叙国内各方展开包容性会谈，叙利亚人的命运应由他们自己决定。同日，俄总统普京在克里姆林宫会见蒂勒森。会晤后，拉夫罗夫与蒂勒森共同会见记者时称，俄美已就叙利亚问题取得一些进展，同意联合国调查叙境内疑似化武攻击事件，商定继续寻求叙政治解决方案。联合国化武监督机构应对叙疑似化武攻击事件进行客观公正调查，没有必要就此在安理会通过决议。俄无意包庇对此负有责任的任何人，但俄认为叙政府对此没有责任。双方同意设立工作组审视俄美关系。俄对与美在所有不同领域对话，采取旨在达成符合两国利益结果的联合行动持开放态度。在打击国际恐怖主义方面，双方进行深入探讨，同意加强合作。普京总统确认俄方愿恢复 7 日暂停的、避免在叙发生意外的俄美空中安全协议。俄方没有看到任何证明俄干预美大选的事实或线索。双方在朝鲜问题上有分歧，但同意政治解决是唯一方案。蒂勒森称，美俄互信正处最低水平，世界最重要的两个拥核国不应有这样的关系。他未与拉夫罗夫讨论解除对俄制裁问题。13 日，俄罗斯总统发言人佩斯科夫称，普京会见到访的蒂勒森时阐述了当前两国关系陷入僵局的原因，希美总统能理解俄方看法。双方均认为有必要保持对话以寻求解决问题，但未谈及两国元首会晤事宜。

习近平两次与美国总统特朗普通电话。12 日，中国国家主席习近平同美总统特朗普通电话。习近平强调，很高兴同总统先生通话。他同总统先生不久前在海湖庄园举行的会晤取得了重要成果。感谢总统先生的热情接待和周到安排。习近平指出，他们在佛罗里达海湖庄园就新时期中美关系及重大国际和地区问题进行了深入沟通，达成重要共识。下一步，双方要通过外交安全对话、全面经济对话、执法及网络安全对话、社会和人文对话 4 个高级别对话机制，推进经济合作“百日计划”实施，拓展两军、执法、网络、人文等方面交流合作，加强在重大国际和地区问题上的沟通协调。双方工作团队要密切合作，确保总统先生年内访华取得丰硕成果。特朗普表示，很高兴在海湖庄园接待习近平主席并举行中美元首会晤，两国元首保持密切联系十分重要。赞同美中双方应共同努力，拓展广泛领域务实合作。期待对中国进行国事访问。两国元首就朝鲜半岛局势等共同关心问题交换了意见。习近平强调，中方坚持实现半岛无核化目标，坚持维护半岛和平稳定，主张通过和平方式解决问题，愿同美方就半岛问题保持沟通协调。关于叙利亚问题，习近平指出，任何使用化武行为都不可接受。叙利亚问题要坚持政治解决的方向。联合国安理会保持团结对解决叙利亚问题非常重要，希望安理会发出一致声音。24 日，习近平同特朗普再次通话时指出，中美双方要落实好他们达成的共识，巩固两国关系稳定发展势头。做好总统先生年内访华筹备工作，早日开启中美首轮外交安全对话、全面经济对话、执法及网络安全对话、社会和人文对话相关安排，推进经贸、两军、执法、网络、人文和地方等领域交流合作，加强在国际和地区问题上的沟通，推动中美关系不断取得新发展。特朗普表示，美中双方就重大问题保持沟通和协调十分重要。期待尽快同习近平主席再次见面，期待着对中国的国事访问。两国元首就朝鲜半岛局势交换了意见。习近平强调，中方坚决反对违反联合国安理会决议的行为，同时希望有关各方保持克制，避免做加剧半岛局势紧张的事。只有有关各方都负起该负的责任、相向而行，才能尽快解决朝鲜半岛核问题，实现半岛无核化。愿同包括美方在内有关各方一道，为朝鲜半岛和平、东北亚和平、世界和平共同努力。两国元首同意通过各种方式保持密切联系，及时就共同关心的问题交换意见。

美军使用“炸弹之母”打击“伊斯兰国”。13日，驻阿美军在阿东部楠格哈尔省向“伊斯兰国”武装分子投放了GBU－43大型空爆炸弹，又称为“炸弹之母”，系美军首次在战斗中使用。14日，阿国防部发表声明说，此次空袭摧毁3处“伊斯兰国”藏匿点、多处掩蔽壕和隧道以及大批武器弹药。轰炸没有造成平民伤亡。同日，阿总统加尼办公室称，美军此次行动是与阿安全和国防军协调进行的。15日，楠格哈尔省省长发言人称，美军使用最大非核炸弹对阿境内“伊斯兰国”进行的轰炸造成94名“伊斯兰国”武装分子死亡。16日，阿前总统卡尔扎伊强烈谴责美在阿土地上使用“炸弹之母”，称这不是反恐战争，而是把阿作为新的和危险的武器试验场，阿富汗人必须制止美国。

美国副总统彭斯访问韩国和日本。16日，美副总统彭斯抵达韩国，开始对韩进行为期3天的访问。17日，彭斯视察位于三八线附近的军营和板门店。彭斯对记者称，美对朝鲜战略忍耐期已经结束。美希朝放弃发展核武的鲁莽路线，认为朝持续使用和试射弹道导弹的做法不可接受。彭斯强调，美总统特朗普希望中国发挥特殊影响，并采取必要措施促朝改变政策。同日，彭斯同韩国代总统黄教安举行会谈并在共同会见记者时称，美希望通过和平手段实现半岛无核化，但也考虑所有选项。美将同韩站在一起，将挫败任何攻击，并以压倒性、有效方式回应任何使用常规或核武器的行为。黄教安称，韩美同盟是半岛及东北亚地区和平繁荣的支柱。如朝进一步挑衅，韩美两国将对朝实施强有力的惩罚措施。双方一致同意尽快完成“萨德”部署。18日，彭斯抵达日本，在同日本首相安倍晋三会晤时称，美日同盟是东北亚地区安全的基石。特朗普已决定同日韩等地区盟国以及中国紧密合作，以实现朝鲜问题的和平解决和半岛无核化。安倍晋三称，当前朝鲜半岛局势严峻，各方通过外交努力和平解决朝鲜问题至关重要，促朝进行严肃认真的对话。为促朝停止核导活动，日方支持美方包括军事手段在内的所有选项。同日，日副首相兼财务大臣麻生太郎和彭斯共同主持日美首轮高层经济对话，双方在贸易和投资规则、经济财政和结构政策等三大支柱领域进行磋商谈判。彭斯在会后举行的记者会上表示，美方希望就日美双边自由贸易协议展开谈判。在经济政策方面，双方一致认为日美将积极采取财政及金融政策和结构改革等手段，在国际性逃税对策和金融监管应有方式等方面展开合作。对话未涉及外汇政策。19 日，彭斯视察驻日美军横须贺基地，在登上“罗纳德·里根”号航母发表讲话时称，朝是对亚太地区和平与安全最紧迫、最危险威胁，美坚持同盟友及中国一道对朝施加经济和外交压力。美一直寻求和平，但也做好防卫和亮剑准备。美将强化在亚太军事存在，以全方位军事能力保护日安全，日方未来几年将在美日同盟关系中发挥更大作用、承担更大责任。美根据《日美安保条约》第五条的承诺不会动摇，有关条约涵盖日管辖全部领土，包括“尖阁列岛”（即中国钓鱼岛）。美将维护南海航行、飞越及其他合法利用海洋的自由。

土耳其修宪公投通过。16 日，土举行修宪公投，决定土是否由现行议会制转为总统制，赋予总统更多行政权力并可废除总理职位。当晚，土总统埃尔多安宣布，修宪草案在全民公投中获通过。同日，土两大主要反对党人民民主党和共和人民党认为投票违规，要求重新计票。17 日，欧安组织和欧洲议会派出的国际观察团发表声明称，土修宪公投存在一系列违规行为，不符合国际标准。公投缺乏公平竞争机制，双方阵营未能享有同等宣传机会。德国政府发表声明称，尊重土公民决定本国宪法秩序的权利，希望土政府与社会各界展开尊重性对话。法国总统奥朗德称，只有土人民有权决定本国政治制度，但公投结果显示土社会在深层次改革方向上存在巨大分歧。美国国务院发言人特纳称，不论公投结果如何，希望土政府保护公民基本权利和自由。美继续支持土民主发展，鼓励各方继续进行有意义的政治对话。18 日，俄罗斯总统普京与埃尔多安通电话，就埃赢得土修宪公投表示祝贺。双方讨论加大努力推动土俄关系正常化，强调合作强化叙利亚停火的重要性。欧盟委员会发言人称，欧盟呼吁土政府就国际观察团声称的土修宪公投违规行为进行透明调查。同日，美总统特朗普打电话祝贺埃尔多安在宪法公投中获胜。19 日，土最高选举委员会发表声明宣布，驳回共和人民党、人民民主党和爱国党及选民关于判定修宪公投结果无效的请求。27 日，土最高选举委员会公布修宪公投正式计票结果，宪法修正案以 51.41% 的支持率获通过。土将从 2019 年总统选举和议会选举后开始正式实施总统制。

国际货币基金组织发表《世界经济展望》报告。18 日，国际货币基金组织发布《世界经济展望》报告称，全球经济增长率预计由2016年的3.1%上升至2017年的3.5%，2018年为3.6%。报告显示，新兴市场和发展中经济体2017年增长率为4.5%，略低于2016年10月预测的4.6%，2018年增长率预计将增至4.8%。中国经济未来两年增速强劲，2017年增速预期为6.6%，高于2016年10月预测的6.2%，2018年增速预期为6.2%。新兴市场和发展中经济体的经济表现不一。印度由于汇率骤跌，经济增长将有所减缓，预计增长率为7.2%，较2016年10月预测的7.6%有所下降，2018年增速升至7.7%。发达经济体的增长主要将由美国经济增速推动。2017年，发达经济体增长率预测为2.0%，高于2016年10月预测的1.6%，2018年的增长率也为2.0%。该组织对美国2017年增长率的预测为2.3%，高于2016年10月的2.2%。主要是由于美国2016年11月大选后，财政政策趋于宽松，美元走强，财政利率上升，消费者信心普遍增强，因此美国经济的周期性增长有望保持。长期来看，由于人口老化和进出口总体增长疲软，美国经济增长前景趋于缓和。基于2016年下半年全球制造业和国际贸易的周期性复苏，欧洲和日本的经济状况将有所好转。欧元区2017年增长率将扩大至1.7%，高于2016年10月预测的1.5%，2018年的增长率回落至1.6%。由于欧元区存在生产力疲软、人口架构不合理、部分国家公私债务问题较多、不良贷款较高等较多结构性问题，欧元区中期经济发展前景依然疲软。由于逐渐增强的出口贸易，日本2017年增长率预计将扩大至1.2%，但2018年增长率回落至0.6%。中期来看，劳动力萎缩将影响日本经济发展，但可预见的人均收入增长率仍会与过去几年持平。该组织预测，虽然经济增速稳健，但长期存在的结构性障碍导致未来经济风险下行压力仍大。造成世界经济下行风险的潜在因素包括：一些国家转向内向型经济政策，甚至有实行保护主义的倾向，导致全球经济增长因贸易及跨境投资减少而放缓；美国加息步伐快于预期，可能导致全球金融状况更快紧缩，从而给较脆弱的经济体带来不利影响；金融监管力度减弱，使未来发生金融危机的可能性增加；新兴经济体金融紧缩；一些发达经济体产能大量过剩，需求疲软、通胀低迷、生产率增长乏力之间形成不良循环。报告指出，为避免下行风险、确保世界经济复苏，新兴经济体应通过完善制度体系、推动贸易一体化、保持汇率灵活性、防范高赤字与债务高企引起的风险，确保新兴经济体在脆弱的外部环境下实现经济平稳可持续增长。尽管技术进步和经济全球化是推动世界经济繁荣的重要动力，但其对劳动收入占比的影响可能加剧收入不平等和两极分化，对此各经济体须积极应对，量体裁衣制定具体政策措施。

英国首相特雷莎·梅宣布提前举行大选。18 日，英首相特雷莎·梅宣布，英大选提前到 6 月 8 日举行，以有利于英政府与欧盟进行“脱欧”谈判。19 日，英议会下议院针对是否于 6 月提前举行大选进行投票表决，以 522 票对 13 票通过了特雷莎·梅的提议。同日，英最大反对党工党领袖科尔宾表示，工党支持英提前举行大选。自由民主党领袖法伦表示，该党将努力扭转英“脱欧”的灾难性局面。苏格兰民族党领袖斯特金表示，特雷莎·梅提前大选是一次“错误的政治算计”，也给苏格兰再次举行独立公投提出了新任务。同日，欧洲理事会主席图斯克的新闻发言人表示，英提前举行大选的决定不会影响其“脱欧”谈判进展。20 日，英各政党展开各自竞选活动。特雷莎·梅在竞选活动上表示，保守党未来政策将继续限制移民，把每年净移民人数控制在 10 万人以内。科尔宾在演讲时说，英需要一个由工党领导的、为全体人民利益奋斗的政府，英国人不能接受一个由少数精英统治的国家。工党将制定新的经济政策，确保国家财富掌握在普通民众手中。

第七轮中欧高级别战略对话举行。19 日，第七轮中欧高级别战略对话在北京举行，中国国务委员杨洁篪与欧盟外交和安全政策高级代表兼欧盟委员会副主席莫盖里尼共同主持。杨洁篪指出，中方高度重视同欧盟关系，双方应坚持战略定位，坚持开放合作，坚持增信释疑，妥善解决问题和分歧，共同推动中欧全面战略伙伴关系健康稳定发展，实现互利共赢。莫盖里尼表示，欧盟愿同中方加强战略沟通，推进全方位合作。欧方支持并积极参与中方举办的“一带一路”国际合作高峰论坛。关于《中国加入世界贸易组织议定书》第 15 条问题，欧方表示重视中方关切，将遵守世贸规则，已启动有关修法程序。双方同意在全球性议题上加强沟通协调，并同意共同推动落实气候变化《巴黎协定》，推进落实 2030 年可持续发展议程，加强安全领域合作。双方还就叙利亚、伊朗核、朝鲜半岛局势等国际和地区问题深入交换看法。

韩国加紧部署“萨德”反导系统。20 日，韩政府确认，韩美双方已完成“萨德”部署地供地程序，驻韩美军获得在韩庆尚北道星州高尔夫球场部署“萨德”的权限。26 日，美军向星州高尔夫球场运送“萨德”相关装备，包括移动发射台、雷达和发电机等。当天，韩警方出动数千名警员封锁通往高尔夫球场的道路，与当地反“萨德”人士发生冲突，有 6 人受伤被送往附近医院。同日，韩国防部表示，韩军方计划在2017年年内具备“萨德”系统的完整作战能力，环境影响评估和设施建设等相关程序将在今后正常进行。同日，中国外交部发言人耿爽就韩国部署“萨德”一事表示，美韩在韩部署“萨德”反导系统，将破坏地区战略平衡，进一步刺激半岛局势紧张，无助于实现半岛无核化目标和地区和平稳定，并严重损害中方战略安全利益。27日，美总统特朗普表示，希韩承担“萨德”系统部署费用，引发韩不满。30日，韩政府称美已向韩方确认，两国就在韩部署“萨德”系统费用达成的协议依然有效，相关费用仍由美承担。

二十国集团财长和央行行长会议召开。20日，二十国集团财长和央行行长会议在美国华盛顿举行。会议主要讨论当前全球经济形势和增长框架、国际金融架构及全球金融治理、促进对非洲投资倡议、金融部门发展和监管等议题。中国财政部部长肖捷和中国人民银行行长周小川率中国代表团出席。肖捷在发言时表示，2017年一季度中国经济比2016年同期增长6.9%，供给侧结构性改革深入推进，“三去一降一补”取得积极进展，新业态新模式快速成长。中国有信心实现2017年经济增长6.5%左右的预期目标。作为2017年G20财金议程的一项重要成果，G20发起促进对非洲投资倡议并取得积极进展。G20各国应加强与非洲国家的整体合作，力争达成互利共赢的成果，共同为非洲经济乃至全球经济可持续和包容性增长作出贡献。下一步，应加强G20各国现有合作与倡议之间的协调，共同促进对非洲的投资合作。21日，会议闭幕。为回避风险，与会国就力争实现让更广泛人群在经济上受益的发展，对抗保护主义达成一致。二十国集团轮值主席国德国财长朔伊布勒在会后记者会上称，与会各方就保护主义将损害全球经济和相关经济体、自由贸易更有利于全球增长达成广泛共识。各方同意经济增长须更具包容性，以阻止保护主义上升势头。德国央行行长魏德曼称，各方强调贸易壁垒对经济增长的负面影响，以及自由市场准入的重要性。

世界银行和国际货币基金组织春季会议举行。21日，为期3天的2017年世界银行与国际货币基金组织春季会议在美国首都华盛顿举行。会议集中讨论贸易、包容性、可持续和连续的经济增长等议题。世行行长金墉在开幕式上致词时对增长风险提出警告。他列举了气候变化、冲突、难民危机以及东非一些国家和也门的饥荒，称这给世界银行的使命带来更多“紧迫性”，呼吁公共部门努力吸纳来自私人部门的项目融资。中国人民银行行长周小川在会议上表示，中国货币政策在稳增长和去杠杆、防止资产泡沫、遏制系统性风险之间取得更好平衡；央行将继续采用一系列货币政策，保持流动性大致稳定，合理引导市场利率，推动更多金融资源流向实体经济。2017 年中国能够实现 6.5% 的增长目标，其金融风险可控。22 日，国际货币金融委员会发布公报称，官员们重申早先实现“强有力、可持续、平衡、包容和创造就业的增长”的呼吁，承诺运用他们掌握的所有政策工具，避免“竞争性贬值，不把竞争力作为汇率政策的目标”。在计划政策方针上彼此分享信息，促进贸易和税收方面的公平竞争环境，作为增强国际经济包容性政策的一部分。

法国总统选举举行第一轮投票。23 日，法总统大选开始首轮投票，11 名候选人参加角逐。24 日，法内政部公布首轮投票全部统计结果，“前进”运动候选人、前经济部长马克龙获得 23.75% 的选票，居首位。极右翼政党“国民阵线”候选人玛丽娜·勒庞获 21.53% 选票，居第二。右翼共和党候选人菲永得票 19.91%，位列第三。极左翼组织“不屈法国”候选人梅朗雄得票 19.64%，居第四。法总统选举第二轮投票将于 5 月 7 日举行，马克龙和勒庞进入第二轮投票。同日，法总统奥朗德在选举结果出台后，致电马克龙，向其表示祝贺，并表示他会在第二轮投票中支持马克龙。同日，马克龙对支持者称，希望成为抵制民族主义威胁、爱国者的总统。勒庞对支持者称，此次选举中最紧要的议题是全球化失控，投票结果赋予她捍卫法国统一、安全、文化、繁荣和独立的巨大责任。菲永承认败选并称，在第二轮投票中将把票投给马克龙，别无选择。左翼社会党候选人阿蒙称，法左翼遭遇历史性挫败，勒庞是共和国敌人，呼吁支持者在第二轮投票中支持马克龙。

“文明古国论坛”首次部长会议召开。24 日，由中国和希腊共同倡议发起的“文明古国论坛”首次部长会议在希腊首都雅典举行，除中国和希腊外，埃及、伊朗、伊拉克、意大利、印度、墨西哥、秘鲁、玻利维亚共 10 国部长和高级别官员与会。中国外交部长王毅出席开幕式并发表题为《焕发古老文明新活力，共建人类命运共同体》的讲话。王毅表示，以创建“文明古国论坛”为契机，推动各大文明交流互鉴，共同致力于构建人类命运共同体这一崇高目标。5 月，中国将举办“一带一路”国际合作高峰论坛，这次论坛承载着丝绸之路沿线国家实现共同繁荣的历史夙愿，传递出中国愿同世界各国合作共赢的强烈信号。希腊总统帕夫洛普洛斯致开幕辞时说，不同文明之间的对话和协调有助于克服目前战争和恐怖主义带来的挑战，帮助受危机困扰的欧洲找回和平与团结这一失落的文明之根。不同文明之间的交流将打破隔离的高墙，建起沟通的桥梁。与会国高官共同会见记者时，王毅表示，此次论坛已形成三项重要共识，即和平、包容、合作。伊朗外长扎里夫说，国际社会现在比任何时候都需要古代文明提供的智慧。埃及外长舒凯里表示，希望这一论坛促进对话和理解。与会各国在会后发表联合声明，表示将建立年度对话及文化合作平台，各国轮流承办年度部长级会议，并初步商定2018年“文明古国论坛”部长会议在玻利维亚举行。该论坛将在成员国协商一致的基础上接纳新成员。论坛成员国在必要时作为一个整体与联合国教科文组织协调，保护成员国历史和文化遗产。不同文明间应通过持续不断地交流与合作来加强对话，以便在不同文化和人民之间增进理解、承认和包容。各成员国强调把文明作为有力外交工具的重要性，以便弥合分歧、增进理解。

伊朗核问题全面协议联合委员会举行第七次会议。25日，美国、英国、法国、俄罗斯、中国和德国与伊朗在奥地利首都维也纳举行伊朗核全面协议联合委员会第七次会议，欧盟对外行动署秘书长施密特主持，伊朗副外长阿拉格希以及美、英、法、俄、中和德官员与会。中国外交部军控司副司长、中方全面协议执行协调员董志华率团与会。董志华表示，中方始终坚定支持全面协议，它是六国与伊共同努力的结果，是政治外交手段解决国际热点问题的典范。当前形势下，各方应强化政治意愿，忠实履行义务，妥善处理分歧，确保协议得到持续、全面和有效执行。关于阿拉克重水堆改造进展情况，中伊企业已于23日正式签署改造项目首份商业合同，体现了中方维护和执行协议的负责任态度。各方总体积极评价全面协议执行进展，就执行协议制裁解除、核领域措施等问题深入交换意见，确认将继续通过联委会机制，就执行协议相关问题保持建设性协商。各方表示欢迎阿拉克重水堆改造取得积极进展，高度赞赏中方所做努力。

美国白宫开设网页宣介总统特朗普执政百日政绩。25日，白宫网站开设新网页，推介特朗普就任总统100天的政绩。白宫网页盘点了特朗普执政以来，在经济、安全、行政领域采取的措施以及取得的成效，未提及废除和替代“奥巴马医改”受挫、入境限制令遭司法体系冻结等问题。网页称，特朗普在执政百日之内“采取大胆行动”恢复美繁荣，保障美安全，组建负责任政府。特朗普就职以来把执政重点放在重建军队、终止非法移民和重振经济信心上，由此保持了对美国民众的竞选承诺。26日，白宫公布特朗普提出的税改方案，主要内容包括大幅降低企业税，从 35% 降至 15%；简化个人所得税机制，将原有 7 个档次减少为 3 个，税率分别是 10%、25% 和 35%，将个人返税标准提高一倍，取消房产税和替代性最低税等。27 日，美国会参议院以 60∶38 的投票结果通过对新任劳工部长亚历山大·阿科斯塔的提名，标志着特朗普政府所有内阁部长提名在其执政百日前夕全部获得通过。29 日，特朗普迎来执政百日，过去的 100 天里，他签署了 25 项行政令、15 项总统备忘录，发了 956 条推特，创下自第二次世界大战结束后美国历任总统执政百天支持率的最低纪录。同日，反对者以游行示威的方式在首都华盛顿表达对特朗普政府环保、气候政策的不满。

第 30 届东盟峰会召开。26 日，第 30 届东盟国家领导人峰会在菲律宾首都马尼拉举行，东盟 10 国领导人出席。本届峰会主题是“拥抱变革，融入世界”，着重讨论建设以人为本的东盟、地区和平和稳定、海上安全与合作、包容性创新和增长、强化东盟生命力、东盟作为区域主义和全球性力量的示范性等 6 项议题。东盟轮值主席国菲律宾总统杜特尔特在开幕式上发表主旨演讲称，2017 年是东盟成立 50 周年，这离不开东盟各方基于独立主权、平等、领土完整的相互尊重。东盟是自然灾害多发区，需各方在应对灾难方面做好准备。菲将和东盟其他成员国一起，努力推进东盟实现包容性经济增长，特别是关注中小微型企业发展。东盟还需加强与区域外经济伙伴合作，以帮助东盟更好地参与到世界经济当中。号召东盟各国支持反毒战争，致力营造一个远离毒品的东盟。29 日，为期 4 天的会议闭幕。会后发表的《主席声明》称，按照《东盟共同体 2025 年远景计划》及《东盟一体化倡议》，推动东盟国家在政治安全、经济和社会文化领域的一体化水平不断提升。当晚，杜特尔特在记者会上说，与会东盟国家领导人就共同关切的地区和国际问题交换意见，确认东盟合作在解决恐怖主义、暴力极端主义、海盗、人口贩运、毒品等影响地区和平、安全和繁荣的问题上的重要性。与会东盟国家领导人展望了东盟与外部伙伴的合作进展及未来合作方向，强调东盟中心地位的重要性，东盟与外部伙伴合作只有以相互尊重和互利共赢为基础才能取得成果。

日本首相安倍晋三访问俄罗斯和英国。27 日，俄总统普京在莫斯科与到访的日首相安倍晋三举行会晤，双方就经济合作、人文交流以及签署和平条约等问题进行讨论。就南千岛群岛联合开展经济活动问题，两国同意继续开展已启动工作，将于近期制定一份优先项目清单，以便研究互动。双方讨论了共同修建从萨哈林至北海道的天然气管道、从俄向日供电，以及在可再生能源和非传统能源领域进行合作等。会谈中，俄方同意为南千岛群岛日本原居民扫墓提供直航飞机。俄方将于2017年夏组织日官员和商人访问南千岛群岛。俄日双方同意扩大文化交流，约定2018年在日举行名为“俄罗斯季”的联欢节，向日民众介绍俄文化和艺术。在国际问题上，双方一致认为，目前朝鲜半岛地区局势严重恶化，有关各方应保持克制，尽快恢复朝核问题六方会谈。双方约定在联合国以及联合国安理会等多边组织框架内讨论相关合作问题。对外界普遍关心的签署和平条约问题，双方仅表示“已对这一问题进行了讨论”。普京强调，这一问题的解决方案应符合俄日双方战略利益并得到两国民众认可。安倍晋三称，自2016年12月普京访日以来，双方已向“共同目标迈出了具体步伐”。希望在相互尊重和信任的基础上，能与普京“携手在通往签署和平条约的路上前进”。同日，俄总统府发言人佩斯科夫称，领土争端需以对俄日双方均合适的方式解决。无论和平条约何时签署，双方都将致力于推动经济合作。双方未提及和平条约谈判是否取得进展。双方发表改进日俄8项经济合作计划路线图的联合声明，宣布将在俄南部城市沃罗涅什实施试点项目，包括使用日先进交通管理技术。28日，英国首相特雷莎·梅与到访的安倍晋三举行会晤，会晤主要议题是商讨英“脱欧”后如何发展两国的经贸合作。两国首脑商讨了在七国集团框架下的合作，一致认为在贸易保护主义抬头的形势下，七国集团要高举自由贸易旗帜，推动全球减少贸易壁垒，英日两国要做自由贸易的领先者。在国际问题上，双方讨论了朝鲜半岛局势，呼吁国际社会依照联合国安理会有关决议解决朝核问题。英国首相府在会谈后发布的声明称，双方领导人承诺，在国际舞台上继续紧密合作，并再次推动削减贸易壁垒。双方均认同航行自由的必要性，主张确保印度洋和太平洋保持自由开放，同意促进双边安全领域合作，包括举行联合军演和反恐合作。双方还同意就日欧自贸协定谈判保持沟通。

欧盟二十七国领导人举行特别峰会。29日，除英国外的欧盟27个成员国领导人在比利时首都布鲁塞尔举行特别峰会，就英“脱欧”指导方针草案达成一致。欧盟正式公布英“脱欧”指导方针“两步走”计划，即欧盟主张分阶段与英进行谈判，先让英“脱欧”，解除作为欧盟成员国享有的所有权利和所承担的义务，再全面确定欧盟与英的未来关系。欧盟索要的“分手费”高达600亿英镑。欧盟委员会主席容克在峰会上表示，这一数字只是“保守估计”，实际费用尚未计算完毕。除了高额分手费，欧盟方面还提出，一旦北爱尔兰地区将来与爱尔兰合并，这一地区将自动加入欧盟。欧洲理事会主席图斯克在新闻发布会上表示，欧盟各国领导人接受分阶段谈判方式，强调欧盟 27 国将作为一个整体与英进行谈判。图斯克重申，只有当欧盟和英在公民权利、财政和边界等问题上的谈判取得充分进展后，才会就欧盟和英未来关系问题展开讨论。30 日，英首相特雷莎・梅接受采访时说，针对“脱欧”谈判，英的立场是先谈妥详细贸易合作，而后再付“分手费”。比利时首相夏尔・米歇尔和法国总统奥朗德一致认为，免费的“脱欧”是不应存在的。

5月

- “一带一路”国际合作高峰论坛举行
- 马克龙当选法国总统并首访德国
- 文在寅当选韩国总统
- 美国总统特朗普首访中东欧洲
- 普京访问法国

朝鲜半岛局势紧张。1 日，美国两架 B－1B 战略轰炸机抵达朝鲜半岛东部海域上空，与已在该区域部署的“卡尔·文森”号核动力航母和“密歇根”号核动力潜艇，以及韩国 F－15K 战斗机等一起进行联合训练。2 日，韩国防部发言人文相均称，美部署在韩的“萨德”反导系统已经初步具备对抗朝核及导弹威胁的能力，目前已经开始运行。3 日，美国务卿蒂勒森在对国务院全体员工讲话时说，在朝鲜半岛问题上，美方不寻求加速实现朝鲜半岛统一，美方努力使朝方认识到，朝未来的安全与经济繁荣只能通过半岛无核化实现。当条件合适时，美方愿意重启谈判，但美方不会仅仅为能让朝方坐到谈判桌前而进行谈判，只有朝方愿意在合适条款下进行谈判，美方才会进行谈判。若有必要对朝追加制裁，美方已准备好实施新制裁。4 日，美国会众议院以 419 票赞成、1 票反对的表决结果通过对朝实施新一轮制裁的法案。该法案禁止朝船只在美水域行驶或在美码头停靠，任何由朝“强迫劳动力”生产的商品被禁止进入美市场。法案还要求特朗普政府在 90 天内就是否将朝重新列入“支持恐怖主义国家”名单向国会报告。8 日，朝政府官员与美民间机构人士在挪威奥斯陆举行为期两天的非正式会谈，双方代表分别是朝外务省美国局局长崔善熙、美智库新美国基金会资深研究员苏珊娜·迪马乔。14 日，朝在平安北道龟城附近试射一枚“火星－12”中远程弹道导弹，导弹飞行高度超过 2000 公里，飞行约 700 公里，落入俄罗斯远东海岸外 60 公里处。15 日，联合国秘书长古特雷斯及联合国安理会分别发表声明，谴责朝再次发射弹道导弹，敦促其重返无核化道路。16 日，安理会就朝试射导弹活动举行闭门磋商，谴责朝这一举动，敦促其不再进行核试验和试射活动。21 日，朝在平安南道北仓一带试射一枚“北极星－2”中远程弹道导弹，导弹飞行约 500 公里，落入半岛东部海域。同日，韩总统文在寅紧急召开国家安全保障会议常任委员会会议，商讨应对朝射导方案，并要求韩军保持高度警戒。22 日，联合国安理会发表媒体声明，对朝再次发射弹道导弹这一严重破坏稳定并公然蔑视安理会的挑衅行为表示强烈谴责和最严重关注，表示安理会成员同意安理会继续密切监控局势，并进一步采取包括制裁在内的重大措施。23 日，联合国安理会召开闭门会议，就朝再次试射弹道导弹及其安理会反应措施进行磋商。29 日，朝在江原道元山一带试射一枚短程弹道导弹，导弹飞行约 450 公里，落入日本海。

哈马斯发布新政策文件接受划界建国。1 日，巴勒斯坦伊斯兰抵抗运动（哈马斯）领导人哈立德·迈沙阿勒在卡塔尔首都多哈举行记者招待会，发布一份有 42 款内容的新政策文件。这份文件同意在 1967 年边界基础上建立以耶路撒冷为首都、主权完整独立的巴勒斯坦国。迈沙阿勒表示，无论何种原因和状况，也无论压力多大，哈马斯不会对巴任何领土作出让步。哈马斯不承认以色列，也不承认以对巴的侵占；哈马斯与以的争端不是因为宗教原因，而是反对侵略和占领。

德俄重启双边对话。2 日，德国总理默克尔访问俄罗斯，并在索契与俄总统普京举行会谈，这是两国领导人自 2015 年来首次在俄会晤。普京在会谈后举行的新闻发布会上表示，当前世界经济仍面临不少问题，二十国集团领导人将在二十国集团汉堡峰会期间就消除世界经济发展的障碍等议题展开讨论并寻求对策。在谈到乌克兰局势时普京表示，俄一直与德和参与乌克兰问题四方会谈的其他国家保持接触，乌克兰问题四方会谈将继续进行，俄德均主张乌冲突各方应严格履行新明斯克协议，将各自武装人员和装备撤离冲突地区，彻底停火并直接对话。默克尔则表示，乌各方应当通过政治途径解决矛盾，目前不适合就乌克兰问题商谈签署新协议。在谈到叙利亚问题时，普京称俄方认为 4 月在叙伊德利卜省南部使用化学武器的人应当受到惩处，但是对事件的调查必须详细、公正。阿斯塔纳和谈有助于叙各派继续保持停火状态。俄德两国在斩断恐怖组织资金来源方面展开了有效合作。默克尔表示，德方希望叙境内保持停火，准备与俄方加强反恐合作，并希望尽最大努力帮助叙境内平民。普京和默克尔均强调，尽管两国之间存在政治、经济方面的分歧，但是应当继续保持对话。

英国议会解散。3 日，英首相特雷莎·梅前往白金汉宫觐见女王伊丽莎白二世，提请解散议会并获女王同意。与女王的会面结束后，特雷莎·梅在唐宁街 10 号发表声明表示，英目前正处在一个关键时刻，英人民必须团结一致取得“脱欧”谈判成功，建立一个更加强大、更加安全的国家。如果保守党在即将举行的大选中获胜，英将获得坚强而稳定的领导力，继续保持经济增长，获得更多就业机会，国家的医疗和教育体系将获得更多财政支持。而如果工党获胜，英国将出现“悬浮议会”并面临国家分裂，英将无法在“脱欧”谈判中达成协议，这会付出沉重的代价。同日，英议会发言人表示，按照英法律，本届议会宣告解散。议会解散后，议会下院所有席位自动空缺，但包括首相在内的所有内阁大臣仍保留现职位直至新内阁组建完成。英大选将于 6 月 8 日举行，英法律规定议会在大选开始前 25 个工作日自动解散。

安倍晋三对外打出修宪“时间表”。3 日，日本首相安倍晋三在《读卖新闻》刊登的专访中发表修宪主张，称希望在宪法第 9 条中增加自卫队的内容，并给出了“2020 年施行新宪法”的明确时间表。同日，安倍晋三在日极右翼团体“日本会议”主导的集会上发表视频讲话称，修宪是执政党自民党建党者的“夙愿”，这样的目标也被历代党总裁所继承；自民党愿在宪法审查会中引领具体讨论，完成修宪的“历史使命”。同日，5.5 万日民众在东京举行集会，纪念“和平宪法”颁布 70 周年，抗议安倍政府的修宪企图。《日本国宪法》自 1947 年 5 月 3 日起实施，宪法第 9 条规定日永远放弃发动战争这一国家主权，永远放弃以武力威胁或使用武力作为解决国际争端的手段，这部宪法因此被称为“和平宪法”。

欧盟委员会发布“脱欧”谈判指令草案。3 日，欧盟委员会向欧盟理事会提交关于与英国进行“脱欧”谈判的建议，要求把保护公民权利作为谈判的重中之重。这份建议包含一份“脱欧”谈判指令草案，主要涉及四个领域：在公民权利问题上，草案强调保护生活在英国的 320 万欧盟公民和生活在欧盟 27 国的 120 万英国公民的地位和权利是欧盟的首要任务；在金融解决方案，即所谓“脱欧账单”问题上，草案强调只有在这一问题达成协议后，才能进入后续商讨；在爱尔兰边界安排问题上，草案强调谈判不应损害 1998 年达成的北爱和平协议。此外，草案还要求建立争端解决机制和对“脱欧”协议进行管理。

国际社会围绕叙利亚问题举行和谈。3—4 日，第四轮叙利亚问题和谈在哈萨克斯坦首都阿斯塔纳举行，出席此轮和谈的俄罗斯、土耳其和伊朗代表团团长签署了关于在叙建立“冲突降级区”的备忘录。备忘录说，不应用军事手段解决叙利亚问题，叙利亚问题只能通过执行联合国安理会第2254号决议来解决；成立“冲突降级区”的目的是为了制止暴力、改善叙境内的人道形势，并为政治解决叙利亚问题创造条件；叙各方应采取措施增强互信。叙政府代表团团长贾法里表示，本轮会谈是解决叙利亚问题的“一大突破”，希望尽快制定在叙建立“冲突降级区”的具体细节。5日，俄国防部举行新闻发布会说，备忘录从叙当地时间6日零点开始执行。设立“冲突降级区”的区域主要包括叙西北部的伊德利卜省、阿勒颇和哈马部分区域，还包括中部的霍姆斯省、大马士革郊区，以及南部的德拉省等地。同日，俄国防部副部长福明称，在建立“冲突降级区”过程中，美国扮演了积极角色；伊朗和土耳其均持建设性姿态，支持巩固停火，并在备忘录的签署过程中发挥了重要作用。6日，叙《祖国报》网站在报道中确认了这一备忘录生效时间。16—19日，联合国主导的第六轮叙利亚问题和谈在日内瓦举行。参加本轮和谈的除叙政府代表团和主要反对派代表团高级谈判委员会之外，还有两个与叙主要反对派存在分歧的反对派代表团开罗小组和莫斯科小组。本轮和谈没有达成任何成果性文件。联合国秘书长叙利亚问题特使德米斯图拉在和谈结束后举行的新闻发布会上说，在本轮和谈中，参与各方就共同关注的一些“实质性问题”进行了讨论，但在和谈主要议题组建民族团结政府、修订宪法、重新举行大选以及反恐等“四个篮子”方面并没有进行深入会谈。

美国众议院通过新医保法案。4日，美国会众议院以217票对213票的投票结果通过《美国医保法》法案，推翻了“奥巴马医改”的诸多重要内容，在废除和替代“奥巴马医改”主要内容方面取得重要进展，但新法案需要参议院批准并经总统签署后才能生效。在此次投票中，全部民主党议员和20名共和党议员投了反对票。新法案取消了“奥巴马医改”对高收入、保险公司征税的规定，取消对未购买医保公民的处罚，允许对高龄等人群提高保费，将“奥巴马医改”中以收入为依据发放补贴转为根据投保者年龄进行税收抵免，在2020年后减少对各州扩展医疗补助项目的支持等。该法案还给予各州更大的自主权。未来10年，联邦政府将拨款1380亿美元补贴那些因为取消“奥巴马医改”而导致保费上升的群体，共和党议员还同意增加80亿美元医保拨款，以获得部分保守派和温和派共和党议员的支持。众议院通过新医改法案之后，特朗普在白宫举行的记者会上称，新医改是一个“很好的计划”，有信心在参议院通过，并认为“奥巴马医改”已经死亡。“奥巴马医改”自实施以来，一直受到共和党的批评，认为这个计划使得美国人医疗花费上升，推翻和取代“奥巴马医改”是特朗普的核心竞选承诺之一。

东盟与中日韩财长和央行行长会议举行。5日，第20届东盟与中日韩（10+3）财长和央行行长会议在日本横滨举行。会议主要讨论了全球和区域宏观经济形势、“10+3”区域财金合作等议题，并发表了联合声明。会议认为，全球经济有所向好，“10+3”地区继续保持较快经济增长，但保护主义抬头、金融形势收紧等下行风险依然存在。“10+3”各方承诺单独或共同使用货币政策、财政政策和结构性改革等所有必要政策工具，促进可持续、平衡、包容性增长。各方重申支持开放的、基于规则的多边贸易和投资体系。各方将继续加强资本流动监测，密切关注并随时应对本地区可能出现的风险。会议重申继续加强清迈倡议多边化协议作为区域金融安全网重要组成部分的作用，欢迎清迈倡议多边化协议与国际货币基金组织首次联合救助演练取得的成果，期待清迈倡议多边化协议定期评估取得进展。

马克龙当选法国总统并首访德国。7日，法总统选举举行第二轮投票，前经济部长、“前进”运动候选人马克龙获得约2074.31万张有效选票，占有效选票总数的66.10%；其竞争对手、极右翼政党“国民阵线”候选人玛丽娜·勒庞得到约1063.85万张有效选票，占有效选票总数的33.90%。10日，法国宪法委员会主席洛朗·法比尤斯在新闻发布会上宣布，马克龙在总统选举第二轮投票中获得绝对多数选票，当选新一任总统。14日，在巴黎爱丽舍宫，当选总统马克龙与卸任总统弗朗索瓦·奥朗德完成权力交接，正式就任法兰西第五共和国第八位总统。马克龙在成为法历史上最年轻总统的就职典礼上发表讲话承诺，会竭尽所能克服社会分裂和修补国家裂缝，重拾国家自信，建立强大的法国，以恢复法在国际上的地位。15日，马克龙任命右派政党共和党成员爱德华·菲利普为政府总理并负责组阁。同日，马克龙与德国总理默克尔在柏林围绕两国关系、欧盟未来发展等问题展开会晤。双方在会谈后表示将制定欧盟中长期发展路线图，并愿为推进欧盟改革突破现行欧盟条约。17日，法总统府公布新一届内阁成员名单。新内阁由22名成员组成，包括18名部长和4名国务秘书。内政部长、外交部长分别由左派社会党人热拉尔·科隆和让-伊夫·勒德里昂担任，经济部长由右派共和党成员、前农业部长布鲁诺·勒梅尔担任，司法部长、国防部长分别由中间党派民主运动党主席弗朗索瓦·贝鲁以及该党成员茜尔维·古拉尔担任，生态转型部长则由法知名环保人士尼古拉·于洛担任，劳工部长由曾任商务投资署署长的米丽埃尔·佩尼科担任，体育部长由法退役运动员、曾获奥运会女子重剑项目冠军的洛拉·弗莱塞尔担任。埃马纽埃尔·马克龙1977年12月21日出生于法北部城市亚眠，毕业于巴黎亨利四世中学，在法国国家行政学院和巴黎政治学院获得相应学位。24岁加入法社会党，27岁到经济部任职，30岁到罗斯柴尔德和席埃银行任投资银行家。2012年随奥朗德胜选进入爱丽舍宫并被任命为副秘书长，2014年被瓦尔斯总理任命为经济部长。2016年11月，正式宣布不寻求社会党支持，创立新政治派别“前进”运动，以独立候选人身份参加总统竞选。

美菲举行未包含南海的联合军演。7日，菲律宾国防部长洛伦扎纳表示，美菲“肩并肩”联合军演场地不包含南海，目的在于避免引发区域紧张局势；2017年的菲美联合军演专注于人道主义与灾难应对及反恐能力。8日，为期12天的2017美菲“肩并肩”联合演习正式开始，演习地点为吕宋和维萨亚斯群岛。美菲双方参加演习的士兵为5400人，较去年减少5600人左右。菲美签有互防协议以及来访部队协议，原本每年会定期举办3大系列联合演习，分别为“肩并肩”、海上战备暨训练以及两栖登陆演习。2016年9月，菲总统杜特尔特访问越南时，向当地菲侨宣布将停止与美国举行联合军事演习。后来在菲国防部的建议下，他同意保留“肩并肩”军演，但只聚焦于反恐及人道领域。

联合国2017年首轮气候谈判举行。8日，为期10天的联合国2017年首轮气候谈判在德国波恩开幕，来自近200个国家的约3000名高级政府官员与会。本轮谈判围绕《巴黎协定》实施细则展开磋商，集中讨论各国如何报告各自有关排放量的信息等具体内容，形成了初步共识，为实施细则勾勒出了提纲。本论谈判还为11月在德国波恩举行的《联合国气候变化框架公约》第23次缔约方大会各项准备工作做出了全面安排。

文在寅当选韩国总统。9日，韩举行第19届总统选举。10日，中央选举管理委员会公布了总统选举计票结果，共同民主党候选人文在寅得票率为41.08%，领先第二名自由韩国党候选人洪准杓17.05个百分点，国民之党候选人安哲秀得票率为21.41%，正党候选人刘承旼得票率为6.76%，正义党候选人沈相奵得票率为6.17%。文在寅在总统选举中获胜，当选新一届总统。同日，文在寅在首尔国会议事堂举行的宣誓就职仪式上表示，将成为全体国民的总统，力争打造全民团结、和谐相处的全新国家。同日，文在寅宣布提名全罗南道知事李洛渊为新任国务总理，前国家情报院第三次长徐薰为国家情报院院长，前国会议员任钟晳为青瓦台秘书室长。文在寅还在青瓦台办公室下达了第一号工作命令，即要求青瓦台成立专管创造新工作岗位业务的工作岗位委员会，由专业部门负责，加快创出新工作岗位。11 日，文在寅接受国务总理黄教安的辞呈。21 日，文在寅公布新政府多个部门长官人选和青瓦台幕僚人员名单，提名现任联合国秘书长政策问题特别顾问康京和为新一任外交部长官，提名韩亚洲大学校长金东兖为负责经济事务的副总理兼企划财政部长官，任命韩前常驻联合国日内瓦办事处大使郑义溶为青瓦台国家安全室室长，任命高丽大学商学院教授张夏成为青瓦台政策室室长，任命西江大学经济学系教授金广斗为国民经济咨询会议副主席，任命洪锡炫和延世大学名誉教授文正仁为负责统一、外交、安全事务的总统特别助理。31 日，韩国会通过新任国务总理提名人李洛渊的任命案，同日李洛渊宣誓就职。文在寅 1953 年出生，在前总统卢武铉执政时期历任青瓦台首席民政秘书官、市民社会首席秘书官以及秘书室室长等职。2012 年，文在寅首次参加总统选举，以微弱差距败给竞争对手朴槿惠。韩 1987 年改宪实行总统全民直选制，总统任期 5 年，不得连任。由于前总统朴槿惠遭弹劾罢免，本届总统选举由原定的 2017 年 12 月提前至 5 月 9 日举行。

莫斯科举行阅兵式庆祝卫国战争胜利 72 周年。9 日，俄罗斯首都莫斯科红场举行阅兵式，庆祝卫国战争胜利 72 周年。阅兵式共有 1 万名官兵、114 件武器装备参与。俄总统普京发表其第 14 次阅兵式讲话强调，当今世界反恐怖主义、反分裂主义、反新纳粹主义等斗争日渐激烈，这要求国际社会必须团结在一起应对威胁。俄罗斯永远致力于维护世界和平，愿意与所有热爱和平的国家展开平等的合作。阅兵式结束后，普京及随行人员向亚历山大花园的无名烈士墓敬献了花圈。除莫斯科外，圣彼得堡、伏尔加格勒、摩尔曼斯克等 25 个俄罗斯城市也举行活动庆祝胜利日。1945 年 5 月 8 日当地时间午夜，法西斯德国在柏林郊区的卡尔斯霍斯特正式签署无条件投降书，此时地处柏林以东的苏联已是 5 月 9 日凌晨。苏联将 5 月 9 日定为“卫国战争胜利日”。苏联解体后，独联体国家沿袭了这一传统。现在“卫国战争胜利日”是俄最隆重的节日之一。

俄罗斯外交部长拉夫罗夫近 4 年来首访美国。10 日，俄外交部长拉夫罗夫在美国首都华盛顿分别与总统特朗普和国务卿蒂勒森举行会谈。俄美双方在会谈中表达了改善双边关系的意愿，双方讨论了乌克兰和叙利亚问题，以及包括战略稳定在内的其他双方共同关心的问题。特朗普向拉夫罗夫表示，美俄在解决中东和其他地区冲突方面存在进行更广泛合作的可能性。特朗普还进一步强调了改善美俄关系的愿望。在叙利亚问题上，双方讨论了击败极端组织“伊斯兰国”、为叙紧张局势降温以及保证叙平民获得人道主义救援的重要性，并重申了支持联合国主导下的叙政治进程。在乌克兰问题上，蒂勒森表示，除非俄方改变在乌克兰问题上的行为，否则美将继续保留对俄制裁。拉夫罗夫在会晤后的记者会上表示，与特朗普团队的对话没有意识形态方面的内容，这一点与奥巴马政府很不一样。他称赞特朗普和蒂勒森都是务实的人。这是俄外长自2013年8月以来首次访美。

世界经济论坛东盟峰会举行。10日，为期3天的世界经济论坛东盟峰会在柬埔寨首都金边开幕，来自东南亚、美国、中国等40个国家和地区的700余名商界、政界、民间团体及媒体的代表参加此次峰会。峰会主题为“青年、技术和增长：确保东盟收获数字和人口红利”。峰会还聚焦基础设施建设与互联互通。参会代表认为，东盟应该促进政府和私企之间的合作关系，以缩小各成员国基础设施发展的差距；东盟可以依靠由中国倡导建立的亚洲基础设施投资银行和丝路基金，以推动东南亚经济体基础设施建设的快速发展。与会者呼吁政府和私营部门广泛合作，推动区域基础设施建设，促进互联互通。柬埔寨首相洪森在峰会上表示，中国提出的“一带一路”倡议给发展中国家基础设施建设带来了希望，亚洲基础设施投资银行和丝路基金将为相关国家、特别是东盟国家基础设施互联互通提供新的资金帮助。洪森还呼吁各方加快《区域全面经济伙伴关系协定》谈判进程。

七国集团财长和央行行长会议召开。11日，七国集团财长和央行行长会议在意大利巴里召开，七国财长及央行行长、欧洲央行行长德拉吉、国际货币基金组织总裁拉加德、欧盟经济和金融事务委员莫斯科维奇以及欧元集团主席戴塞尔布卢姆等出席此次会议。会议聚焦包容性增长，同时侧重国际税收规则、汇款及网络安全、反恐资金筹措以及国际金融机构协作等问题。13日会议闭幕，发表公报涉及货币财政政策、汇率、贸易、打击恐怖主义、税收等方面内容。

世界经济增长预期上行。11日，欧盟委员会发布春季经济展望报告指出，因欧洲经济增长加快，该委员会决定上调 2017 年欧元区和欧盟经济增长预期。报告预计，2017 年欧元区和欧盟经济将分别增长 1.7% 和 1.9%，2018 年欧元区经济将增长 1.8%，欧盟经济将增长 1.9%。报告还预计，欧元区通胀率将从 2016 年的 0.2% 升至 2017 年的 1.6%，2018 年小幅降至 1.3%；欧元区失业率将继续降低，从 2016 年的 10% 降至 2017 年的 9.4% 和 2018 年的 8.9%。18 日，2017 年国际货币基金组织《亚洲及太平洋地区经济展望》发布会在北京举行。国际货币基金组织预测，全球经济增长步伐加快，2017 年全球经济增速为 3.5%，2018 年为 3.6%。亚太地区的增长在全球范围内仍是最强的，2017 年亚洲经济增长预测为 5.5%，2018 年为 5.4%。

“一带一路”国际合作高峰论坛举行。14 日，“一带一路”国际合作高峰论坛在中国首都北京开幕。“一带一路”国际合作高峰论坛是中国首倡举办的“一带一路”建设框架内层级最高、规模最大的国际会议，主题是“加强国际合作，共建‘一带一路’，实现共赢发展”，由开幕式、领导人圆桌峰会、高级别会议三部分组成。包括 29 位外国元首和政府首脑在内的来自 130 多个国家和 70 多个国际组织约 1500 名代表出席此次高峰论坛。中国国家主席习近平出席“一带一路”国际合作高峰论坛开幕式，并发表题为《携手推进“一带一路”建设》的主旨演讲，强调坚持以和平合作、开放包容、互学互鉴、互利共赢为核心的丝路精神，携手推动“一带一路”建设行稳致远，将“一带一路”建成和平、繁荣、开放、创新、文明之路，迈向更加美好的明天。俄罗斯总统普京、土耳其总统埃尔多安、联合国秘书长古特雷斯也在开幕式上致辞。同日，“一带一路”国际合作高峰论坛高级别会议举行聚焦“政策沟通”的平行主题会议，与会嘉宾签署了 32 个双边、多边合作文件以及企业合作项目，涉及 18 个国家和 8 个国际组织。15 日，“一带一路”国际合作高峰论坛在北京举行圆桌峰会，来自 30 个国家的领导人和联合国、世界银行、国际货币基金组织负责人出席圆桌峰会，围绕此次高峰论坛的主题，就对接发展战略、推动互联互通、促进人文交流等议题广泛深入交换意见，达成重要共识。各方一致强调“一带一路”建设的重要意义，期待把合作推向更高水平、更大范围、更深层次；同意加强宏观经济政策协调，营造良好国际环境；希望把发展战略对接落到实处，努力形成各国规划衔接、发展融合、利益共享局面。各方一致决定，支持把互联互通作为“一带一路”建设合作的重点领域，完善基础设施互联互通网络，努力加强政策、规制、标准等方面的

“软联通”，充分发挥互联互通对实体经济的辐射和带动作用，打造稳定多元的金融联通和合作格局。各方一致同意，“一带一路”建设要坚持经济合作同人文交流双轨并进，坚持民生导向，服务可持续发展。与会各国领导人及国际组织负责人高度评价中方提出“一带一路”倡议并举办这次高峰论坛，期待携手推进“一带一路”建设，实现共同繁荣。各方通过了《“一带一路”国际合作高峰论坛圆桌峰会联合公报》，并发表“一带一路”国际合作高峰论坛成果清单。同日，习近平宣布，中国将于2019年举办第二届“一带一路”国际合作高峰论坛。圆桌峰会闭幕后，习近平会见中外记者，介绍“一带一路”国际合作高峰论坛会议情况和主要成果。

美国司法部任命特别检察官调查特朗普团队和俄罗斯关系一案。15日，《华盛顿邮报》报道，特朗普在白宫会见俄罗斯外交部长拉夫罗夫和俄驻美大使基斯利亚克时，曾向俄方透露涉及极端组织“伊斯兰国”的“高度机密”情报。与俄方分享这份情报或将对可能是植入“伊斯兰国”内部的情报源造成危害。同日，美总统国家安全事务助理麦克马斯特在白宫召开记者发布会，否认了媒体关于特朗普曾向俄泄密的报道。16日，特朗普在其推特账号上称自己有“绝对权力”和俄分享“事实”。17日，美司法部副部长罗森斯坦宣布任命联邦调查局前局长米勒为特别检察官，负责调查特朗普竞选团队和俄关系一案。同日，美国会也介入调查此案，参议院司法委员会要求白宫和联邦调查局提交特朗普和联邦调查局前局长科米之间的对话内容，参议院情报委员会向联邦调查局索要科米对特朗普竞选团队和俄关系一案的调查笔记。同日，俄总统普京在与到访的意大利总理真蒂洛尼会晤后举行的联合新闻发布会上表示，美媒体关于美总统特朗普向俄泄密的报道，是政治分裂滋长的表现；如果美国政府需要，俄愿意提供特朗普与拉夫罗夫的会谈记录。普京同时强调，那些打着反俄旗号破坏美政局稳定的人危险而且卑鄙，俄没有干涉、也不打算干涉美内政。18日，正在塞浦路斯访问的拉夫罗夫，在与塞浦路斯外交部长卡苏利季斯会谈后的联合记者会上否认了有关特朗普向俄泄密的报道。这是拉夫罗夫首次就此事进行公开回应。

联合国亚太经社会庆祝成立70周年。15日，联合国亚洲及太平洋经济社会委员会（以下简称亚太经社会）举行第73届年会，并庆祝该组织成立70周年。此次年会的主题是“可持续资源的区域合作”。联合国秘书长古特雷斯向大会发来视频贺电，祝贺亚太经社会成立70周年。亚太经社会执行秘书沙姆沙德·阿赫塔尔在年会致辞中说："70 年前，亚太地区各种冲突不断，政治不稳定，充斥着贫困和紧张。如今，亚太已经成为推动全球经济增长的引擎。"率中国代表团与会的外交部部长助理钱洪山在会议一般性辩论中发言，阐述中方对世界经济形势和亚太区域合作的立场。钱洪山表示，亚太各国应坚持公平包容，致力于可持续发展，经济发展要依靠人民，发展成果要由人民共享。亚太经社会 1947 年在中国上海成立；1949 年总部迁往曼谷，是联合国经社理事会下属 5 个区域委员会之一。

中国—东盟高官会在中国贵州举行。17—18 日，中国与东盟国家在中国贵阳举行落实《南海各方行为宣言》第 14 次高官会和第 21 次联合工作组会，中国与东盟十国外交部高官出席了会议。各方就全面有效落实《南海各方行为宣言》、加强海上务实合作以及"南海行为准则"磋商等议题进行了探讨。各方重申了全面、有效落实《南海各方行为宣言》的重要性，表示将坚持通过谈判协商和平解决南海争议，坚持通过地区规则框架管控分歧，深化海上务实合作，推进"准则"磋商，共同维护南海的和平与稳定。会议审议通过了"准则"框架、《建立三个技术委员会步骤非文件》、外交高官热线平台试运行结果，并更新了 2016—2018 年工作计划。19 日，第 23 次中国—东盟高官磋商在中国贵阳举行。外交部副部长刘振民和新加坡外交部常务秘书池伟强共同主持，东盟其他各国高官或高官代表和东盟副秘书长出席了会议。会议全面回顾了中国和东盟"2 +7 合作框架"落实情况，特别是 2016 年中国—东盟建立对话关系 25 周年纪念峰会成果落实进展，以及 2017 年中国—东盟旅游合作年各项活动推进情况。会议高度评价中国—东盟合作的丰硕成果，强调这些成果给双方 20 亿人民带来了实实在在的利益，认为中国—东盟战略伙伴关系内涵更为丰富，合作前景更为广阔，处理分歧更加成熟理性，为促进地区和平、稳定与发展作出了重要贡献。

美国总统特朗普首访中东欧洲。19 日，特朗普出访沙特。20 日，特朗普抵达沙特首都利雅得，与沙特国王萨勒曼签署了价值高达 1100 亿美元的军售协议。21 日，特朗普在利雅得与 50 多个阿拉伯和伊斯兰国家领导人举行"阿拉伯、伊斯兰国家和美国首脑会议"。特朗普在会上表示，美愿意帮助中东地区国家打击恐怖主义，但希望这些国家不要依赖美。他呼吁地区国家团结起来打击恐怖主义。伊朗和叙利亚领导人未被邀请参加此次峰会。苏丹总统奥马尔·巴希尔由于"个人原因"无法出席，并向沙特致歉。同日，在特朗普与海湾阿拉伯国家合作委员会成员国领导人见证下，签署了建立反恐怖主义洗钱中心的谅解备忘录。同日，特朗普与海湾阿拉伯国家合作委员会成员国领导人举行闭门会议，会议讨论了有关海湾地区所面临的安全威胁、建立海湾防御体系以及加强美国与海合会成员国经贸关系等问题。22 日，特朗普抵达以色列首都耶路撒冷，与以色列总统里夫林举行会谈。特朗普表示，他此访的首要目的是巩固美以两国持久的友谊。两国不仅是朋友，更是盟友和伙伴。两国将共同应对“伊斯兰国”等恐怖组织，共同阻止伊朗成为核国家。同时，美期待能够促成以色列与巴勒斯坦达成和平协议。同日，特朗普与以总理内塔尼亚胡举行会谈。特朗普表示，他刚结束对沙特的访问到以，认为沙特等阿拉伯国家对以的态度很积极。特朗普呼吁以方能够和这些阿拉伯国家发展新关系。内塔尼亚胡表示，特朗普对推动以和阿拉伯世界的关系发展作用很大。会谈后，特朗普同内塔尼亚胡发表联合声明表示，“我们希望以色列和平”“现在我们面前有很多机会，必须抓住”。同日，特朗普访问了位于耶路撒冷的犹太教圣地哭墙，成为首位在任职期间访问哭墙的美国总统。23 日，特朗普前往巴勒斯坦伯利恒访问，同巴总统阿巴斯举行会谈。特朗普表示，他期待与巴以领导人一道，推动巴以实现永久和平，美国将帮助巴方发展经济。特朗普在会谈结束后举行的联合新闻发布会上表示，相信巴以双方能够实现和平。巴以和平需要一个没有任何暴力活动、没有资助暴力活动、共同谴责暴力的环境。阿巴斯表示，他将与特朗普合作，为和平创造机会，与以签署历史性的和平协议。巴方将继续参与打击恐怖主义。同时，阿巴斯重申了巴方的一贯立场，在“两国方案”基础上实现和平，即在 1967 年边界基础上建立以东耶路撒冷为首都的巴勒斯坦国，巴以两国和平共处。24 日，特朗普在梵蒂冈与教皇方济各会谈，探讨通过宗教间对话以及政治协商促进世界和平的话题，双方都表示保护中东基督教徒的重要性。同日，特朗普在意大利首都罗马与意大利总统马塔雷拉就多边合作和美意双边关系进行磋商。25 日，特朗普在布鲁塞尔与欧洲理事会主席图斯克、欧盟委员会主席容克进行了小范围会谈，三人就安全、贸易、气候变化等问题交流意见与看法。图斯克在会晤后发表声明，指出欧盟在反恐领域与美方观点完全一致，但在气候变化、贸易等议题上存在分歧，针对俄罗斯的立场也不相同。同日，特朗普与欧洲议会议长安东尼奥·塔亚尼、欧盟外交与安全政策高级代表莫盖里尼等举行大范围会谈。26 日，特朗普出席在意大利陶尔米纳召开的七国集团峰会，没有在气候问题上就遵守《巴黎协定》做出明确表态。

鲁哈尼连任伊朗总统。19 日，伊举行第 12 届总统大选投票，共有现任总统哈桑·鲁哈尼、保守派宗教人士易卜拉欣·莱希、曾任总统顾问的穆斯塔法·米尔萨利姆以及前副总统穆斯塔法·哈希米·塔巴等 4 名候选人。4122 万选民参加投票，投票率为 73%。20 日，伊内政部长法兹利宣布，现任总统鲁哈尼获得 2355 万张选票，以 57% 选票率胜选连任。保守派宗教人士莱希获得约 1578 万张选票，得票率为 38.5%，排名第二。哈桑·鲁哈尼 1948 年 11 月出生于伊塞姆南省索尔赫市，早年在塞姆南神学院和库姆神学院攻读伊斯兰教法。1972 年从德黑兰大学毕业获法学学位，随后前往英国格拉斯哥喀里多尼亚大学攻读法学硕士学位。伊伊斯兰革命后，鲁哈尼于 1980—2000 年任议会议员，先后出任议会国防委员会主席、外交政策委员会主席和第一副议长。两伊战争爆发后，鲁哈尼于 1983—1985 年任战场副总指挥。1989—1997 年拉夫桑贾尼任总统期间，鲁哈尼任伊最高国家安全委员会秘书并持续任职至 2005 年。哈塔米任总统期间，鲁哈尼于 2003—2005 年任伊首席核谈判代表，期间与英国、法国和德国达成协议，暂停伊铀浓缩活动。2005 年出任确定国家利益委员会战略研究中心主任。2013 年 4 月 11 日宣布竞选总统；6 月 15 日当选，8 月 4 日宣誓就职。

跨太平洋伙伴关系协定发表部长声明。21 日，不含美国的跨太平洋伙伴关系协定 11 个参加国在越南河内召开部长会议，通过了旨在促成该协定尽早生效的声明。声明确认将要求首席谈判官在 11 月召开亚太经合组织峰会前，努力完成协定生效的准备工作。声明写明将探讨美国重回协定时的优惠举措。声明称将允许其他能够接受高水平自由化的国家加入，计划扩大协定。同日，正在越南参加亚太经合组织第 23 届贸易部长会议的美国贸易代表莱特希泽表示，美国已经退出了该协定，这个决定不会改变，但那不表示美不会经营这个地区，美国未来工作重点将转移到与进入该协定的相关国家的双边谈判工作中。

第 70 届世界卫生大会举行。22 日，第 70 届世界卫生大会在瑞士日内瓦万国宫开幕。在为期 10 天的会议中，来自世界卫生组织 194 个成员的与会代表聚焦全球公共卫生热点议题，包括大规模严重突发事件应对、审查大流行性流感预防框架、解决全球药品及疫苗短缺和可及问题、促进难民和移民健康等。大会一般性辩论主题为“在可持续发展时代建设有益健康的良好系统”。大会以协商一致的方式决定，拒绝将尼加拉瓜等国提出的邀请台湾地区参加世界卫生大会的提案纳入本届大会议程。23 日，大会选举埃塞俄比亚前外交部长和卫生部长特沃德罗斯·阿达诺姆为世界卫生组织新任总干事。特沃德罗斯在当选后的致辞中表示，2030 年可持续发展议程为世界卫生组织提供了机遇，将加强世卫组织在全民健康、卫生事件应急、妇女儿童和青少年福祉、应对气候和环境变化对健康的影响、世卫组织转型 5 个方面的领导工作。特沃德罗斯还承诺将通过建立有效的合作伙伴关系和透明高效的工作机制，聚焦最弱势人群和地区，带领世界卫生组织作出新贡献。31 日，大会在日内瓦落幕。大会就控制媒介传播疾病、防控非传染性疾病、化学品管理等多个议题达成一致。大会通过了世卫组织 2018—2019 年 44.215 亿美元的双年度规划预算方案，其中包括会员国评定会费增加 3%，即 2800 万美元，并分别增加投资 6910 万美元用于应对突发卫生事件及 2320 万美元用于抵制抗微生物药物耐药性。大会还通过了关于防治败血症、流感防范框架、儿童肥胖、控烟，以及在阿富汗、尼日利亚和巴基斯坦最后 3 个国家终止脊髓灰质炎等议题的决议。大会同时强调，迫切需要全面实施《国际卫生条例（2005）》，以帮助国际社会预防和应对有可能跨越边界并威胁全世界人民的紧急公共卫生风险。

英国曼彻斯特发生爆炸。22 日，英曼彻斯特体育场发生一起自杀式爆炸袭击，共造成 22 人死亡、59 人受伤。同日，首相特雷莎·梅宣布英国的恐怖袭击威胁等级将保持在“严重”级，不会进行调整。23 日，警方称曼彻斯特体育场爆炸系自杀式袭击，袭击者身亡。同日，特雷莎·梅宣布上调恐怖袭击威胁等级至最高的“危急”级，并称这是基于目前曼彻斯特体育馆恐怖袭击事件的调查以及对当前安全形势的评估。同日，极端组织“伊斯兰国”通过其“通讯社”AMAQ 对外声称，对曼彻斯特体育场爆炸案负责。

首届中国—中东欧国家文化遗产论坛举行。22 日，首届中国—中东欧国家文化遗产论坛在塞尔维亚首都贝尔格莱德开幕，中东欧国家相关机构官员、中国国家文物局和中国文化遗产研究院的代表参加了论坛。在为期两天的论坛中，代表们就如何促进中国—中东欧文化遗产交流进行了深入探讨。主要议题为“世界文化遗址管理”“文化遗产保护新方法”。中国国家文物局局长刘玉珠在开幕式致辞中指出，文化遗产论坛的举办是落实《中国—中东欧合作里加纲要》的实质举措，是促进中国—中东欧人文交流的对话平台。“人文交流是深化国家关系的‘基础设施’，是推进民间友好的‘民心工程’，文化遗产交流合作是中国—中东欧国家合作的重要组成部分，更是促进中外人文交流的‘动车组’。”塞尔维亚文化和传媒部长武科萨夫列维奇强调，此次论坛是中国—中东欧国家合作机制中文化交流的国际平台，有利于增强中国与中东欧国家的沟通渠道。

菲律宾军警同恐怖组织交火。23 日，菲军方和警方在南部的棉兰老岛马拉维市与“穆特组织”及阿布沙耶夫武装发生交火，击毙 13 名“穆特组织”成员，另有 7 名军警死亡、33 名军警受伤。此次菲军方的主要袭击目标是藏匿在马拉维市的阿布沙耶夫组织头目哈比伦。同日，正在俄罗斯访问的菲总统杜特尔特宣布在棉兰老岛、巴西兰岛、苏禄群岛和塔威塔威群岛等地区实施为期 60 天的戒严，以应对目前棉兰老岛上政府军警与“穆特组织”等反政府武装的战斗，并紧急中止在俄访问行程。24 日，杜特尔特在首都马尼拉机场表示，将采取更严厉的措施对付叛乱分子，戒严可能延长至 1 年，如果吕宋岛地区确有“伊斯兰国”组织据点的话，戒严还可能扩大至全国。同日，菲军警与阿布沙耶夫等反政府武装继续在棉兰老岛马拉维市等地交火。菲军方从反政府武装手中解救出 120 名人质，有 9 名平民在交火中丧生。25 日，双方继续在“穆特组织”占据的一座桥附近激烈交火，菲军方出动两架武装直升机向地面扫射，成功夺取这座桥的控制权。30 日，菲武装部队发言人帕迪利亚发表声明称，政府军与反政府武装在棉兰老岛马拉维市的激战造成 104 人死亡，包括 20 名政府军士兵和警察、19 名平民，反政府武装方面有 65 人被击毙，此外还有 72 名军警在战斗中受伤。

缅甸举行第二届 21 世纪彬龙会议。24 日，缅第二届 21 世纪彬龙会议暨联邦和平大会在首都内比都开幕，来自政府、议会、军方、政党、民族地方武装组织等各方代表约 1400 人出席。与会各方分组就政治、经济、社会、安全和土地与自然环境 5 个主题进行了讨论。除安全主题外，各方代表在其他 4 个主题共 41 项协议条款中就 37 项达成一致，其中政治 12 项、经济 11 项、社会 4 项和土地与自然环境 10 项。29 日，会议闭幕，各方代表签署了包括 37 项协议条款的联邦协议文件。这份文件将成为未来实现永久和平时的最终版《联邦和平协议》的一部分。彬龙会议于 1947 年 2 月在掸邦的彬龙镇召开，由昂山素季的父亲昂山将军主持，与会的缅族、掸族、克钦族和钦族领导人签署《彬龙协议》，同意建立统一的缅甸联邦，共同脱离英国的殖民统治。全国民主联盟领导的缅新政府2016年4月执政以来，昂山素季主导国内和平事务。在新政府及各方推动下，第一届21世纪彬龙会议于2016年8月举行，并决定今后每6个月召开一次该会议，直到缅实现永久和平。

北约峰会举行。25日，北约峰会在比利时首都布鲁塞尔召开。峰会聚焦打击恐怖主义和成员国责任分担两大议题，在分担经济责任方面达成了一定共识。美国总统特朗普在峰会开幕式发言时表示，未来北约必须重点关注恐怖主义、移民问题以及北约东部和南部面临的威胁，北约成员国必须履行公平的财政义务。特朗普敦促23个没有达到军费占国内生产总值2%标准的国家增加投入。在峰会结束后的新闻发布会上，北约秘书长斯托尔滕贝格表示，北约领导人围绕两大议题达成多项成果。北约决定加强在反恐中的作用，包括继续在阿富汗的军事任务，加强对打击“伊斯兰国”国际联盟的支持，以及继续训练伊拉克军队等。北约还将加强反恐机构的建设，新设立一个恐怖主义情报小组，以加强成员国之间的信息共享。斯托尔滕贝格强调，北约28个成员国已经决定参与打击“伊斯兰国”国际联盟，这意味着北约坚定致力于打击全球恐怖主义，但北约不会参与战斗任务，而将在军事训练和能力建设等方面提供协助。斯托尔滕贝格表示，确保公平分担责任是会上另一个主要议题，在这方面已经取得进展。成员国同意制订年度国家计划，每年就军费达标、军事实力建设和对北约行动的贡献三方面进展作出报告。第一批国家计划报告将于2017年12月完成，在2018年2月的北约防长会上进行审查。

七国集团峰会召开。26日，为期两天的七国集团峰会在意大利陶尔米纳开幕。美国、德国、英国、法国、意大利、加拿大和日本七国领导人与会。英国首相特雷莎·梅、法国总统马克龙、意大利总理真蒂洛尼以及美国总统特朗普均为峰会新面孔。安全与反恐问题是本次会议最重要议题。与会各国领导人围绕安全与反恐、经济环境和社会可持续发展、缩小贫富差距、创新与就业等议题展开讨论。同日，七国集团发表了反恐联合声明。27日，七国集团峰会举行扩大会议，来自肯尼亚、埃塞俄比亚、尼日利亚、尼日尔和突尼斯的领导人，以及包括非洲联盟在内的6个非洲组织代表受邀出席，欧盟委员会主席容克和欧洲理事会主席图斯克与会。各方就共同关注的非洲移民难民与经济创新发展问题进行深入探讨。同日，七国集团峰会在意大利陶尔米纳闭幕。七国在反恐安全和自由贸易方面取得一致，会后发表联合公报。在安全和反恐问题上，公报提出要解决利比亚、叙利亚和伊拉克长期存在的冲突，夺回被极端组织占领的地区，铲除恐怖主义滋生的土壤，最终消灭恐怖主义。对于应对全球气候变化的《巴黎协定》，除美国之外，其他六国在公报中重申将迅速执行该协议，以遏制气候变化。在自由贸易问题上，公报重申七国将保持市场开放，反对保护主义以及所有不公平贸易行为。公报指出，七国在处理来自非洲和中东的移民和难民问题时要"分担责任"。公报强调在维护移民和难民人权的同时，还要保障国家主权和边境控制权，制定与国家利益和安全政策相符的难民政策。此外，公报还谈及朝鲜半岛问题、叙利亚问题、海上问题、网络安全问题以及性别平等、经济包容性增长、非洲的发展、创新与就业、粮食安全等问题。28日，中国外交部发言人陆慷对七国集团峰会声明假借国际法名义对东海和南海问题指手划脚表示强烈不满。

普京访问法国。29日，俄罗斯总统普京在巴黎的凡尔赛宫与法国总统马克龙举行会晤。普京表示，欧盟因乌克兰问题对俄施加制裁，不仅严重伤害了双边贸易关系，对解决问题还毫无帮助。就俄介入法总统选举的说法，普京表示，马克龙的竞选对手玛丽娜·勒庞在竞选法总统期间访问了俄，但俄方没有拒绝她入境的理由。马克龙则重申了对叙利亚问题和乌克兰局势的关注，强调化学武器使用是法对叙立场的"红线"，叙政府如果触碰这一"红线"，法方会"立即回应"。至于乌克兰，法不会向俄作出"一丁点儿让步"，法俄德领导人应尽快展开磋商，以全面评估局势。普京在会晤后的联合记者会上表示，俄法的主要利益超过两国之间的分歧，双方同意将打击恐怖主义作为优先事务。马克龙表示，法希望与俄在打击恐怖主义方面加强合作，希望俄法德乌四国在"诺曼底模式"下交流协商，逐步平息乌东部冲突。同日，普京和马克龙共同参观了当天揭幕的俄彼得大帝在法设立使馆300周年纪念展览。30日，普京接受法《费加罗报》采访时表示，苏联解体后，北约曾表示不会扩张。但事实上，北约建立新安全体系的行为破坏了战略平衡，对国际安全构成了威胁。北约东扩政策是没有远见的，北约应停止把俄视作威胁，双方关系的前景是在包括安全领域的各个方面开展合作，联合起来应对国际恐怖主义。

斯洛伐克外长当选第72届联合国大会主席。31日，第71届联合国大会召开全体会议，以无记名投票方式选举新一届联合国大会主席。在会议上，第71届联合国大会主席汤姆森宣布，第71届联合国大会正式选举斯洛伐克外长兼欧洲事务部长米罗斯拉夫·莱恰克为第72届联合国大会主席。莱恰克在当选后的致辞中表示，他就任后将以和平、发展、人权三大联合国支柱为工作原则，努力促进落实2030年可持续发展议程。相信增强联合国作用是实现世界和平、发展、公平及正义等全人类共同愿望的最好投资。莱恰克将于9月新一届联大开幕时上任。莱恰克出生于1963年3月，2012年4月—2016年3月，担任斯副总理兼外交和欧洲事务部长。2016年3月23日，他再次被任命为新成立的联合政府的外交和欧洲事务部长，第三次担任这一政府职位。2016年5月25日，曾获斯政府提名参加联合国秘书长职位的竞选。

6月

- 习近平访问哈萨克斯坦并出席系列活动
- 中东多国宣布与卡塔尔断交
- 英国保守党失去单独执政地位
- 亚投行举行第二届理事会年会

李克强访问德国、比利时并出席中欧领导人会晤。5 月 31 日—6 月 1 日，应德总理安格拉·默克尔邀请，国务院总理李克强正式访问德国并举行中德总理年度会晤。访问期间，李克强会见德总统施泰因迈尔，同默克尔举行中德总理年度会晤，两国总理共同出席“中德论坛—共塑创新”并发表演讲。双方积极评价中德建交 45 年来双边关系长足发展，愿继续在相互尊重、互利共赢基础上，保持高层交往势头，充分发挥中德政府磋商等 70 多对双边磋商与合作机制的作用，进一步增进政治和战略互信，加强对话、交流与合作，推进中德全方位战略伙伴关系朝更高水平迈进。双方高度肯定中德经贸等领域务实合作取得的丰硕成果，决定继续落实好 2014 年制定的《中德合作行动纲要》和 2016 年发表的《第四轮中德政府磋商联合声明》，以“共塑创新”为引领，深化在智能制造、航空、新能源汽车、绿色发展、青年创新创业、未来交通等领域合作，深入推进《中国制造 2025》与德国“工业 4.0”对接，为两国合作打造新动能。双方同意进一步深化在文化、教育、旅游、青年、足球等人文领域合作。2 日，李克强乘专机抵达布鲁塞尔，在欧洲理事会总部同欧洲理事会主席图斯克、欧盟委员会主席容克共同主持第十九次中国—欧盟领导人会晤。李克强表示，中国和欧盟是世界多极化和经济全球化进程的贡献者和受益者。当前形势下，中欧应以彼此合作的稳定性应对国际形势的不确定性。希望通过此访，共同推动中欧关系稳定深入发展，提振双方对稳定、合作与发展的信心。图斯克和容克表示，欧中在 2030 年可持续发展议程、气候变化、伊核等重大国际事务中进行了良好合作，双方在自由贸易、气候变化、安全等领域进一步加强合作，有利于维护世界和平稳定，促进繁荣发展。欧方高度重视欧中加强经贸关系，支持“一带一路”倡议，愿继续深化互联互通合作，进一步扩大双向投资。同日，李克强在布鲁塞尔公爵夫人谷国宾馆同比利时首相米歇尔举行会谈。李克强表示，中方愿同比方巩固互信，深化重点领域合作，促进人文交流，密切在国际地区事务中的沟通与协调，推动中比全方位友好合作伙伴关系取得新发展。米歇尔表示，比方愿同中方巩固互信，深化经贸投资、科技、创新、基础设施、农业、旅游等领域合作。比方高度重视中国在国际事务中发挥的重要作用，愿同中方加强沟通协调，共同为世界的和平稳定作出贡献。

特朗普宣布美国退出《巴黎协定》。1 日，特朗普宣布美将退出应对全球气候变化的《巴黎协定》。特朗普称，《巴黎协定》让美处于不利位置，而让其他国家受益。美将重新开启谈判，寻求达成一份对美公平的协议。德国、法国和意大利三国元首及政府首脑当天晚间发表联合声明，对此表示遗憾，并表示将继续努力履行根据《巴黎协定》所承诺的相关义务，《巴黎协定》不容重新谈判，不可逆转。2 日，联合国秘书长古特雷斯呼吁国际社会继续遵守《巴黎协定》，共同采取措施应对气候变化。同日，美国国务卿蒂勒森称，尽管特朗普宣布退出《巴黎协定》，但美不会停止削减温室气体排放。5 日，菲律宾参议院气候变化委员会主席莱加尔达在“世界环境日”表示，美退出《巴黎协定》，将给菲等海岛国家带来危害。7 日，摩纳哥亲王阿尔贝二世称，美退出《巴黎协定》令人失望，不利于全球应对气候变化进程。意大利环境部长加莱蒂表示，美退出《巴黎协定》，不仅是在气候变化领域有影响，还对国际多边协定的功能产生影响。19 日，欧盟 28 国外长在卢森堡举行了部长级会议，欧盟在会后发布的共同声明中指出，各成员国对美特朗普政府宣布退出《巴黎协定》的决定表示遗憾，但欧盟在应对气候变化问题的立场将保持不变，欧盟将拒绝与美国就修改《巴黎协定》开展任何谈判。

安理会再次通过涉朝制裁决议。2 日，联合国安理会一致通过决议，以最强烈言辞谴责朝鲜的核武器和弹道导弹研发活动，再次强调朝必须以完全、可核查和不可逆转的方式放弃所有核武器和现有核导计划，并立即停止相关活动，不再利用弹道导弹技术进行发射和进行核试验。根据决议，朝 14 人被列入旅行禁令和资产冻结制裁名单、4 个实体被列入资产冻结制裁名单。4 日，日本外相岸田文雄称，为阻止朝核导开发，日政府基本决定最快于本月内对出入朝的第三国船舶加强货物检查，严格限制可能被用于军事目的的民生用品。7 日，韩国外交部长官候选人康京和在国会人事听证会上表示，重启朝开城工业园区可以缓解紧张，积累韩朝互信，也是经济合作的第一步。8 日，朝在江原道元山一带向半岛东部海域发射多枚疑似地对舰导弹的飞行物。

韩联合参谋本部表示，朝试射短距离地对舰巡航导弹，飞行 200 公里。日本政府确认，朝发射非弹道导弹，对日安保无影响。9 日，朝宣布，近日成功试射新型地对舰巡航导弹，最高领导人金正恩观看试射。此次表态被认为是对 8 日试射活动的正式回应。美国国务院发言人希瑟·诺尔特回应称，对于朝最新一次试射导弹，美方继续呼吁朝方避免采取“挑衅”和“破坏地区稳定”的行为。10 日，朝《劳动新闻》发表社论称，朝近期进行的系列战略武器测试显示，距离洲际弹道导弹试射已不太遥远。试射必将取得成功，并成为美对朝敌对政策失败的分水岭。12 日，朝呼吁韩履行 2000 年北南双方达成的《6·15 共同宣言》，并将其作为改善北南关系的出路。15 日，韩政府以统一部发言人李德行的名义发表评论称，《6·15 共同宣言》包含的韩朝和解合作精神在当前韩朝关系紧张的情况下仍具有重大意义。15 日，韩总统文在寅表示，如果朝不再进行核导开发，韩方愿意与朝无条件开展对话。韩承诺将积极努力促使六方会谈“9·19 共同声明”和“2·13 协议”得到履行，以解决朝鲜半岛核问题。21 日，朝驻印度大使桂春英称，如美完全停止大规模军演，无论是暂停一段时间还是永久停止，朝将暂停有关活动。朝可就暂停武器试验举行对话，愿在任何时间、不设任何前提条件与美开展磋商。22 日，朝中社发表文章，谴责美军驱逐舰和战略轰炸机近日针对朝鲜半岛进行侦察和演习等活动，称此举是对朝的军事挑衅，加剧了半岛紧张局势。23 日，朝方表示，美大学生瓦姆比尔的死因存疑，美称朝对他进行虐待的说法毫无根据，目的在于抹黑朝形象，在瓦姆比尔健康状况恶化的情况下，朝方曾出于人道主义对他进行治疗。28 日，朝国家保卫省、人民保安省和中央检察院声明称，将对所有参与暗杀朝最高领导人金正恩的人处以极刑，其中包括韩前总统朴槿惠。29 日，美财政部发表声明称，美决定对帮助朝发展核导项目和洗钱的中国大连宇联船务有限公司、丹东银行及孙伟（音译）、李红日（音译）2 名个人实施制裁。美财政部长姆努钦称，有关举措旨在最大限度向朝施压，直至其放弃核导项目。美将毫不犹豫地对帮助朝政权的个人、公司和金融机构采取行动。今天的行动虽针对中国的个人和实体，但绝非针对中国。美仍期待与中国政府就阻止朝非法金融活动开展密切合作。

爱尔兰选出史上最年轻总理。2 日，38 岁的爱众议员瓦拉德卡接替已于 5 月 17 日宣布辞去党首职务的现任总理恩达·肯尼，成为统一党第十一任党首，也成为爱历史上最年轻的政党党首。14 日，爱众议院举行全体会议，选举瓦拉德卡为政府总理。瓦拉德卡成为爱历史上最年轻的总理，也是首位同性恋总理。利奥·瓦拉德卡 1979 年出生于都柏林，是一位印度移民的儿子，在参政之前曾做过全科医生，2007 年当选议员，曾任交通旅游部长、卫生部长和社会保护部长。

第 16 届香格里拉对话会在新加坡举行。2—4 日，第十六届香格里拉对话会在新举行，共有 12 个国家派国防部部长或军方领导人出席，22 个国家的部长级政府代表团参加，另外还吸引了来自 39 个国家的高级别国防官员和学者。中国人民解放军军事科学院副院长何雷率团出席会议。本届对话会就不同议题设置了 5 场全体会议和 4 场特别会议。2 日晚举行开幕式晚宴，对话会主办方——英国国际战略研究所所长奇普曼致开幕词，对对话会的对话机制予以肯定。澳大利亚总理特恩布尔发表主旨演讲，谈及朝鲜半岛局势、打击恐怖主义等地区安全热点议题。在 3 日上午首场全体会议上，美国国防部长马蒂斯就“美国和亚太安全”做了主题演讲，这是他履新后首次在亚太地区阐述特朗普政府的亚太安全政策。马蒂斯称，美重申对亚太地区安全与繁荣的持久承诺，持久致力于加强基于规则的国际秩序，该秩序基于各国接受的原则，包括国家无论大小贫富都应尊重国际法、航行和飞越自由、确保贸易航道开放等。美反对人工岛礁军事化以及开展不被国际法支持的过度海上声索，不会接受通过单边和胁迫行为改变现状，不会接受中国侵犯国际社会利益和破坏基于规则的秩序的行动。美国防部坚守向台提供必要防卫装备的承诺，支持以台海两岸人民都接受的和平方式处理两岸事务。日本防卫大臣稻田朋美称，作为太平洋国家，美国在印度洋、太平洋地区的长期存在捍卫了本地区基于规则的秩序，日方欢迎美方在朝鲜问题上的强硬立场。日方对南海局势极为关切，基于与现行国际准则不符的理由采取单边行动的企图仍在继续，基于规则的地区秩序受到挑战。当天，马蒂斯、稻田朋美、澳大利亚国防部长佩恩会晤后发表联合声明称，三国重申对朝鲜核导和大规模杀伤性武器项目予以最强烈谴责，敦促朝为实现半岛无核化采取切实行动。三方均认为中国在影响朝改弦更张方面发挥的强有力作用至关重要。3 日下午，中方代表团成员分别就“亚太地区核威胁”“安全合作新模式”“新兴科技对国防的影响”“避免海上冲突的实用措施”等议题发言。何雷说，近年来中国提出构建人类命运共同体，倡导共同、综合、合作、可持续的亚洲安全观，为破解国际关系中的“安全困境”，构建亚太安全合作的新模式，维护亚太持久和平提供了崭新思路。4 日，菲律宾国防部副部长里卡多·戴维在全体大会上演讲时，对中国和东盟国家达成《南海各方行为准则》框架表示欢迎，认为各方在能够取得共同利益的领域内展开对话和合作，有助于增强互信，这种实践应该得到延续。新加坡国防部长黄永宏表示，新加坡非常支持“一带一路”倡议并参与了多个相关建设项目，安全稳定与繁荣发展相辅相成，这也是为什么“我在这场安全论坛上的演讲以贸易作为开篇”。当天，马蒂斯与东盟国防部长举行会谈。黄永宏在会谈后称，所有东盟国家均欢迎美在该地区军事存在，强烈支持马蒂斯关于美将继续在该地区保持存在的宣示。始于 2002 年的香格里拉对话会由英国国际战略研究所发起，并获得新加坡政府支持。对话会因每年 6 月初在新加坡香格里拉酒店举行而得名。

欧洲连续发生恐怖袭击事件。3 日，英国伦敦相继发生三起袭击事件，至少两起被确认为恐怖袭击，这是最近 3 个月来，英发生的第三波恐袭。同日，美国国务院发表声明，谴责当天发生在英国伦敦的多起袭击无辜平民事件。4 日，俄罗斯总统普京向英方发慰问电表示，全世界应加大联合反恐力度，以应对此类事件。同日，英首相特雷莎·梅主持召开内阁紧急会议商讨应对伦敦发生的恐怖袭击事件。会后她发表声明称，英面临的恐怖主义威胁出现新趋势，袭击者经多年计划和训练，通过互相复制使用最危险的攻击手段；互联网为极端思想的传播提供了空间，英将与其他国家合作，达成规范网络空间的国际协议，以防止极端主义和恐怖主义扩散。19 日凌晨，伦敦北部芬斯伯里公园清真寺附近发生货车冲撞行人事件，至少造成 1 人死亡、数十人受伤。同日，法国内政部证实，一名企图发动恐怖袭击的男子当天下午在巴黎香榭丽舍大道驾车冲撞警用车辆。袭击者在车辆起火后因伤重身亡，并未造成其他伤亡。法内政部已将该事件定性为“恐怖袭击图谋”。20 日，英首相特雷莎·梅宣布成立反极端主义专门委员会，打击恐怖主义的各种形式。同日，比利时布鲁塞尔中央火车站发生爆炸案，嫌疑人在被军警击中后身亡。22 日，法内政部长热拉尔·科隆在内阁会议上提交新反恐法案草案，新法案草案包含的主要反恐措施有：当重要活动或重要地点面临严重恐怖袭击风险时，允许各省省长在相关地点建立安全区；各省省长有权关闭传播恐怖主义思想的场所，最长关闭时间可达半年；如果确有理由认定某人对公共安全和秩序具有“特别严重”威胁，同时此人与其他涉恐个人或组织经常来往，法内政部可对其进行监视；各省省长可决定对其频繁出没场所进行调查，或在相关地点进行抓捕，但调查和抓捕活动须呈报司法部门，并在司法部门监控下进行。同日，欧洲理事会主席图斯克表示，欧盟各国领导人决定加强与互联网业界的反恐合作。

世界银行预测 2017 年中国经济增长为 6.5%。4 日，世界银行发布报告，维持对 2017 年和 2018 年世界经济增速分别为 2.7% 和 2.9% 的预测不变，预测中国未来两年经济增速分别为 6.5% 和 6.3%，美国增速分别为 2.1% 和 2.2%。报告称，制造业和贸易好转提升市场信心和大宗商品价格，但新的贸易限制措施可能延缓贸易复苏，并将对中国和其他亚洲经济体造成较大影响。

柬埔寨人民党在地方选举投票中获胜。4 日，柬第四届乡分区理事会选举投票结束，选举投票率约 86%。5 日，柬首相洪森宣布，执政党人民党赢得柬第四届乡分区理事会选举。在 674 万余张有效选票中，人民党赢得超过 51% 的选票。25 日，柬国家选举委员会公布的第四届乡分区理事会选举正式结果显示，执政党人民党获胜。人民党得票率为 50.76%，最大的反对党救国党得票率为 43.83%。全国当选的 1646 个乡分区区长中，人民党有 1156 人，救国党为 489 人，高棉国家团结党 1 人。

委内瑞拉宣布将于 7 月举行制宪大会选举。4 日，委国家选举委员会主席卢塞纳称，将于 7 月 30 日举行制宪大会选举。总统马杜罗在当天下午发表电视讲话，呼吁人民积极参加制宪大会选举，通过制宪大会决定国家命运。反对党联盟则称制宪大会是一个骗局，宣布将于 5 日上午 6 时封锁全国所有交通要道表示抗议。7 日，卢塞纳公布了 7 月 30 日将举行的制宪大会选举细节和流程，并批准了总统马杜罗提交的对新宪法进行全民公投的申请。但反对党联盟拒绝参加制宪大会，并持续进行示威游行以示抗议。21 日，马杜罗宣布免去外交部长罗德里格斯的职务，由副外长蒙卡达接任，罗去职旨在参加制宪大会选举。22 日，美常驻联合国代表黑利发表声明称，委民众正遭受饥饿，委政府正践踏民主权利，美方呼吁国际社会采取行动应对委悲惨局势。

北约 2009 年来首次东扩。5 日，黑山总理马尔科维奇与北约秘书长斯托尔滕贝格在华盛顿出席黑山加入北约仪式。美国副国务卿托马斯·香农主持仪式，欢迎黑山正式加入北大西洋公约组织。黑山正式成为北约第 29 个成员国，这是该组织自 2009 年来首次东扩。

美澳举行外长防长“2+2”磋商。5 日，美国国务卿蒂勒森、国防部长马蒂斯同澳大利亚外长毕晓普、国防部长佩恩在悉尼举行“2+2”磋商并共同会见记者。蒂勒森称，美希望同中国发展建设性关系，但无法允许中方利用经济实力摆脱其他问题，无论是将南海岛礁军事化，还是未能有效对朝鲜施压。美澳双方反对中方在国际水域建造人工岛礁并将其军事化，重申对航行、飞越自由，以及其他合法利用海域尤其是南海等地区的承诺，以确保合法商业活动在基于规则的秩序中畅通运行。朝鲜半岛安全局势对地区乃至国际社会构成切实威胁，美澳双方将以同一声音呼吁朝放弃非法核武项目，中国和其他地区伙伴也应加大努力协助应对。

韩国计划重新评估“萨德”部署。5 日，韩总统府青瓦台称，指示瞒报 4 辆“萨德”发射车暗中入境的是国防部政策室长魏昇镐，决定禁止其插手“萨德”相关工作。7 日，青瓦台相关人士表示，政府将对“萨德”部署地进行全面环境影响评估，是否追加部署需等待评估结果，已部署的部分将原封不动。9 日，青瓦台国家安保室长郑义溶称，部署“萨德”是在朝鲜威胁逐渐频繁的情况下作出的保护韩和驻韩美军的决定，即使是政权交替，这一决定也不会轻易改变。10 日，朝反对侵朝核战争演习全民族紧急对策委员会发言人称，韩政府在“萨德”问题上不应逆民心而行，应全面推翻“萨德”反导系统部署决定，撤走已运入的“萨德”装备。

中东多国宣布与卡塔尔断交。5 日，沙特、巴林、埃及、阿联酋等中东国家先后声明与卡断交。阿拉伯联盟也发表声明，宣布将卡排除出该组织。沙特称，此举是为了保护本国免遭“恐怖主义和极端主义的影响”。巴林称卡塔尔媒体“煽动、支持和武装恐怖分子”。埃及表示，鉴于卡当局对埃及继续采取敌对行为，阿拉伯埃及共和国政府决定与其断交。当天，卡外交部声明，否认多个阿拉伯国家对其干涉内政和支持恐怖主义的指责，称这些行为是企图将自己的意志强加于多哈，是侵犯主权。同日，卡国防部向阿联酋、沙特以及巴林政府明确表态，如果他们的海军军舰进入卡领海，卡将开火。同日，马尔代夫外交部发表声明称，马遵循促进中东和平与稳定的政策，强烈反对支持恐怖主义和极端主义的活动，因此宣布与卡塔尔断交。6 日，约旦政府宣布降低与卡的外交级别，同时收回卡塔尔半岛电视台在约的运营许可证。约政府发言人穆马尼说，这一决定是出于保证地区稳定的需要，在深入了解当前海湾国家局势后作出的。7 日，土耳其大国民议会允许土向卡派驻军队并帮助卡培训宪兵部队。8 日，联合国秘书长古特雷斯称，对多国与卡断交风波深表关切，鼓励各国通过外交途径解决分歧。9 日，美国国务卿蒂勒森在国务院发表讲话时呼吁沙特、阿联酋、巴林和埃及等国放松对卡的封锁，因为这种封锁不仅造成了食物短缺等人道主义后果，也妨碍美在该地区的军事行动和打击极端“伊斯兰国”。13日，土总统埃尔多安表示，多个阿拉伯国家日前与卡断交，对卡实施经济和政治孤立，此举不人道且违背伊斯兰价值观。同日，伊拉克总理阿巴迪表示伊反对孤立卡，呼吁各国共同努力消灭恐怖主义。14日，法国总统马克龙表示，摩洛哥国王穆罕默德六世希望在海湾地区外交危机中充当国际调解人，促进有关各方对话。19日，卡外交大臣穆罕默德表示，卡不会和断交国进行任何谈判，除非这些国家解除对卡的封锁，卡外交政策不容谈判。同日，欧盟外交与安全政策高级代表莫盖里尼称，支持科威特出面斡旋卡塔尔断交风波，并随时准备给予相应支持。卡断交风波理应由本地区内各方磋商解决，而不是由外部力量来掌控。阿联酋外交事务国务部长加尔贾什称，如果卡塔尔不放弃支持极端分子，邻国对其的孤立将持续数年。同日，卡国防部在一份声明中说，土部队已抵达卡首都多哈，并已和卡部队开展联合训练。23日，科威特向卡转交了恢复外交关系的13点要求清单，包括降低与伊朗外交关系、停止与土联合军演、关闭半岛电视台、切断与极端组织关系、与阿拉伯国家立场一致等。24日，卡政府通讯办公室主任赛义夫声明说，断交国向卡政府提出化解断交危机的13点要求，是对卡主权的限制。卡政府正在仔细研究断交国的具体要求，以便予以答复。同日，卡外交大臣穆罕默德表示，4个阿拉伯国家对卡提出的要求不切实际，卡方呼吁作出修改。27日，美国务卿蒂勒森表示，卡难以满足沙特等国所提复交条件，但这些要求可以作为双方谈判的基础。同日，沙特外交部长朱贝尔表示，沙特和其他阿拉伯国家为了让卡停止支持恐怖主义而提出的多项要求没有商量余地。28日，埃及外交部发表声明说，埃常驻联合国代表团已向安理会提交文件，指责卡资助利比亚境内的恐怖组织，对包括埃在内的利比亚邻国造成安全威胁。

安倍晋三称愿有条件参与“一带一路”合作。5日，日本首相安倍晋三在东京出席主题为“亚洲未来”的论坛时称，日愿在一定条件下同中国进行“一带一路”合作。条件包括：与自由公平的跨太平洋经济区相协调；基础设施建设过程中实行透明公平的采购，建成后向各方开放；有关项目具备经济可行性，融资债务可偿还，不损害债务国财政健康。6日，日内阁官房长官菅义伟称，日将视“一带一路”倡议的开放性决定是否就此与中方合作。将

“一带一路”倡议作为对所有国家开放、符合高质量国际标准的构想加以推进很重要。今年是日中邦交正常化 45 周年，期待双边关系改善。

日本自民党启动修宪行动。6 日，日执政党自民党宪法改正推进本部举行第一次会议，该党的修改宪法行动正式启动。会上提出修宪的四项内容，明确写入自卫队的存在、教育免费化、重大灾害时的紧急事态条款、参议院选举选区消除“合区”，并确定年内制定出宪法修改案的日程表。21 日，日共同社曝光自民党宪法改正推进本部基于首相安倍晋三提案拟定的条款案，作为今后讨论的蓝本。其中，将新设“第九条之二”，就日自卫队规定为“旨在防卫我国的必要最小限度的实力组织”。此外还写入了日首相拥有对自卫队的指挥监督权。

巴西最高选举法院裁决罗塞夫和特梅尔无罪。6 日，巴最高选举法院重新开庭，审理 2014 年总统选举获胜者罗塞夫及其竞选搭档特梅尔是否存在舞弊和收受贿赂行为。根据巴法律规定，如果两人最后被判存在违法行为，特梅尔将被罢免总统一职，新一任总统将由议会通过间接选举方式产生。9 日，巴最高选举法院对罗塞夫及特梅尔是否在选举中舞弊和受贿一案进行投票表决，最终以 4∶3 的投票结果裁决两人无罪。26 日，巴联邦总检察长雅诺特向巴最高法院提交诉讼书，起诉总统特梅尔收受数百万美元贿赂。27 日，特梅尔针对总检察长向最高法院起诉其受贿一事发表讲话，谴责检方指控纯属无中生有。

德乌帕当选尼泊尔新总理。6 日，尼大会党主席德乌帕当选为尼新一任总理，这是他第四次成为政府首脑。德乌帕在选举中获得 388 张赞成票，超过议会实有 593 个议员席位的半数。谢尔·巴哈杜尔·德乌帕 1946 年出生于尼西部达代尔图拉县中产家庭。1966—1985 年因政治原因多次入狱，共度过 9 年狱中生活。1990 年首次当选议员，1991—1994 年出任尼政府内政大臣。1994 年 11 月再次当选议员，12 月当选大会党议会党团领袖。1995 年 9 月—1997 年 3 月，出任由大会党、民族民主党和亲善党组成的联合政府首相。2001 年 7 月—2002 年 10 月再任尼首相。2004 年 6 月 2 日—2005 年 2 月，第三次出任首相。2005 年 7 月被尼皇家反腐败委员会判处两年监禁，2006 年 2 月释放。

习近平访问哈萨克斯坦并出席系列活动。7 日，中国国家主席习近平乘专机抵达哈萨克斯坦共和国首都阿斯塔纳，开始对哈进行国事访问并出席上海合作组织成员国元首理事会第十七次会议和阿斯塔纳专项世博会开幕式。8日，习近平在阿斯塔纳同哈总统纳扎尔巴耶夫举行会谈。两国元首积极评价中哈建交25年来双边关系发展巨大成就，规划两国下阶段合作的重点方向和领域，决定推动中哈全面战略伙伴关系在更高水平上健康稳定发展，更好造福两国人民。会谈后，两国元首签署了《中华人民共和国和哈萨克斯坦共和国联合声明》，并见证了经贸、金融、基础设施建设、水利、质检、税务、人文等领域多项双边合作文件的签署。同日，习近平在纳扎尔巴耶夫陪同下，参观阿斯塔纳专项世博会中国国家馆，共同出席中哈亚欧跨境运输视频连线仪式。同日，习近平在阿斯塔纳会见俄罗斯总统普京、阿富汗总统加尼。9日，习近平会见塔吉克斯坦总统拉赫蒙、土库曼斯坦总统别尔德穆哈梅多夫、西班牙国王费利佩六世、印度总理莫迪。同日，上海合作组织成员国元首理事会第十七次会议在阿斯塔纳举行。习近平同纳扎尔巴耶夫、吉尔吉斯斯坦总统阿坦巴耶夫、普京、拉赫蒙、乌兹别克斯坦总统米尔济约耶夫出席会议。习近平在会上发表题为《团结协作　开放包容　建设安全稳定、发展繁荣的共同家园》的重要讲话，强调上海合作组织成员国要强化命运共同体意识，巩固团结协作，携手应对挑战，深化务实合作，拉紧人文纽带，坚持开放包容，携手创造本组织更加光明的未来。会议决定，中国担任2017—2018年上合组织主席国并主办第十八次峰会，接纳印度和巴基斯坦成为上合组织正式成员。成员国元首签署了《上海合作组织成员国元首阿斯塔纳宣言》等。会议发表了《上海合作组织成员国元首关于共同打击国际恐怖主义的声明》和《上海合作组织成员国元首理事会会议新闻公报》。10日，习近平回到北京。

伊朗发生两起恐怖袭击事件。7日，位于伊首都德黑兰的伊议会大楼和德黑兰南部的已故最高领袖霍梅尼陵外分别发生恐怖袭击事件。两起事件造成至少13人死亡、43人受伤，袭击者均为加入极端组织“伊斯兰国”的伊朗人。当天伊总统鲁哈尼发表声明对恐怖袭击予以谴责，称恐怖主义对全球安全构成严重威胁。同日，联合国秘书长古特雷斯和联合国安理会分别发表声明，对德黑兰的恐怖袭击事件进行谴责。希望将恐袭事件的责任人迅速绳之以法，所有国家都必须共同打击恐怖主义。当天，俄罗斯总统普京就发生在伊恐怖袭击向伊总统鲁哈尼致慰问电，表示希望进一步与伊在反恐领域展开联合行动。18日，伊革命卫队发表声明称，伊当日向叙利亚境内代尔祖尔地区的恐怖组织基地发射地对地导弹，以回击“伊斯兰国”7日在德黑兰制造的恐怖袭击。

美国继续调查特朗普"通俄门"。8 日，美联邦调查局前局长科米在参议院情报委员会关于俄罗斯干涉 2016 年美大选的听证会上作证，否认特朗普曾要求他停止涉俄调查，但认为他被解雇受涉俄调查影响。特朗普的律师卡索威茨随后在白宫发表声明称，特朗普没有指示或暗示科米停止调查包括弗林在内的任何人。9 日，特朗普在社交媒体上表示，科米的证词存在谎言和不实，科米是一个泄密者。13 日，美司法部长塞申斯在国会参院情报委员会听证会上称，他本人未与任何俄罗斯人或外国官员就以任何形式干涉大选进行过接触或对话，也不掌握任何特朗普竞选团队人员有过此类对话。16 日，特朗普在社交媒体上称，在对他与俄勾连进行 7 个月调查和听证后，没人能出示任何证据。当天，俄总统普京在接受美国导演斯通采访时表示，美国情报部门有关"俄罗斯影响美国选举"的报告缺乏具体内容，这一说法成为美国内政治斗争的工具。

英国保守党失去单独执政地位。8 日，英举行下议院选举。9 日，英官方公布的选举结果显示，保守党未能获得半数以上席位，失去了单独执政的地位。在议会下院 650 个议席中，现首相特雷莎·梅领导的保守党获得了 318 个席位，比选前减少了 12 个席位；最大反对党工党获得 261 席，比之前增加了 29 个席位。由于没有一个政党获得过半数所需的 326 席，不能单独组阁，英自 2010 年以来再次出现"悬浮议会"。同日，特雷莎·梅开始着手组建新内阁，上届政府的 5 位重要内阁大臣留任，哈蒙德继续担任财政大臣，路德继续担任内政大臣，约翰逊留任外交大臣，戴维斯连任"脱欧"事务大臣，法伦继续担任国防大臣。13 日，特雷莎·梅在伦敦与北爱尔兰民主统一党领袖福斯特会晤，商讨合作组建新政府。会后福斯特表示，双方会谈进展顺利，希望尽快达成合作协议。26 日，特雷莎·梅在首相府与福斯特举行会谈，双方签署"信任与支持"协议，保守党得以继续执政。作为交换，北爱尔兰将在未来两年额外获得 10 亿英镑拨款。双方还表示会遵守北爱和平协议，并同意在未获得民众同意前，不会举行关于北爱与爱尔兰合并的公投。29 日，特雷莎·梅以 323 票赞成、309 票反对的结果以微弱优势通过议会信任投票。

日本通过天皇退位特别法案。9 日，日国会参议院表决通过特别法案，规定退位之后天皇将被称为"上皇"，失去再次即位及摄政资格，退位仅限明仁天皇一代。但考虑到各界要求形成永久性退位制度的呼声，该法案将成为未来参照先例。法案一旦实施，明仁天皇将成为日皇室近两百年来首位实现生前退位的天皇。16 日，日政府颁布了实现天皇退位的特例法。该法规定自颁布日起 3 年内通过政令指定作为退位日的实施日，天皇最晚将在 2020 年 6 月 15 日退位，皇太子立即即位。

英国如期开始“脱欧”谈判。10 日，英首相特雷莎·梅在与德国总理默克尔通电话时表示，英将如期在 19 日开始与欧盟的“脱欧”谈判。14 日，默克尔表示，欧盟已准备按计划于 19 日起与英就“脱欧”一事展开谈判。19 日，英“脱欧”大臣戴维斯表示，正式的退出欧盟谈判于当日在布鲁塞尔开始，英希望就此达成一项“史无前例的协议”。欧盟英国“脱欧”首席谈判官巴尼耶表示，对欧盟和英来说，达成公平的协议是可能的，双方就如何进行两阶段的谈判达成了共识。第一阶段双方的主要目的在于消除英“脱欧”带来的不确定性，解决公民权利、金融解决方式（即所谓“脱欧”账单）和北爱尔兰的边界安排等问题；第一阶段谈判取得充分进展后，双方将就未来关系展开谈判。20 日，欧盟谈判代表提出，英应为“脱欧”支付约 1000 亿英镑（约合 8686 亿元人民币）费用，英方面对这笔费用的法律依据表示质疑。21 日，英女王伊丽莎白二世主持新一届国会开幕时称，政府将以“谦让”态度与欧盟谈判，首要任务是达成最好的协议，把握“脱欧”带来的契机。22 日，特雷莎·梅在欧洲峰会上称，2019 年 3 月英脱离欧盟时合法居住在英的欧盟公民绝不会被要求离开，英“脱欧”也不会导致家庭成员分隔两处；在英已住满 5 年的人将拥有“定居”身份，有资格享受与英公民相同的医疗、养老金、福利和教育等方面的权利。同日，欧盟峰会批准位于伦敦的欧洲银行业管理局和欧洲药品管理局外迁程序，以减少英“脱欧”带来的不确定性。26 日，欧洲理事会主席图斯克明确表示，特雷莎·梅的提议低于欧盟预期，欧盟公民的境况面临恶化风险。欧洲议会“脱欧”谈判首席代表、前比利时总理居伊·伏思达将特雷莎·梅的提议形容为“令人担忧”。27 日，英苏格兰政府首席大臣、执政党苏格兰民族党领袖斯特金表示，将重新安排苏格兰第二次独立公投时间表，不会在英“脱欧”进程完成前寻求独立公投。

马克龙阵营获议会绝对多数地位。11 日，法国议会选举结束第一轮投票，总统马克龙阵营以 32.3% 的得票率大幅领先，本轮 48.7% 的投票率创下法第五共和国历史新低。18 日，法议会选举结束第二轮投票，约 42% 的投票率再创新低。19 日，总统府发布公报说，马克龙当天接受总理爱德华·菲利普的内阁辞呈，然后再次任命其为总理并负责组阁。同日，法内政部的最终数据显示，马克龙的前进运动党根据国民议会选举结果获得了下院 577 席中的 308 席，另有 42 个席位由其盟友民主运动党的代表获得，马克龙阵营将控制国民议会的绝对多数票。21 日，总统府公布政府改组后新一届内阁成员名单。新内阁成员从 22 人增至 29 人，其中有 15 名女性，国防部长、司法部长、欧洲事务部长等重要职务更换人选，分别由法左派社会党人弗洛朗斯·帕利、法宪法委员会前成员妮科尔·贝卢贝、法国家行政学院负责人纳塔莉·卢瓦索担任。

美国通过加强对俄制裁新法案。12 日，美国防部长马蒂斯在国会众议院军事委员会听证会上表示，没有迹象表明俄罗斯想要与美塑造积极关系，俄已选择成为美“战略竞争者”。14 日，美国会参议院以绝对多数的投票结果，通过了加强对俄制裁新法案，并声明这是对俄一系列问题的惩罚措施，包括被控干预 2016 年美国大选，惩罚其侵犯人权、向叙利亚政府出售武器以及俄罗斯人代表俄政府进行恶意网络攻击。该法案同时要求美总统特朗普在放宽对俄现有制裁前须寻求国会许可。15 日，美国会参议院表决通过一项制裁伊朗的法案，其中也包含对俄施加制裁修正案，对俄方人员以及矿产、金属、运输和铁路等行业实施制裁，并规定美总统试图放松或终止对俄制裁时，国会可根据该修正案启动审议程序。20 日，美财政部宣布，对 38 个个人和实体实施制裁，以回应俄在乌克兰问题上的举动；新制裁措施旨在打击逃避现有制裁措施的行为，并力图使美与其伙伴国的制裁措施保持一致。美财政部长姆努钦在声明中说，美政府致力于通过外交手段维护乌克兰主权，新制裁措施旨在继续向俄施压；除非俄方遵守其在明斯克协议中的承诺，否则美对俄制裁措施将不会放松。同日，俄副外长里亚布科夫表示，俄将制定相应措施回应美最新对俄制裁。俄联邦委员会国际事务委员会第一副主席扎巴罗夫称，美扩大对俄制裁无任何客观理由，对此俄方需要分析制裁带来的影响，并制定相应反击措施。

巴拿马与中国正式建交。12 日，巴总统胡安·卡洛斯·巴雷拉在国家电视台全国新闻联播节目上，正式向全世界宣布：巴拿马共和国与中华人民共和国建立外交关系。13 日，中国外交部长王毅同巴副总统兼外长德圣马洛在北京举行会谈并签署《中华人民共和国和巴拿马共和国关于建立外交关系的联合公报》，宣布两国正式建立大使级外交关系。16 日，巴副外长路易斯·

米格尔·因卡皮耶称，巴方正在着手设立驻华大使馆和任命驻华大使，且已制订了一个较为完善的工作日程。巴方将在贸易、海事、旅游、教育以及文化等领域展开工作，作为两国建交后下一步的工作重点。

美联储宣布加息。14 日，美联储联邦公开市场委员会发表声明称，考虑到劳动力市场和通胀水平实现预期，委员会决定将联邦基金利率从 0.75%—1% 上调到 1%—1.25% 区间。如经济条件合适，2017 年年内还将加息 1 次，2018 年和 2019 年将分别再加息 3 次，到 2019 年底使利率达到 3%。

埃及向沙特归还红海两岛。14 日，埃议会进行全体表决，以多数票通过埃政府向沙归还蒂朗和塞纳菲尔两岛的协议。双方政府官员称，两岛主权属于沙，埃 1950 年后实际管辖两岛是应沙特方面的请求对两岛实施保护。两岛位于亚喀巴湾和红海交界处，地理位置十分重要。1923 年，沙在英国主导下将两岛划归己有，但两岛在 1950 年以后处于埃实际管辖之下，目前岛上驻有埃军事人员以及多国部队和观察员。2016 年 4 月，沙国王萨勒曼访埃期间，两国政府就埃将上述两岛归还沙达成协议。

罗马尼亚总理被开除党籍并遭弹劾。14 日，罗联合执政的社会民主党及自由和民主联盟党决定，不会继续对总理格林代亚努的政治支持。15 日，社民党主席德拉格内亚宣布，社民党决定开除总理格林代亚努党籍，并将于 19 日在议会提出对政府不信任案。针对社民党最新决定，格林代亚努当晚在总理府举行发布会说，他永远是社民党人，当前政治危机完全因德拉格内亚的权力欲所致，德拉格内亚应负全责。21 日，罗议会以超过所需支持票 8 票的 241 票通过了社民党对政府的不信任案，政府由此被弹劾。这是该国历史上第一次出现执政党弹劾自己政府的情况。26 日，罗总统尼斯接受了政治联盟关于图多塞出任新总理的提议，授权其尽快组阁。28 日，社民党举行全国执行委员会会议，投票通过了新内阁名单。新政府仍将由社民党及自由和民主联盟党组成，新政府共有 28 名内阁成员，机构设置与上届政府相同，但增加一个副总理职位。

特朗普宣布收紧部分美国对古巴政策。16 日，美总统特朗普宣布，收紧部分奥巴马政府的美对古政策，但不会关闭 2015 年重开的美驻古大使馆；禁止美企业与古军方控制的企业有生意往来，同时收紧对美公民前往古旅游的限制；美将继续执行对古的经济、金融封锁和贸易禁运政策。当天，古政府对特朗普政府宣布收紧对古的政策表示批评，但重申了愿意与华盛顿进行

“尊重彼此的对话”的意愿。19 日，古外交部长布鲁诺·罗德里格斯在维也纳表示，美总统特朗普对古的新政策是一种倒退，古不会就此让步，该政策对古美关系以及美与拉丁美洲的关系都有负面影响，也对美纳税人造成伤害。

亚投行举行第二届理事会年会。16 日，亚洲基础设施投资银行第二届理事会年会在韩国济州召开，77 个成员的近 2000 名代表出席会议。韩总统文在寅在开幕式讲话中称，亚投行在帮助亚洲发展中国家经济发展上作出了巨大贡献，其投资方向与韩发展计划相契合。亚投行中国理事、中国财政部部长肖捷发言时表示，亚投行将为促进可持续基础设施发展和互联互通注入新动力。本届年会批准吸收汤加、阿根廷和马达加斯加作为亚投行第三批新成员，成员数扩大至 80 个；选举印度理事为第三届理事会主席，哈萨克斯坦理事和挪威理事为副主席；决定第三届理事会年会于 2018 年 6 月 25 日至 26 日在印度孟买举行。同日，韩副总理兼企划财政部长官金东兖与亚投行行长金立群举行会晤。金东兖称，韩希加强与亚投行的战略合作，同意向亚投行特别基金出资 800 万美元，帮助发展中国家进行基础设施建设。29 日，穆迪投资者服务公司宣布对亚洲基础设施投资银行的评级结果为 AAA 级，这是穆迪公司评级标准里的最高级别，也是穆迪首次对亚投行进行评级。穆迪还对亚投行的展望评为稳定。

美俄继续在叙利亚展开博弈。17 日，叙政府军称，为配合国际社会调解努力，政府军将于当日中午 12 时起在叙南部德拉地区停火 48 小时。美国国务院发言人发表声明称，美对叙南部停火表示欢迎，将根据结果而非言辞做出评判。18 日，美主导的打击极端组织“伊斯兰国”联盟发表声明称，叙政府军 1 架苏－22 战机轰炸塔布卡南部的“叙利亚民主力量”武装，美方战机立即将叙战机击落。19 日，针对美军机击落叙政府军 1 架战机，俄罗斯国防部发表声明称，俄方决定暂停与美军在叙避免空中意外的协调机制。美军参谋长联席会议主席邓福德称，美将在未来数小时内通过外交和军事渠道重建与俄热线联系，恢复在叙降低冲突的合作。26 日，美白宫发言人斯派塞称，美已发现叙巴沙尔政权可能再次发动化武袭击的证据，相关活动与叙政府军 4 月发动化武袭击前所做准备相似。27 日，法国总统府发表声明称，马克龙总统与美总统特朗普当天通话，双方同意如叙发生新的化武袭击，两国将共同应对。英国国防大臣法伦称，英将支持美阻止化武袭击的行动，但目前还不掌握相关情报。俄总统发言人佩斯科夫称，俄方未获悉有关存在化武攻击威胁的信息，美对叙合法政府的威胁是不可接受的。

中非共和国政府与反对派签署停火协议。19 日，中政府和多个反对派的代表在意大利首都罗马经过 5 天艰难谈判后，签署停火协议，困扰该国多年的军事冲突得以暂停。联合国秘书长中非问题特别代表奥南加－安扬加参加了谈判。根据停火协议，在国际社会监督下，中各武装力量立即在全国范围内实现停火，并以此作为通往持久和平的第一步。中外交部长杜巴纳当天表示，停火协议的签署给该国带来了希望。自 3 月以来，中部分地区安全局势持续恶化。中红十字会估计，5 月发生在东南部城市班加苏的暴力冲突已造成超过 115 人死亡。联合国方面估计，班加苏 3.5 万名居民中有 2.5 万人需要人道主义援助。

第 47 届美洲国家组织大会举行。19 日，第 47 届美洲国家组织大会在墨西哥海滨城市坎昆开幕，大会主题是“为繁荣促进对话与协调”。大会为期 3 天，议题包括美洲全面发展与振兴、女性领袖地位所面临的机会与挑战、法治国家、人权与民主等。在当天举行的外长会议上，委内瑞拉外长罗德里格斯指责美洲国家组织干涉委内政，称委方不承认会议有关委问题的任何文件，并随即从会场离去。美洲国家组织曾多次在未取得委政府同意的情况下举行专门讨论委问题的会议，该组织秘书长阿尔马格罗此前多次要求委立即举行总统选举。委 4 月向该组织提交正式退出申请。根据该组织相关规定，成员国退出程序长达 24 个月，目前委在程序上尚未彻底脱离该组织。美洲国家组织是美洲的区域性组织，每年召开一次大会。

首轮中美外交安全对话举行。21 日，首轮中美外交安全对话在美国华盛顿举行，中国国务委员杨洁篪同美国务卿蒂勒森、国防部长马蒂斯共同主持。中共中央军委委员、中央军委联合参谋部参谋长房峰辉等参加。蒂勒森和马蒂斯在对话后举行联合记者会。蒂勒森称，双方团队就太空、网络空间、核武、防扩散等战略关切领域开展对话，我们需要提高这些领域的稳定性并制定强有力的国际标准，需要中方为此发挥重要作用。朝鲜对地区安全构成最急迫威胁。中方理解美方视朝为首要安全威胁，呼吁朝停止非法核武项目和弹道导弹试验。双方同意就应对全球恐怖主义威胁加强协调。马蒂斯称，两军关系仍是美中整体关系的稳定因素，双方能够并正在开展互利合作。关于朝鲜问题，双方再次确认通过包括联合国在内渠道开展合作的坚定承诺，以实现半岛无核化的共同目标。双方就降低南海紧张与风险进行讨论，确认了可以合作的领域，也了解了意见不一致的领域。22 日，美总统特朗普在白宫会见了杨洁篪。杨洁篪表示，中方愿继续同包括美在内有关各方保持沟通与协调，共同为缓解半岛紧张局势，推动半岛核问题的妥善解决作出努力。24 日，中方发布首轮中美外交安全对话期间达成的有关共识，包括双方均认为保持高层密切交往十分重要；双方重申致力于全面、可核查、不可逆的方式实现朝鲜半岛无核化的目标；双方认识到两军关系是中美关系的重要稳定因素，重申建立相互理解、降低两军误判风险的重要性。

沙特国王萨勒曼宣布废黜现任王储。21 日，沙国王兼首相萨勒曼发布命令，免去他的侄子穆罕默德·本·纳伊夫的王储和内政大臣职位，任命自己儿子、副王储穆罕默德·本·萨勒曼为王储，并继续担任国防大臣一职。效忠委员会 34 名成员中的 31 人支持这一任免决定。效忠委员会是沙王室挑选王位继承人的机构，其成员由王室高级成员组成。同日，沙国王兼首相萨勒曼发布命令，任命阿卜杜勒–阿齐兹·本·沙特为新内政大臣，接替被免职的穆罕默德·本·纳伊夫。

欧盟峰会就加强国防建设与合作达成一致。22 日，欧盟峰会在布鲁塞尔召开。欧盟 28 个成员国领导人在会议上同意设立欧洲共同防卫基金，联合开发或购买无人机等军事装备；同意共同资助欧洲维和战斗部队，并给成员国 3 个月时间考虑是否加入未来在海外开展更多行动的联盟；同意未来 3 个月内制定明确防卫合作目标的准则和约定。欧盟委员会称，每年将从欧盟预算中拨款至少 15 亿欧元用于军事装备研发和采购。23 日，此次峰会闭幕并发表共同文件称，成员国呼吁欧委会研究如何扩大政府采购和投资领域的互惠关系，并对外国投资欧洲战略领域进行分析。

联合国人权理事会首次通过发展促进人权决议。22 日，联合国人权理事会通过中国提出的“发展对享有所有人权的贡献”决议。这是人权理事会历史上第一次就发展问题通过决议。决议明确构建人类命运共同体是国际社会的共同愿望，确认发展对享有所有人权的重大贡献，呼吁各国实现以人民为中心的发展，在人民中寻找发展动力，依靠人民推动发展，使发展造福人民。决议呼吁各国加强国际合作，全力推进可持续发展，特别是落实 2030 年可持续发展议程，促进全面享有人权。该决议提案获 70 余国联署。

美国宣布对台军售计划。23 日，美国会参议院军事委员会主席麦凯恩、外事委员会民主党首席议员卡丁等两党 8 名参议员致信特朗普，敦促特朗普立刻将此前被推迟的对台军售案提交国会，并展现美对台坚定支持。29日，美国务院发言人诺尔特称，美政府已通知国会将向台湾出售总值14.2亿美元的武器，包括预警雷达技术支持、高速反辐射导弹、鱼雷和导弹部件等7个项目；军售表明美支持台保持足够的自卫能力，但美政府长期坚持的一个中国政策没有改变。这是特朗普总统就任后美首次对台军售，有关军售仍需获得国会批准。30日，中国驻美大使崔天凯表示，美政府批准对台军售严重违反了一个中国原则，中方对此坚决反对，已向美方提出强烈抗议，并保留进一步采取措施的权利。

菲律宾政府军与反政府武装冲突持续。23日，菲政府军与反政府武装在南部城市马拉维的战斗已持续一个月，共造成375人丧生，超过30万人逃离家园。25日，菲政府单方面宣布在马拉维进行8小时停火，数位宗教领袖作为调停人进入战区与“穆特组织”谈判并解救出5名人质。该组织在谈判中提出释放一名天主教神父人质，以换取政府释放组织头目的父母与亲属。27日，菲政府拒绝反政府武装此前提出的人质交换条件，并表示“与恐怖分子没有谈判”。30日，菲军方称，政府军已在马拉维击毙逾300名恐怖分子。

美国总统特朗普与印度总理莫迪举行会谈。26日，美总统特朗普在白宫同到访的印度总理莫迪举行会谈。美白宫发表声明称，特朗普和莫迪在当日会晤中一致认为朝鲜发展核导项目对全球和平构成严重威胁，承诺开展合作予以应对，追究支持朝大规模杀伤性武器项目有关各方的责任。双方呼吁所有国家依据国际法和平解决领土和海上争端，呼吁巴基斯坦确保其领土不被恐怖分子用于袭击他国。同日，美国防部发表声明称，美印承诺继续发展两国强劲防务关系、扩展两军交流。同日，美国务院批准向印出售价值3.66亿美元的C－17运输机，并宣布对亲巴基斯坦的“真主穆斯林游击队”头目萨拉赫丁实施制裁。

蒙古国总统选举无候选人得票率过半。26日，蒙举行总统选举。27日，蒙总选举委员会主席索德纳木策仁宣布，由于蒙总统选举首轮投票中没有候选人得票率超过50%，将举行第二轮投票。蒙近198万选民中有135.7万选民参加了投票，投票率达到68.27%，选举结果有效。蒙人民党候选人恩赫包勒德获得411748张选票，民主党候选人巴图勒嘎获得517478张选票，蒙人民革命党候选人钢巴特尔获得409899张选票。3名候选人得票率均未超过50%，巴图勒嘎和恩赫包勒德将在第二轮投票中再次角逐。28日，索德纳木策仁宣布，根据全国投票点技术设备的准备情况，并综合民主党等方建议，定于 7 月 7 日进行总统选举第二轮投票。根据蒙宪法，若无总统候选人在总统选举首轮投票中获得多数选票，是轮获选票最多的两人进入第二轮选举，第二轮选举中获选票过半的候选人胜选。蒙此前共举行过 6 次总统选举，候选人均在首轮中获胜，此次进入第二轮投票尚属首次。

李克强出席夏季达沃斯论坛。27 日，国务院总理李克强在大连国际会议中心出席 2017 年夏季达沃斯论坛开幕式并发表特别致辞。李克强表示，新一轮工业革命在经济全球化背景下孕育兴起，为各国经济增长提供了强劲动力，也带来更多平等参与的机会，有利于实现包容性增长，增强社会公平性和发展普惠性。2017 年年初，习近平主席在世界经济论坛年会上发表主旨演讲，深刻阐述了中国坚定支持经济全球化、维护自由贸易的主张，赢得国际社会广泛认同。中方“一带一路”倡议立足于共商共建共享，是一个包容发展的大平台，有利于各方在互利合作中实现联动发展、共赢发展。同日，李克强在大连国宾馆同来华出席 2017 年夏季达沃斯论坛的瑞典首相勒文举行会谈。李克强表示，中方愿同瑞方一道，坚持相互尊重、平等相待、包容互鉴的交往原则，弘扬传统友好，扩大共同利益，以更多实实在在的合作成果造福两国人民。勒文表示，瑞方愿同中方进一步拓展双边务实合作，加强多边事务沟通协调，推动瑞中关系与合作取得更大发展。28 日，李克强同出席论坛的国际工商企业界代表举行对话会。世界经济论坛主席施瓦布以及荷兰皇家帝斯曼、美国江森自控、美国赛富时、南非非洲彩虹矿业等 200 多家跨国企业的负责人出席对话会，与会者围绕中国经济改革、“中国制造 2025”、中小企业发展、贸易便利化、“互联网 +” 等进行了交流。

韩国总统文在寅访问美国。28 日，韩总统文在寅抵达华盛顿开始对美进行上任后的首次访问，前往长津湖战役纪念碑献花，并出席韩美两国商工联主办的“韩美商务圆桌会议”和晚宴。文在圆桌会议上称，希望韩美将现有双边贸易投资关系升级为战略经济伙伴关系，共同开发国际市场。29 日，文在寅会见美国会众议院议长瑞安等。韩总统发言人对记者称，文在寅向美议员表示，“萨德”部署协定是韩美为保护韩人民和驻韩美军而达成的协议，韩新政府无意推动废除该协议。同日，文在寅出席美总统特朗普夫妇在白宫举行的欢迎晚宴。文称，认同特朗普的“铁腕外交”，希望能与特朗普保持长期合作，最终实现半岛无核化和建立半岛和平体系。30 日上午，文在寅与美副总统彭斯共同前往华盛顿的朝鲜战争纪念碑献花，之后同特朗普在白宫正式举行首脑会谈，双方就安全和贸易等议题进行了讨论。

第12届太平洋联盟峰会举行。29—30日，第12届太平洋联盟峰会在哥伦比亚西部城市卡利举行，智利总统巴切莱特、哥伦比亚总统桑托斯、墨西哥总统培尼亚和秘鲁总统库琴斯基参会。本届峰会聚焦“以太平洋联盟为平台、向亚太靠拢”，哥接替智利成为太平洋联盟轮值主席国。哥总统桑托斯称，本届峰会揭开了太平洋联盟新的篇章，通过吸纳新“伙伴国家”，太平洋联盟可以作为整体与其他联盟或国家商讨自由贸易协定。此次峰会决定，启动给予澳大利亚、新西兰、加拿大和新加坡4个亚太国家“伙伴国家”身份的谈判。太平洋联盟又名拉美太平洋联盟，2011年4月在秘鲁成立；2012年6月6日正式签署太平洋联盟框架协议，现有成员国为智利、秘鲁、墨西哥和哥伦比亚。

7月

- 习近平访问俄罗斯、德国并出席二十国集团汉堡峰会
- 美俄领导人首次会晤
- 伊拉克政府军收复摩苏尔
- 委内瑞拉举行制宪大会选举
- 美国对伊朗施加新制裁

卡塔尔外交危机继续演进。1 日，在意大利首都罗马访问的卡外交大臣穆罕默德·本·阿卜杜赫曼·阿勒萨尼表示，卡拒绝接受沙特阿拉伯等与卡断交国家于 6 月 23 日提出的 13 点要求，这些要求违背国际法，其目的并非反恐，而是“损害卡的主权”，但卡愿意在合适原则与条件下举行进一步对话。3 日，沙特阿拉伯等国将卡接受复交条件的最后期限延长 48 小时。当日，穆罕默德赴科威特将卡方回复交给斡旋国科威特。5 日，沙特阿拉伯、阿拉伯联合酋长国、巴林和埃及等 4 国外交部长在开罗举行会晤，就卡对解决断交危机条件提交的正式答复进行磋商。会后 4 国外交部长发表联合声明，称卡塔尔对 4 国所提出 13 点要求的回复“缺乏严肃性和实质内容”，并未表明要改变现行政策，因此对其制裁仍将继续。7 日，卡外交部对四国声明表示遗憾，称卡对恐怖行为的立场是“坚定和众所周知的”，那就是反对和谴责任何形式的恐怖行为。断交国指责卡干涉别国内政、资助恐怖行为是没有根据的。10 日晚，沙特多家媒体曝光了两份“绝密”文件，分别为沙特等国与卡塔尔在 2013 年 11 月签订的《利雅得协议》，以及 2014 年 11 月签订的《利雅得补充协议》。《利雅得协议》条款包括，海湾阿拉伯国家合作委员会各成员国不应利用自身拥有或支持的媒体，采取直接或间接的方式损害其他成员国利益；成员国不得干涉别国内政；不得向“穆兄会”提供资金及媒体支持，限期驱逐非本国公民的“穆兄会”成员；在也门及叙利亚，不得向威胁成员国安全的组织提供资金支持等。《补充协议》中重申，海湾阿拉伯国家合作委员会各成员国不得用任何方式危害其他成员国，此外还特意强调，各成员国应当支持埃及的安全与稳定，并点名要求卡半岛电视台停止播放有损埃及的报道。当夜，沙特、阿联酋、巴林和埃等 4 国发布联合声明称，媒体披露的《利雅得协议》及《利雅得补充协议》充分证明卡逃避了应尽的义务，全面违反了自己做出的承诺。13 日，美国国务卿蒂勒森抵多哈进行斡旋，与卡埃米尔塔米姆及外交大臣穆罕默德举行了新一轮会谈。会谈结束后没有就有关内容和本次中东断交斡旋结果发表任何声明。蒂勒森会后表示，希望断交危机当事国可以直接对话，以减小分歧，美并不是断交危机的“直接调停者”，但美方支持科威特所扮演的斡旋角色。18日，沙特、阿联酋、巴林和埃及四国驻联合国外交官员表示，四国就打击恐怖主义和极端主义达成了多项原则，其主要内容，一是继续打击恐怖主义和极端主义，拒绝为其提供资金和避风港；二是停止煽动仇恨和暴力行为；三是停止干涉他国内政，停止支持他国的非法组织。另外，还必须遵守2013年和2014年签署的《利雅得协议》、《利雅得协议》补充条款和2017年阿拉伯伊斯兰国家—美国峰会达成的成果。四国敦促卡接受并遵守这些原则。四国表示，它们提出有关原则是希望和平解决此次危机。21日，蒂勒森表示，卡已经在反恐方面做出积极姿态，希望沙特等四国尽早解除对卡的封锁。21日晚，卡埃米尔塔米姆通过电视发表断交危机发生以来首次全国讲话。他表示，卡准备与断交国进行对话，以化解断交危机。卡与海湾阿拉伯国家合作委员会某些国家在对外政策方面存有分歧，断交给各国都带来伤害，也极大损害了海湾国家的形象，相信最终可以通过对话和协商来解决政治分歧。另外，他还在讲话中感谢科威特以及到访的各国外交部长对化解这场危机所做的斡旋努力，着重提到了土耳其在这场危机中对卡的支持。25日，四国发表联合声明宣布，扩大先前公布的与卡有联系的“恐怖主义名单”，再增加9名个人和9家机构。新列入名单的个人包括3名卡塔尔人、3名也门人、2名利比亚人和1名科威特人。新列入名单的机构，3家位于也门、6家位于利比亚，分别被指控与“基地”组织和叙利亚的恐怖组织有关联。四国在声明中说，此举措表明四国将持续努力打击恐怖主义和极端主义、切断恐怖组织资金来源。30日，四国发表声明，重申卡只有履行13点要求，四国才会与其对话。

日本东京都议会选举执政党遭遇惨败。2日，日举行东京都议会选举。3日，选举结果揭晓，执政的自民党遭受历史性惨败，所获议席创历史新低。这是安倍晋三2012年上台以来自民党在重要选举中首次受挫。此次选举产生的127个议席中，东京都知事小池百合子创立的“都民第一会”获55席，成为东京都议会第一大党。长期占据议会第一大党的自民党仅获23席，不仅远低于选前拥有的57席，也低于该党历史上最低的38席。同日，安倍晋三表示会对这次败选进行深刻反省，要致力团结自民党，避免此次败选影响国政。

习近平访问俄罗斯、德国并出席二十国集团汉堡峰会。3—4 日，中国国家主席习近平对俄进行国事访问。4 日，习近平与俄总统普京举行会谈。两国元首积极评价中俄传统友谊和双边关系发展成就，决定携手努力，巩固和发展平等信任、相互支持、共同繁荣、世代友好的中俄全面战略协作伙伴关系，更好惠及两国人民和各国人民。会谈后，普京向习近平授予俄国家最高勋章“圣安德烈”勋章。两国元首签署《中华人民共和国和俄罗斯联邦关于进一步深化全面战略协作伙伴关系的联合声明》《中华人民共和国和俄罗斯联邦关于当前世界形势和重大国际问题的联合声明》，批准《〈中华人民共和国和俄罗斯联邦睦邻友好合作条约〉实施纲要（2017 年至 2020 年）》并见证《中华人民共和国外交部和俄罗斯联邦外交部关于朝鲜半岛问题的联合声明》以及经贸、农业、能源、基础设施建设、金融、文化、创新、媒体、信息网络、检验检疫等领域多项双边合作文件的交换。4—5 日，习近平对德进行国事访问。5 日，习近平同德总理默克尔举行会谈。两国领导人高度评价中德传统友好，为中德全方位战略伙伴关系下阶段发展描绘新蓝图、明确新目标、规划新路径，一致同意深化政治互信、加强务实合作、深化人文交流、密切多边配合，推动中德关系百尺竿头更进一步。会谈后，两国领导人共同见证了航天、智能制造、工业互联网、数字化、第三方市场、大熊猫合作研究等领域多项双边合作文件的签署。同日，习近平与默克尔共同出席柏林动物园大熊猫馆开馆仪式，并观看中德青少年足球友谊赛。6—7 日，二十国集团领导人第十二次峰会在德国汉堡举行。本届峰会主题是“塑造联动世界”，与会领导人探讨了世界经济增长与贸易、可持续发展、气候变化、能源等议题。习近平出席峰会并发表题为《坚持开放包容　推动联动增长》的重要讲话，强调二十国集团要坚持建设开放型世界经济大方向，为世界经济增长发掘新动力，使世界经济增长更加包容，完善全球经济治理，推动联动增长，促进共同繁荣，向着构建人类命运共同体的目标迈进。峰会前，习近平出席二十国集团峰会领导人座谈会，与会领导人围绕反恐问题进行讨论。7 日，习近平主持金砖国家领导人非正式会晤，发表引导性讲话和总结讲话。南非总统祖马、巴西总统特梅尔、俄罗斯总统普京、印度总理莫迪出席。5 国领导人围绕世界政治经济形势和二十国集团重点议题深入交换意见，就金砖国家加强团结协作、合力构建开放型世界经济、完善全球经济治理、促进可持续发展达成重要共识。8 日，峰会通过《二十国集团领导人汉堡峰会公报》，强调应对当今时代挑战、塑造联动世界是二十国集团作为国际经济合作主要论坛的共同目标。承诺在杭州峰会成果基础上携手合作，推动贸易投资，发挥数字化潜力，推动可持续发展，与非洲国家建立伙伴关系，实现强劲、可持续、平衡和包容增长，塑造全球化，造福全人类。峰会期间，习近平分别会见韩国总统文在寅、新加坡总理李显龙、英国首相特雷莎·梅、美国总统特朗普、法国总统马克龙、日本首相安倍晋三等外国领导人。

“通俄门”迫近特朗普亲属。3 日，美国《纽约时报》、美联社等媒体相继改口，推翻此前关于美国全部 17 个情报机构“一致认定”俄罗斯 2016 年利用黑客入侵美网络、意在干预美大选的报道，称仅有 4 家情报机构得出该结论，且这 4 家机构内部也存在不同声音。6 日，美总统特朗普承认，俄可能干涉了 2016 年的美总统选举，使他得以胜选。不过，其他国家也可能参与其中。9 日，特朗普长子小唐纳德·特朗普承认，他在 2016 年 6 月曾与一名俄律师会晤，对方声称可向他提供不利于希拉里的情报，参与会晤的还有特朗普的女婿库什纳以及特朗普当时的竞选主席马纳福特。美全国广播电视称，这是第一次确认特朗普家庭成员与俄人在大选期间会晤。12 日，克里姆林宫发表声明，对接触一名房地产开发商并通过其安排与美总统特朗普长子小特朗普会面一事予以否认。同日，特朗普在白宫接受路透社采访，被问及是否知晓小特朗普 2016 年在美大选期间会见一名俄记者一事时，特朗普表示，他也是几天前才刚刚得知此事。他不会因此事而责备自己的儿子，因为很多人当时可能都会安排这样的会见。当天，美众议院民主党议员布拉德·谢尔曼正式提出一项针对总统特朗普的弹劾条款。谢尔曼称，在“通俄门”的调查过程中，特朗普突然解雇美联邦调查局前局长科米的行为是妨碍司法公正。15 日，白宫宣布，特朗普任命泰·科布为白宫特别法律顾问，负责处理有关“俄罗斯干预美国总统选举”和“通俄门”事件的调查。19 日，众议院 23 名民主党众议员提出对特朗普的不信任决议案。24 日，库什纳在参议院情报委员会闭门听证会后发表声明说，自己的证词和提交的证据可证明“他在特朗普竞选期间所有行为都是正当的”。这是他首次在公开场合发声对自己卷入“通俄门”的传闻进行澄清。在出席听证会前，库什纳发表了一份长达 11 页的纸质声明。声明中说，他在 2016 年大选期间和特朗普胜选过渡期曾与俄方面接触过 4 次，但是这些接触符合自己作为特朗普竞选团队对外联络人的职责，无“不当之处”，同时他否认依靠俄资助进行私营领域经商活动。

第 29 届非洲联盟首脑会议召开。3—4 日，第 29 届非洲联盟首脑会议在非盟总部埃塞俄比亚首都亚的斯亚贝巴召开。非盟轮值主席、几内亚总统孔戴，非盟委员会主席法基，卢旺达总统卡加梅等非盟成员国首脑和巴勒斯坦总统阿巴斯以及联合国常务副秘书长阿明娜·穆罕默德女士等国际组织领导人出席会议。法基在会议开幕式发表讲话指出，2017 年下半年，非盟将重点开展五个方面工作：第一，切实推进非盟机构改革，完成既定改革目标；第二，继续提升非洲和平与安全，力争于 2020 年之前消除枪炮声，停止武装冲突；第三，对非洲干旱和饥荒地区提供人道主义救助；第四，加快推进对非洲发展具有重要战略意义的综合类项目，切实改善非洲人民福祉；第五，加强非洲内部团结，用一个声音说话，提升非洲在国际舞台的话语权。法基表示，非盟将进一步深化与联合国和欧盟等国际组织在和平与安全、经济、民主和选举治理等领域的合作，同时呼吁非洲各区域组织和机构加强与非盟委员会各地区分支机构的合作。孔戴强调，非洲各国要自立、自强，用双手推动非洲发展，创造美好未来。

新加坡总理李显龙就家族内讧接受质询。3 日下午，新总理李显龙在国会发表题为"欧思礼路 38 号：滥用权力的指控"的声明，回应之前的"家族内讧"。李显龙称，弟弟和妹妹对自己的指责主要涉及三个方面：一是针对父亲李光耀故居处置选项而成立的部长委员会；二是与故居物品相关的赠予契据；三是针对他太太何晶和儿子有裙带关系及他想用故居巩固政权的指责。他称，弟弟和妹妹的指责"毫无根据"，但已破坏新的声誉。如果不反驳这些指责，会影响国人对政府的信心。但他同时称，为了避免进一步影响父母名声，不准备对弟弟妹妹采取法律行动。之前，李显龙罕见地解除了党鞭约束，允许执政党议员就家族内讧问题向自己提问，有超过 30 名议员提交了问题。新主要反对党工人党秘书长刘程强表示，解决李光耀故居纠纷的正确平台应该是法庭，而不是社交媒体；李家成员就此事在脸书上针锋相对，"犹如丑陋的马戏团演出"。李显龙的弟弟李显扬质疑李显龙以国会来掩饰自己的所为，认为国会质询就算解除党鞭约束，执政党议员也会因顾及仕途而不敢冒犯上司。

法国新一届政府赢得国民议会信任投票。4 日，法总理爱德华·菲利普在国民议会（议会下院）就未来 5 年施政纲领进行说明。经过议会讨论，新一届政府获得大多数议员的信任投票。菲利普在议会会议上表示，他将遵循总统马克龙 3 日在议会上下院联席会议上宣布的政策方针，推动一系列改革，特别是将继续削减公共开支，控制财政赤字，改善教育和卫生体系。菲利普说，法财政赤字将在2017年控制到欧盟设定的不超过国民生产总值3%的警戒线，通过减税为企业减轻负担，鼓励中小企业发展和扩大就业，推进数字化建设和绿色环保经济模式。菲利普表示，虽然目前法国面临可能再次遭受恐怖袭击的威胁，但全国紧急状态将在2017年11月1日前结束，未来将根据新的反恐法案建立长效反恐机制，针对恐怖主义威胁的警惕不会放松。

朝鲜两次试射洲际弹道导弹。4日，朝宣布成功试射“火星—14”洲际弹道导弹。当日，联合国秘书长古特雷斯通过发言人发表声明，对此强烈谴责，敦促朝停止挑衅行为。5日，联合国安理会在纽约联合国总部召开紧急会议，就朝发射导弹问题进行磋商。联合国负责政治事务的助理秘书长延恰指出，朝此行为是对安理会相关决议的又一次公然违反，代表着朝半岛局势的危险升级。美国常驻联合国代表黑莉称，朝此次成功发射洲际弹道导弹使半岛局势紧张程度升级，如果局势发展到不可挽回的程度，美将会动用军事力量保护自身及盟友安全。中俄两国就朝鲜半岛问题发表联合声明，以中方“双轨并行”思路、“双暂停”倡议和俄方分步走设想为基础，提出了双方共同倡议，希望国际社会支持上述倡议，为解决半岛问题开辟现实途径。6日，美国总统特朗普、韩国总统文在寅和日本首相安倍晋三在二十国集团汉堡峰会期间，就朝鲜半岛核问题举行会谈并发表联合声明，谴责朝试射弹道导弹。声明称，朝试射导弹公然违背联合国安理会决议，是对美日韩三国和世界其他国家的严重挑衅。三国领导人强调携手解决朝核问题的重要性，重申以和平方式实现半岛无核化的共同目标。三国将联手继续对朝施压，重启朝鲜半岛无核化会谈。7日，美两架B－1B轰炸机飞越朝鲜半岛上空。11日，美国防部导弹防御局宣布，美军当天成功测试使用“萨德”反导系统拦截中程弹道导弹，并称这增强了美应对朝导弹威胁的防御能力。14日，朝人民军板门店代表处发言人发表谈话，谴责11日驻扎韩的美军第八军司令部从首尔龙山基地南迁至京畿道平泽地区并大举进行基地扩建的行为，称此举表明美企图“永久占领”韩并对抗朝。基地扩建工程耗资巨大，2020年完工后将成为美军最大的海外基地。25日，美国会众议院表决通过《制裁打击美国敌人法案》，其中以发展弹道导弹项目等为由，对朝实施制裁。27日，美参议院通过该议案。27日，朝最高领导人金正恩签署进行第二次洲际弹道导弹试射的命令。28日，朝再次试射“火星—14”洲际弹道导弹，金正恩在现场指导试射。本次试射在朝西北部地区进行，导弹最大飞行高度为 3724.9 公里，飞行距离为 998 公里，飞行时长 47 分 12 秒，最终命中公海上的目标水域。金正恩表示，本次试射再次验证了洲际弹道导弹体系的可靠性，展现了朝具备在任何地点和任意时间发射洲际弹道导弹的能力，清楚证明了美本土全境都在朝的射程以内。他同时表示，本次试射对周边国家安全不会造成任何影响。29 日凌晨，韩政府谴责朝再次试射导弹违反了联合国安理会有关决议。文在寅当天凌晨召集紧急国家安保会议，会后发布的媒体材料称，文在寅提出韩美举行联合导弹演练作为回应，并敦促联合国安理会讨论对朝更严厉制裁。文在寅还表示，将与美方商讨强化对朝战略威慑的手段。同日，韩美举行了联合弹道导弹演练。

韩国新政府提出“半岛和平构想”。6 日，韩总统文在寅在德国柏林发表演讲，提出有关实现朝鲜半岛和平的构想。韩方称之为“柏林构想”，重点内容包括缓解军事紧张、恢复互信，敦促朝停止开发核武，重启对话。这些构想还包括离散家属团聚等非政治交流合作项目不与政治军事挂钩，朝方来韩参加平昌冬奥会等。文在寅表示，只要条件成熟，迎来可改变半岛紧张局势和对立局面的机会，愿意随时随地会晤朝最高领导人金正恩。15 日，朝劳动党机关报《劳动新闻》刊登署名评论文章，首次回应“柏林构想”，称消除政治军事对抗状态是发展韩朝关系的第一步。17 日，韩国防部发表声明，提议于 7 月 21 日在板门店朝方一侧统一阁举行韩朝军事会谈，商讨停止在双方军事分界线附近恶化军事氛围的所有敌对行为。韩国防部还提出，希望恢复此前被切断的军事热线。韩方面还提议于 8 月 1 日在板门店韩方一侧举行韩朝红十字会工作会谈，商讨 2017 年中秋节举行离散家属团聚活动事宜。19 日，联合国秘书长副发言人哈克称，秘书长古特雷斯欢迎韩国提议重启韩朝会谈，并鼓励朝领导层作出积极回应。20 日，朝《劳动新闻》发表署名评论文章，呼吁韩放弃对朝敌对与对抗，强调这是实现北南改善关系与和解团结的先决条件。文章说，民族大团结是时代的要求和全民族的共同目标。韩方对同族根深蒂固的不信任与敌对感，是实现北南和解与团结的最大障碍。韩政府跟随美国及国内保守势力，对朝持对抗姿态，为民族和解与团结制造障碍。21 日，韩国防部就朝方尚未回应韩方提议举行军事会谈一事表态，称为缓和韩朝军事紧张局势，并重启军事对话渠道，朝方应尽快响应韩方提议。

欧盟和日本就自贸协定达成一致。6 日，欧日就欧日经济伙伴关系协定达成框架协议。欧盟委员会发表声明说，双方预计2017年内完成文本工作，争取在2019年年初开始施行自贸协定。欧日经济伙伴协定谈判始于2013年，涉及关税、知识产权、电子商务交易规则等27个领域。有望成为双方达成的最大双边贸易协定，市场规模涉及6.38亿人，21万亿美元国内生产总值，占全球经济总量近1/3。该协定生效后，超九成商品将减免关税，预计每年减免关税约10亿欧元，欧盟对日出口将增加200亿欧元。日药品、医疗器械、农产品、机动车、交通设施等领域将向欧盟企业开放。在敏感领域，双方同意划定过渡期。欧盟对日汽车征收的10%关税将在协定生效7年后逐步取消；日对欧盟奶酪制品的29%关税则将在15年后取消。

蒙古国选出新任总统。7日，蒙总统选举举行第二轮投票。由于首轮投票中没有候选人得票率超过50%，得票数居前的民主党总统候选人巴特图勒嘎和人民党候选人恩赫包勒德参加第二轮投票的角逐。8日，蒙总统选举委员会公布计票统计结果，巴特图勒嘎在第二轮投票中获胜，获得约50.6%的选票。10日，蒙新总统巴特图勒嘎在首都乌兰巴托国家宫宣誓就职。巴特图勒嘎表示，贫穷与失业严重影响蒙国家安全。他将同议会一道，让人民尽快脱贫、把他们从失业中解救出来。他决不支持任何藐视法律的做法，将与卖官鬻爵现象斗争到底。蒙将与两大永久邻国——中国和俄罗斯全面发展和平友好关系。巴特图勒嘎现年54岁，从政前有商人、艺术家和运动员等多重身份。

国际社会就叙利亚问题举行多轮会谈。4—5日，新一轮叙利亚问题会谈在哈萨克斯坦首都阿斯塔纳举行。参加本轮会谈的除叙政府代表团、叙反对派代表团以及俄罗斯、土耳其、伊朗三国政府代表团外，还有来自联合国、美国和约旦的观察员。4日，与会各方举行了双边会谈。5日举行了与会各方参加的全体会议。俄土伊在会谈后发表联合声明说，俄土伊三国尊重叙的主权和领土完整，认为叙利亚问题只能通过政治手段解决。三国呼吁叙冲突各方继续遵守停火协议并保持克制，不要采取挑衅性行动，不要发表危及阿斯塔纳会谈成果的言辞激烈的声明或威胁性言论。三方将继续就如何在叙建立“冲突降级区”进行磋商。俄代表团团长拉夫连季耶夫在会谈结束后透露，俄土伊三国正就涉及叙局势的7份文件进行磋商，这些文件涉及建立“冲突降级区”的相关机制、建立监督“冲突降级区”局势的协调中心、在“冲突降级区”部署军队、在“冲突降级区”如何使用武力等内容。他表示，目前尚未确定哪些军队将负责监督“冲突降级区”局势，但至少俄军事警察将部署在那里。他呼吁独联体国家派遣军事观察员到“冲突降级区”执行维和任务。联合国秘书长叙利亚问题特使德米斯图拉表示，在叙建立“冲突降级区”只是临时性措施，解决叙利亚问题需要在政治领域取得进展。5日，美国国务卿蒂勒森发表声明说，美准备与俄就维护叙局势稳定展开合作，包括探索共同设立禁飞区的可能性。美俄可能合作设立的维护叙局势稳定机制还包括设立驻点停火观察员以及协同运送人道主义援助物资等。蒂勒森说，美俄虽然在一些问题上仍存分歧，但两国有机会在叙利亚问题上展开“适当协作”，以达到维护叙局势稳定和捍卫双方共同安全利益的目标。他表示，美俄已在叙建立“冲突降级区”，防止了两国在行动中对对方造成“连带伤害”，这证明双方有能力就叙利亚问题的合作取得更大进展。7日，美俄和约旦在安曼达成一项支持叙西南部3个省份停火的协议，于9日生效。短期内俄军将在与美约有关机构沟通协调的基础上在这一“冲突降级区”维持治安，俄美约三国均表示尊重叙主权和领土完整。联合国叙利亚问题副特使拉姆齐称赞这份停火协议有助于外交努力。10日，新一轮叙利亚问题日内瓦和谈启动。当天，联合国秘书长叙利亚问题特使德米斯图拉与叙政府代表团举行了双边会谈，并与叙反对派代表团成员进行了工作午餐。同日下午，德米斯图拉在新闻发布会上表示，他并不期待这一轮和谈能够“取得突破”。历经6年多的暴力冲突，叙利亚问题已经成为当今世界最难解决的问题之一。在接下来的和谈中，联合国将促使这一复杂的问题“简单化”，以便聚焦主要话题，推动各方扩大共识。14日，本轮和谈结束，未达成成果性文件。当天，德米斯图拉表示，本轮和谈既没有取得大的突破，也没有走向破裂，而是在以往共识的基础上取得一些“进展”。叙政府代表团团长贾法里表示，本轮和谈主要讨论了两大议题，即反恐和有关修订宪法的程序问题。尽管目前各方分歧仍十分严重，但与以往的和谈相比，本轮和谈出现一些积极迹象，尤其是在有关修订宪法的程序问题上取得新的共识。同时，前来参加和谈的叙主要反对派高级谈判委员会与其他两个反对派代表团开罗小组和莫斯科小组的立场也有所松动，在下一轮和谈中形成一个统一的反对派代表团的可能性有所增加。22日，国防部表示，叙冲突各方就如何保证“冲突降级区”在东古塔地区的实施达成协议，其中包括向该地区运送人道物资。同日，叙军方宣布在东古塔地区实施停火，停火自当天12时开始生效。25日，俄驻叙冲突和解协调中心表示，载有人道主义救援物资的车队当天进入叙首都大马士革东郊东古塔地区。这是该地区被划为“冲突降级区”后迎来的首批人道物资，包括10吨的药品和食品。

美俄领导人首次会晤。7日，美国总统特朗普和俄罗斯总统普京在德国汉堡召开的二十国集团领导人第十二次峰会期间举行首次会谈。双方讨论了叙利亚、乌克兰、反恐和网络安全等问题。会谈持续两个多小时。俄外交部长拉夫罗夫在会谈后对媒体表示，俄美元首在会谈时均坚持维护本国利益，同时双方都希望此次会谈能取得互利的协商结果。两国元首重点讨论了在叙西南端建立“冲突降级区”的事项。在乌克兰问题上，双方约定为两国协调解决乌克兰问题的官方代表建立沟通渠道，在俄罗斯、乌克兰、德国、法国“四方会谈”基础上借助美方力量推动落实明斯克协议。在网络安全问题上，两人均认为，当前网络安全危机日益加剧，两国可为解决一系列网络安全问题开展合作。普京和特朗普均认为网络安全正面临日益加剧的危险，其中包括利用互联网散布恐怖主义、实施有组织犯罪，黑客活动，宣扬自杀、儿童色情并干扰社会正常职能等威胁。两国元首同意双方为解决上述网络安全问题开展合作，并为此成立双边联合工作组。此外，俄美元首还赞同加快任命两国驻对方国家新任大使的进程。拉夫罗夫最后评论说，只要俄美元首愿为解决某些问题寻找两国利益的平衡点并开展合作，双方就会以理解和建设性态度继续接触。美国国务卿蒂勒森在会谈后的记者会上说，美俄领导人就两国关系的现状和未来走向交换了意见，双方“有太多东西要谈，谁都不愿结束”。他形容会谈“非常有建设性”，两国领导人“很快就相互熟悉”，两人之间存在“明显、积极的融洽关系”。关于美指责俄干预美总统选举一事，蒂勒森说，双方就这一问题进行了“长时间激烈”讨论。特朗普在会谈过程中“不止一次”向普京提及此事，但普京否认俄方干预了美总统选举。蒂勒森承认这一问题可能是两国目前“难以解决的分歧”，表示美方将把重心放在如何推进两国关系上，但同时强调，这并不意味着美方已经放弃追究此事。

印巴在克什米尔地区多次交火。8日，巴基斯坦、印度军队在克什米尔地区发生交火。巴军新闻局当天声明说，印军当天在克什米尔实际控制线附近向巴方一侧“无故”开火，导致2名巴平民死亡，另有3人受伤。印国防部发言人则称，巴军当天早晨向印控克什米尔地区开火，印军对此进行了回击。巴基斯坦军方证实，9日，摧毁2处印军哨所，并打死4名印士兵，作为对前一天印军开火的回应。巴军方在一份声明中称，对印军此类行为将采取一切措施保护平民。18 日下午，印军朝印巴实际控制线附近的巴控克什米尔地区开火，并进行炮击，共造成 2 名平民死亡、13 人受伤。当地官员表示，由于印军炮击断断续续，很难准确统计信息，实际伤亡人数可能更多。随后，巴控克什米尔地区高级部长向国际社会呼吁，关注巴印边境局势紧张给平民带来的伤害。19 日，巴外交部召见印度驻巴副高级专员辛格，对印方再次在克什米尔地区违反停火协议并造成巴方人员伤亡表示抗议，要求印方遵守双方 2003 年达成的停火协议。同日，巴军方表示，印军当天再次在克什米尔地区对巴方开火，巴军对印军的袭击进行了回击。

伊拉克政府军收复摩苏尔。9 日，伊拉克总理兼武装力量总司令阿巴迪宣布，伊拉克政府军在摩苏尔战役中取得胜利。同日，伊朗国防部长达赫甘发表声明，对伊拉克政府武装力量击败极端组织“伊斯兰国”、取得摩苏尔战役的胜利表示祝贺，称摩苏尔战役的胜利是打击恐怖主义国际统一战线的胜利，预示恐怖主义的失败和消亡。10 日，阿巴迪正式宣布伊拉克安全部队已从极端组织“伊斯兰国”手中全面解放摩苏尔。伊拉克多个城市当天举行庆祝活动。同日，美国白宫发表声明称，总统特朗普祝贺伊拉克收复摩苏尔，称将继续寻求彻底打垮恐怖组织“伊斯兰国”。11 日，极端组织“伊斯兰国”承认其最高头目阿布·贝克尔·巴格达迪死亡，并称该组织将在不久之后产生新头目。摩苏尔是伊拉克第二大城市，2014 年 6 月被极端组织“伊斯兰国”占领，作为该组织在伊拉克境内的大本营和指挥中枢，也是“伊斯兰国”在伊拉克重要的兵源地和经济来源。

巴基斯坦总理谢里夫辞职。10 日，巴总理谢里夫家族隐瞒海外资产案联合调查委员会公布调查报告，明确指出谢里夫家族巨额资产来源不明，谢里夫出任总理期间家族资产出现“不合理”激增，谢里夫依托其子哈桑和侯赛因充当“代理人”间接敛财，并涉嫌在巴基斯坦、沙特和英国之间非法转移财产。建议起诉谢里夫及其家族成员。28 日，巴最高法院特别法庭就谢里夫家族隐瞒海外资产案作出裁决，认定谢里夫总理隐瞒其在阿联酋离岸企业任职情况，并对议会和法院不诚实，裁定解除谢的议员和总理职务。当天，巴总理府发表声明称，谢里夫接受法院裁决结果，宣布辞职，但对裁决结果持“强烈保留态度”。29 日，巴执政党穆斯林联盟（谢里夫派）提名谢里夫的胞弟、现任旁遮普省首席部长的夏巴兹·谢里夫为新总理，接替谢里夫任期至 2018 年 6 月。

安倍晋三因加计学园丑闻接受国会质询。10日，日本国会参众两院分别召开联合审查会议，审议加计学园丑闻。正在国外访问的安倍晋三没有出席审议，被批缺乏向国民解释的诚意。24日，众议院预算委员会再次对加计学园丑闻进行审查，安倍晋三接受质询，文部科学省前事务次官前川喜平、安倍晋三助理和泉洋人等丑闻关键人物均现身审议会。各方各执一词，审议会未取得实质进展。当天上百名日民众到国会前举行集会，要求安倍晋三内阁立即下台。日最大在野党民进党代理干事长福山哲郎在集会上表示，当天审议会上安倍晋三政府不知所云。

联合国预计2050年世界人口将达近百亿。11日是世界人口日，联合国发布《世界人口展望》报告2017年修订版指出，世界每年增长约8300万人。人类的预期寿命从2000—2005年的男性65岁、女性69岁上升到2010—2015年的男性69岁、女性73岁。全球人口大部分增长将来自印度、尼日利亚、刚果民主共和国、巴基斯坦、埃塞俄比亚、坦桑尼亚、美国、乌干达和印度尼西亚等国。世界人口总数到2050年将从现在的76亿上涨至98亿。印度将在2024年首次超过中国，成为世界人口最多的国家。

巴西前总统卢拉遭起诉定罪。12日，巴前总统卢拉因涉嫌贪腐和洗钱罪被判9年6个月有期徒刑，19年内不得担任公职，冻结银行账户和部分个人财产。这是自1988年巴西宪法生效以来，首位遭判刑的巴前总统。13日，卢拉在圣保罗发表公开讲话，坚称自己无罪，表示对他的审判是出于“政治目的”，定罪没有任何证据，是政治角力的结果，将提起上诉。卢拉是巴左翼政治家，在20世纪80年代创建了巴劳工党，并在2003—2010年担任总统。在他任总统期间，巴经济发展迅速，贫富差距缩小。

美国总统特朗普访问法国。13日，美总统特朗普访问法国，并与法总统马克龙就打击恐怖主义、叙利亚问题、气候治理、自由贸易等问题进行了会谈。这是特朗普当选美总统后首次访法。马克龙在与特朗普举行的联合记者会上表示，法美友谊超越了现实，因为两国历史有着深厚联系，双方会就所有战略问题建立富有信任的关系，其中也包括具有分歧的议题。双方在全球气候治理上存在分歧。尊重特朗普总统宣布退出《巴黎协定》的决定，但不赞同其对这一重要气候协定的解读，希望未来与美就应对气候变化问题进行商讨。法将继续坚定支持按部就班落实《巴黎协定》的各项内容。两国领导人均表示，分歧不影响双方在其他重要国际问题上的沟通与合作。法美将继续在叙利亚和平进程方面加强合作。14 日，特朗普受邀出席法国庆日阅兵仪式，以纪念美参加第一次世界大战 100 周年。仪式结束后，马克龙在主席台发表简短讲话，向为保护国家安全和社会安定作出贡献的军人致敬，并重申法美两国历史悠久的联盟关系不会改变。

巴以在圣殿山发生冲突。14 日，3 名以警察在耶路撒冷圣殿山（穆斯林称为“尊贵禁地”）外围区域遭枪击，其中两人身亡。随后，以警方在圣殿山上的阿克萨清真寺入口处加装金属探测门和摄像头。穆斯林群体不满以方做法，持续举行抗议活动。16 日，以警方逐渐开放耶路撒冷老城内阿克萨清真寺及其所在的圣殿山，同时强化该区域的安保力度。相关安保措施遭到宗教设施管理机构的抵制。20 日，巴勒斯坦国总统阿巴斯表示，以近期在耶路撒冷老城阿克萨清真寺的所作所为，是企图制造新的事实改变现状，是对国际法的公然违反。阿巴斯还呼吁阿拉伯民族和伊斯兰世界继续声援巴人民，同他们一起维护耶路撒冷的神圣之所。21 日，阿巴斯在约旦河西岸城市拉姆安拉宣布，停止巴以联系。25 日，以总理办公室发表声明说，以安全内阁已经决定拆除安装在耶路撒冷老城圣殿山入口处的金属探测门。声明说，以安全内阁在听取了安全部门建议后，决定用基于先进技术设备的“智能安检系统”替代金属探测门，并采取其他安全措施以确保圣殿山安全。与此同时，以警方将进一步加强在圣殿山地区的警力。27 日，联合国秘书长古特雷斯通过发言人发表声明，欢迎耶路撒冷老城局势缓解。他表示，希望各方能持续对话，创造互信氛围，他将同各方保持联系。同日，数千名巴穆斯林重返位于圣殿山的阿克萨清真寺祷告，与以警察发生激烈冲突，双方冲突造成至少 10 人死亡、逾 500 人受伤。

美国参议院否决废除“奥巴马医改”议案。15 日，美参议院多数党领袖米奇·麦康奈尔宣布，由于共和党议员约翰·麦凯恩手术后需休养，参议院将推迟原预计下周进行的新医保法案程序性投票。18 日，麦康奈尔承认废除和立即取代“奥巴马医改”（即《平价医疗法案》）的努力显然不会成功。此后，特朗普邀请共和党参议员赴白宫共进午餐讨论新医保法，并在 24 日专门发表讲话，敦促参议院尽快废除和取代“奥巴马医改”。25 日，参议院开始就新医保法进行辩论，但 3 天后参议院不仅否决了共和党用来废除和取代“奥巴马医改”的新医保法案，也否决了单纯废除“奥巴马医改”的法案。2015 年后一法案曾获参众两院通过，但最终被时任总统奥巴马否决。27 日，参议院共和党高层于深夜拿出被称为“精简废除案”的《医保自由法案》，缩减了一些争议内容。28日凌晨，美参议院以51票反对、49票赞成的结果否决了《医保自由法案》。除全体民主党参议员反对，3名共和党参议员也投下反对票，包括约翰·麦凯恩。对此，美总统特朗普在推特上发文称，3名共和党人和48名民主党人让美国人民失望。“就像我一开始说的，先让‘奥巴马医改’破灭，然后再处理。等着瞧吧！”麦康奈尔表示，共和党将继续致力于废除“奥巴马医改”。参议院少数党领袖、民主党人舒默表示，共和党的议案如获通过，将会给数以千万的民众造成巨大伤害，而至少现在他们保住了医保。麦凯恩表示，“精简废除案”难以在现行医保体系被废除后带来有意义的改革。“奥巴马医改”当时没有获得共和党人支持，由民主党强行在国会推进并通过，这是“奥巴马医改”的重大失败之一，共和党不应重蹈覆辙。

委内瑞拉举行制宪大会选举。16日，委反对党联盟就是否支持马杜罗政府提出的制宪大会等问题举行全民公投，初步统计显示大部分参加选民不支持制宪大会。17日，美国总统特朗普表示，美不会对委局势恶化坐视不管，如果马杜罗政府在30日举行制宪大会选举，美将对委采取“强硬且迅速的经济措施”。同日，委反对派宣布启动旨在向政府持续施压的“零点”行动计划。委国会副主席弗雷迪·格瓦拉宣布了“零点”计划内容，包括重新任命最高法院大法官、举行24小时大罢工等，称此举旨在向政府持续施压，迫使其接受反对派发起的全民公投结果，停止制宪大会进程。马杜罗当天再次呼吁反对派重回谈判桌，并表示“已完全做好同反对派对话的准备”。21日，南方共同市场成员国领导人在阿根廷举行的首脑会议上，就委问题达成共识，表示不会对委采取新的制裁措施，呼吁委政府和反对派积极对话解决政治危机。会议发表的联合声明说，南共市对委局势表示担忧，希望委国内能尽快停止暴力冲突并重新恢复国家秩序，有关各方不要再做任何加剧社会矛盾和冲突的举动。南共市愿意成立联络小组帮助委政府和反对派建立沟通机制，推动双方对话进入新阶段。22日，委数以千计民众上街示威并游行至最高法院，抗议总统马杜罗计划修宪。其间示威者与国民警卫发生冲突，警卫施放催泪弹驱散。同日，委政府羁押最高法院一名法官，反对派呼吁全国民众26日和27日参与新一轮48小时的罢工行动。26日，美财政部宣布对委13名现任或前政府官员实施经济制裁，并威胁将就委政府推进制宪大会实施进一步制裁。委国家选举委员会主席卢塞纳等4名现任官员因推动制宪大会选举等原因受到制裁，委内政部长雷韦罗尔等另 9 名现任或前官员也因其他原因受到美方制裁。30 日，委制宪大会选举如期进行。选民通过全国 14000 多个投票站选出 545 名制宪大会成员中的 537 名，另外 8 名原住民成员于 8 月 1 日选举产生。选举当天，安全状况总体平稳，未发生大规模骚乱，但部分地区有反对派抗议者与警察发生暴力冲突并造成人员伤亡。拉美国家中，玻利维亚和尼加拉瓜对选举表示祝贺和支持；墨西哥、秘鲁、阿根廷等国表示不承认选举结果。31 日，美财政部宣布对马杜罗实施制裁。美财政部长姆努钦在当天的声明中称委制宪大会选举非法，并表示任何当选委制宪大会代表的个人都将可能成为美制裁的对象。

印度举行总统选举。17 日，2017 年印总统选举正式开始投票。此次选举共有 95 名登记候选人，其中 93 人因不符合条件被拒绝，仅有全国民主联盟提名的比哈尔邦邦长拉姆·纳特·考文德和反对党提名的印国会下院前女议长梅拉·库马尔参加最后的总统竞选。20 日，印选举委员会宣布计票结果，考文德以超过 65% 的得票率成功当选。25 日，考文德在新德里议会大厦宣誓就职。考文德现年 71 岁，是印人民党资深成员，也是一名出色的律师，是第二位来自“贱民”阶层的总统。他曾于 1994 年至 2006 年出任联邦议会上院议员，2015 年担任比哈尔邦邦长。

欧盟与英国举行第二轮“脱欧”谈判。17—20 日，欧英在欧总部所在地布鲁塞尔就“脱欧”问题举行第二轮谈判。双方围绕“脱欧费”、公民权利、北爱尔兰边界安排等核心议题展开磋商。本次会谈分为“协调人会议”和“谈判小组会议”两个层级。其中公民权利、财务清算以及其他“分手”议题分别交由 3 个谈判小组负责；北爱尔兰边界安排以及“脱欧”协议监管议题由协调人会议负责。双方在“脱欧费”“海外公民权利监管”等关键议题上未达成一致意见。在谈判结束后举行的新闻发布会上，英“脱欧”事务大臣戴维·戴维斯与欧盟“脱欧”首席谈判代表米歇尔·巴尼耶均使用“建设性”“为以后的谈判打下基础”等字眼，形容此次谈判。双方也未回避彼此在关键议题上存在的分歧。

美国对伊朗施加新制裁。18 日，美财政部和国务院宣布，对 18 个伊个人和实体实施制裁，理由是他们支持伊的弹道导弹计划和跨国犯罪等行为。美财政部在一份声明中说，5 名个人和 7 家实体因涉嫌支持伊军方或伊斯兰革命卫队而受到制裁。一家总部设在伊的跨国犯罪集团和三名相关人员也受到制裁。当天，美国务院还将涉嫌参与伊弹道导弹计划的两家伊机构列入黑名单。根据制裁措施，受到制裁的个人和实体在美境内的资产将被冻结，同时美国人将被禁止与其进行交易往来。美还将4月18日启动的对伊政策审议延长至8月底。当天，伊议会通过一项加急议案，要求对抗美在地区的各种“恐怖主义”举措。伊议会议长拉里贾尼在议案通过后表示，“美必须了解此议案传递的信息，美在地区的所做作为完全是对伊充满敌意的，伊议会将坚定地反对美的行动。”19日，伊总统鲁哈尼在内阁会议上表示，针对美日前宣布的对伊新的制裁措施，伊将予以回击。鲁哈尼强调，美的做法违反了伊核问题全面协议。“无论美假以何种名义和借口，只要是制裁伊，我们就要予以适当地回击。”当天，伊外交部发表声明称，作为回应，将对那些对伊及本地区其他国家采取敌对措施的组织和个人实施新的制裁。同日，正在美纽约出席联合国相关活动的伊外交部长扎里夫在接受美媒体采访时表示，绝无可能重新谈判伊朗核问题全面协议。他说，“即便是‘重新谈判’这样的想法都非常危险，因为该谈的都谈过了。达成现在这份协议已经十分困难，根本不可能再重新谈另一份出来。”当天，美国务院发布2016年度全球恐怖主义形势国别报告，继续将伊列为“支持恐怖主义国家”，指认伊支持伊拉克、叙利亚等国“恐怖组织”。20日，伊外交部批评美国务院发布的2016年度全球恐怖主义形势国别报告预设立场、是非不分，“毫无可信度”。25日，美国会众议院表决通过《制裁打击美国敌人法案》，其中以发展弹道导弹项目等为由，对伊实施制裁。27日，美参议院通过该议案。同日，伊在“伊玛目霍梅尼”国家航天中心成功试射一枚运载火箭。美指责伊的这一行为违反联合国安理会关于批准伊核协议的第2231号决议相关规定，即“促请伊不进行任何涉及能够运载核武器的弹道导弹活动，包括运用弹道导弹技术进行发射”。伊方面否认此次试射火箭与弹道导弹开发有关，称其是研发太空项目，完全出于和平目的。28日，美财政部宣布对6家伊实体实施制裁，理由是他们支持伊的弹道导弹计划。受制裁的6家实体隶属于伊沙希德·赫马特工业集团。声明说，美政府将继续采取行动，应对伊“与弹道导弹发射相关的举动”，包括伊的太空发射试验等。当天，伊外交部发表声明，谴责美就伊火箭发射活动向伊施压，称发展运载火箭是伊“不可剥夺的权利”，无须经过其他国家许可。

韩国新政府公布施政目标。19日，韩政府公布包含未来5年施政方向和工作计划在内的“国政运营五年规划”，提出施政目标和具体方案，并公开文在寅政府时期的韩朝关系发展蓝图。国政企划委将 2017、2018 两年定为韩大力革除积弊、调整权力结构的“攻坚期”，将 2019 年至 2020 年定为创造就业岗位、改革财税体制等彰显成效的“跨越期”，2021 年至 2022 年定为梳理可持续改革机制的“稳定期”。25 日，文在寅在青瓦台主持召开由新内阁全体成员参加的首次国务会议。他表示，改组政府完毕和补充预算敲定使新政府框架得以确立，意味着新政府正式“扬帆起航”。当天，韩政府在国务会议上敲定并发布“新政府经济政策方向”，提出将转变经济发展模式，推进“以人为本”的经济建设，并将 2017 年韩国内生产总值增长预期从此前的 2.6% 上调至 3%。

菲律宾政府取消与菲共非正式和谈。19 日，菲总统府卫队及海军陆战队在该国南部地区连遭疑似菲共产党武装人员袭击，3 名士兵死亡，另有多人受伤。随后，菲政府宣布取消同菲共即将举行的非正式和谈。21 日，菲共武装组织“新人民军”在该国中部东内格罗斯省发动袭击，造成包括 6 名警察在内的 7 人死亡。当日，菲总统杜特尔特表示，与菲共的对话是浪费时间，将在马拉维战事结束后集结兵力重启针对菲共的战争，甚至将不惜“再来一场持续 50 年的战争”。20 世纪 60 年代，菲共组建“新人民军”武装，试图以武力推翻菲政府。双方冲突持续 50 余年，造成至少 3 万人丧生。2016 年 6 月，杜特尔特出任总统后，致力于推动政府与菲共和谈。双方已进行四轮和谈，并在 4 月签署临时停火协议。5 月下旬，菲政府军在马拉维搜捕反政府武装“穆特组织”和阿布沙耶夫武装人员，双方发生交火。杜特尔特宣布在该地区实施为期 60 天的戒严。菲共谴责戒严令，命令“新人民军”发起更多武装行动。杜特尔特随即宣布取消与菲共原本商定于 5 月 27 日至 6 月 1 日举行第五轮和谈。

第 50 届南方共同市场首脑会议举行。21 日，南方共同市场首脑会议在阿根廷门多萨落下帷幕。阿根廷、巴西、乌拉圭、巴拉圭、智利和玻利维亚六国总统出席了这次首脑会议。与会领导人一致同意，继续深化内部经济一体化，深化南共市成员国的经贸合作，对外实施统一进口关税，同时与太平洋联盟保持积极对话，继续推进拉美经济融合进程。会议通过的联合公报指出，南共市需要通过外部市场和国际贸易提振经济。南共市将争取在 2017 年年底前完成与欧盟的四轮区域协作谈判，与挪威、瑞士等欧盟四国重启自贸协定谈判，推动与加拿大自贸协定谈判的试探性对话，建立同亚太地区新的对话渠道。公报同样明确了南共市成员国面临的主要任务，包括完善关税同盟机制以提高国际竞争力，推动区域内电子商务发展，促进贸易便利化和全球化以推动中小企业发展，降低区域内生产、物流和管理成本，提高出口企业竞争力。会议还发表关于气候变化、基础设施建设、可持续发展等特别声明，并签署该组织同哥伦比亚经济互补协定升级协议。会后，巴西接替阿根廷担任轮值主席国至2017年底。南共市成立于1991年，创始国包括阿根廷、巴西、巴拉圭和乌拉圭，是拉美地区最大的经济一体化组织、世界第五大经济联合体。

国际货币基金组织发布《世界经济展望报告》更新内容。24日，国际货币基金组织在马来西亚首都吉隆坡发布《世界经济展望报告》更新内容，将中国2017、2018两年经济增长预期分别上调0.1个和0.2个百分点至6.7%和6.4%。这是该组织2017年第三次上调中国当年经济增长预期。该组织指出，此次上调中国经济增长预期主要是考虑到2017年第一季度中国经济表现强劲，并且未来有望继续获得财政支持。报告认为，全球经济持续复苏，2017、2018两年增速预计分别为3.5%和3.6%，与4月份预测值一致。全球经济面临政策不确定性、信贷增长、美国货币政策过快收紧、地缘政治等风险。报告预计，发达经济体2017年经济增速为2%，与4月份预测值持平；2018年增速较4月份预测值下调0.1个百分点至1.9%。其中，美经济2017年和2018年预计均增长2.1%，较4月份预测值分别下调0.2个和0.4个百分点。该组织指出，美经济2017年第一季度表现较弱，并且美政府酝酿推出的扩张性财政政策力度可能不及预期，是调低美增速预期的主要原因。考虑到欧元区2017年第一季度经济增长好于预期且政治不确定性有所下降，将欧元区2017年和2018年经济增速预期分别上调0.2个和0.1个百分点至1.9%和1.7%。2017年英国经济增长预期从此前的2%下调至1.7%，原因是英2017年第一季度经济活动不及预期。将日本2017年经济增速预期上调0.1个百分点至1.3%，2018年增速预期维持在0.6%不变。报告预计，新兴经济体和发展中国家2017年经济增长4.6%，比4月份预测值高出0.1个百分点，2018年增速预期维持在4.8%不变。

美国国会通过《制裁打击美国敌人法案》。25日，美国会众议院以419票赞成、3票反对的表决结果通过《制裁打击美国敌人法案》，以俄罗斯涉嫌干涉美2016年总统选举和乌克兰危机等为由，追加对俄相关个人和实体的经济制裁；议案还限制了美总统解除对俄制裁的权力，规定总统在采取包括解除对俄制裁或归还被查封外交财产等涉及美对俄外交政策“重大改变”的行动时，均需向国会提交报告，国会有权否决总统的决定。27 日，美参议院通过制裁议案。28 日，俄外交部宣布，美国会以“极度挑衅”的法案拟对俄加强制裁，俄方决定采取回应措施，要求美驻俄外交机构在 9 月 1 日前将所有工作人员裁减到 455 人，禁止美使馆使用其位于莫斯科的多处房产。同日，俄外交部长拉夫罗夫与美国务卿蒂勒森通电话。拉夫罗夫在通话中说，俄作出将美驻俄使领馆工作人员数量裁减至与俄驻美使领馆工作人员数量持平，并禁止美使馆使用其位于莫斯科的度假屋和多所库房的决定，是由于美对俄施加非法制裁、恶意诽谤俄、驱逐俄外交官等一系列敌对行为。拉夫罗夫还表示，俄仍愿实现俄美关系正常化，仍愿与美国在重大国际问题上开展合作，但这必须以平等、相互尊重、利益平衡为基础。30 日，普京接受俄电视台专访时表示，俄对与美就包括恐怖主义和网络安全犯罪在内的各种问题进行合作持开放态度，但却只听到所谓俄干预美内部事务这种毫无根据的指责。在美方采取无理由的对俄制裁措施后，他认为是时候展现俄不会毫无回应的态度。美驻俄外交机构工作人员应裁减 755 人，从而使俄、美在对方国家的外交机构人数对等。如美对俄施压企图导致的损害进一步增大，俄有能力考虑其他形式的报复措施，但他希望俄不必这样做，因为这也会损害俄利益。俄对俄美关系转圜已等待足够长的时间，但显然近期两国关系不会好转。

欧盟、土耳其高官布鲁塞尔会晤分歧严重。25 日，欧土高级别官员在欧盟总部所在地布鲁塞尔会晤，双方在土加入欧盟条件的核心议题上意见不统一，陷入“各说各话”的尴尬境地。欧盟主要负责土加入欧盟谈判事务的约翰内斯·哈恩态度强硬，在新闻发布会上公开批评土。他指出土耳其如想加入欧盟，必须在“人权、法治、民主、媒体自由”等基本要求上取得进展，符合欧盟条件。土外交部长恰武什奥卢对哈恩的“批评”做出强烈回应。他指出，那些所谓的新闻记者，实际上是在帮助恐怖主义，土政府完全有必要对他们进行审判。欧盟外交和安全政策高级代表莫盖里尼称，土两位高级别官员与欧盟在外交及地区政策等多方面有共同一致的看法，双方有意在经济、安全等诸多议题展开合作。他承认，土与欧盟在一些问题上观点不一致，但这并不妨碍双方在其他一些议题上寻找到共同点。

西班牙首相否认知情执政党腐败案。26 日，西首相拉霍伊在国家法院就执政党腐败案——居特勒案出庭作证时，否认知晓相关案情。执政的人民党此前曾向国家法院提出以视频形式作证，但该申请被驳回。拉霍伊成为西首位因腐败案而出庭作证的在职首相。居特勒案是一起涉及人民党的重大权钱交易腐败案。西反腐败检察院2007年开始调查此案，2009年向国家法院提起诉讼，涉案人员达150余人。该案以主要涉案人员——西从事承办大型活动的企业家科雷亚的姓氏命名。

印度大吉岭骚乱地区局势持续紧张。29日，谋求独立建邦的廓尔喀人示威者在距大吉岭15公里的苏克纳集会时遭到警察阻挠，双方发生暴力冲突。警方指责示威者向警察投掷石块和焚烧警车，示威者则称警察向他们开枪射击，造成至少4名示威者受伤，其中一人伤势严重。同日，廓尔喀人民族独立运动组织在大吉岭总部召开紧急会议，向中央政府发出了限期10天的最后通牒，声称政府如到8月8日仍对廓尔喀人独立建邦的要求无动于衷，骚乱将进一步升级。30日，廓尔喀人民族独立运动组织发言人比诺伊·塔芒格说，当天是“全球集会支持廓尔喀人运动日”。廓尔喀人支持者在阿里布尔杜阿尔地区举行游行集会，遭到警察阻挠并引发冲突。接连两天与警察发生的暴力冲突，造成至少6名警察和数名示威者受伤。大吉岭地区位于印度西孟加拉邦喜马拉雅山麓，是著名的大吉岭红茶产地，也是旅游胜地。6月中旬，讲尼泊尔语的廓尔喀人对政府在公立学校强制推行孟加拉语教学不满，发起游行示威活动，要求独立建邦，从而引发连续40多天的罢工和骚乱。

8月

- 美国对俄罗斯实施新制裁
- 委内瑞拉成立制宪大会
- 印度撤回非法越界进入中国境内的士兵
- 第三轮英国“脱欧”谈判无果而终
- 朝鲜试射导弹直接飞跃日本上空

巴基斯坦国民议会选举阿巴西为新任总理。1 日，巴国民议会选举执政党穆斯林联盟（谢里夫派）候选人沙希德·哈坎·阿巴西为新任总理。由于穆盟（谢里夫派）在 342 席的议会中拥有绝对多数席位，阿巴西轻松赢得 221 票。阿巴西表示，巴民主程序仍在正常运作，执政党领导的政府会继续推动经济社会发展，继续进行基础设施建设。阿巴西 1958 年生于卡拉奇，1997—1999 年担任巴基斯坦国际航空公司总裁。1999 年，时任巴军方领导人穆沙拉夫发动政变，时任总理谢里夫下台，阿巴西被捕入狱，至 2001 年获释。谢里夫 2013 年重新担任总理后，阿巴西担任谢里夫政府的石油和自然资源部长。

一些新兴市场国家第二季度经济数据亮眼。1 日，巴西地理统计局公布的数据显示，巴 2017 年上半年工业产值累计增长 0.5%，是自 2013 年以来同期最好成绩。17 日，巴央行数据显示，第二季度巴经济环比增长 0.25%，低于第一季度的 1.21%，但高于 2016 年同期水平。18 日，马来西亚国家银行的数据显示，马第二季度经济增长高于预期，国内生产总值增长达到 5.8%，预计 2017 年经济增速将超过预期的 4.8%。21 日，泰国政府公布的数据显示，第二季度泰国内生产总值同比增长 3.7%，是 2013 年第二季度以来的最大增幅。25 日，俄罗斯联邦统计局的初步计算结果显示，俄第一季度国内生产总值同比增长 0.5%，第二季度同比增长 2.5%。

柬埔寨老挝边境纷争获解决。2 日，柬王国首相洪森以“朋友”之称，致函老挝总理，要求老必须从乌阿莱地区和乌达闹撤回军队。洪森在信函中称，7 月 5 日柬老边界联合委员会在实地调查后证实，老军正在执勤的区域位于柬境内，严重侵犯了柬方的主权和领土完整。11 日，洪森表示，进入柬的老挝士兵必须在 6 天内离境。如果老拒不撤兵，柬只能采取一切必要措施来维护柬的正当合法权益。柬的领土不允许任何人随意侵占，即使是朋友，也绝对不能容忍。12 日，洪森乘专机前往老，分别与老总理和国家主席举行会晤。会晤结束后，洪森通知柬王家军总司令部和总参谋部，称老同意撤军，柬把调动的兵力撤回军营。2 月 8 日，柬王家军工程部队在上丁省暹班县乌达闹地区，沿柬老边界线兴建道路时，遭到老挝军方阻挠，称上述地区属尚未确立边界线的“灰色地带”，要求柬方暂停在该地区的一切工作。随后老增派数百名军人驻扎该边界，并派一批全副武装的军人进入柬境内，阻止柬工程兵兴建道路。柬方为避免两军发生冲突，暂停了在本国领土的道路建设。

巴布亚新几内亚总理奥尼尔获连任。2 日，巴议会宣布，总理奥尼尔当日在议会投票中以 60 票赞成、46 票反对的表决结果当选新一届的政府总理。奥尼尔承诺，新政府将着力促进教育、医疗事业发展，推动基础设施建设。奥尼尔 1965 年 2 月生于巴南高地省，2011 年 8 月当选总理。

美国与朝鲜互炫武力与口水战不断升级。2 日，美从加利福尼亚州范登堡空军基地试射一枚“民兵”Ⅲ型洲际弹道导弹，导弹飞行约 4200 英里后落入太平洋马绍尔群岛夸贾林环礁的预定目标区。美空军全球打击司令部发表声明说，这展示了美核力量的安全和有效性，确保了对美国家安全至关重要的威慑力。8 日，美军向朝鲜半岛上空出动 2 架美国 B－1B 战略轰炸机。同日，朝人民军战略军发言人发表声明称，为压制和牵制美战略轰炸机所在的关岛安德森空军基地等军事基地，并向美发出严重警告信号，朝人民军战略军正在慎重考虑用“火星－12”型中远程战略弹道导弹对关岛周边进行包围射击的作战方案。同日，美总统特朗普称，朝“最好不要再威胁美”，否则将招致前所未有的“炮火与怒火”。9 日，特朗普在推特上称，美核武库比以往任何时候都更强大。同日，美国务卿蒂勒森称，没有任何迹象显示朝鲜半岛核问题发生急剧变化。虽然美朝有激烈的言语交锋，但并不代表美要对朝动用武力。同日，美国防部长马蒂斯表示，美及其盟友已展示出拥有免受任何攻击的能力，朝必须停止孤立自己并中止追求核武器。朝任何发起军备竞赛或冲突的行为都会被彻底打败。11 日，特朗普再次警告朝不要采取不明智的行为，称美的军事解决方案已经完全就位。14 日，朝领导人金正恩视察人民军战略军司令部，对有关关岛包围射击方案进行研究。金正恩表示，如果美继续在半岛周边做出危险举动，朝将按照此前阐明的反击计划，作出重大决断。为缓和朝鲜半岛地区局势，防止发生军事冲突，美应首先作出正确的选择并付诸行动。同日，蒂勒森和马蒂斯在美《华尔街日报》联合发表署名文章表示，外交手段是美促使朝改弦易辙的首选，美对朝施加和平压力的目标是实现朝鲜半岛无核化，美无意改变朝政权或加快朝韩的统一进程，无意寻找借口在朝韩非军事区以北驻军，无意伤害朝人民。16 日，特朗普在推特上说，金正恩暂缓打击美关岛的方案是“明智且合理之举”，否则结果将是“灾难性的”和“不可接受的”。22 日，朝谴责美韩“乙支自由卫士”联合军演加剧朝鲜半岛的紧张局势，称美韩一面宣称军演是年度例行和防御性质，一面却重点进行“斩首作战”和“秘密作战”演习。朝军队正密切关注美韩一举一动，因侵略战争演习导致的灾难性后果的全部责任，将由美承担。

美国对俄罗斯实施新制裁。2 日，美总统特朗普正式签署扩大对俄经济一系列行业进行制裁的法案，称他对法案的支持显示出美不会容忍干预大选的行为。法案修正了禁止向俄供应设备和技术的深海和北极大陆架项目以及相关油气项目的范围，俄受制裁公司在其中所占份额为 33% 及以上的所有新项目都受到了限制。受美制裁的俄银行的最长融资期限减少至 14 天，油气行业公司则减少至 60 天。7 日，美国务卿蒂勒森表示，俄涉嫌干预 2016 年美国总统大选，令彼此产生“严重的不信任感”。9 月 1 日前，美方驻俄使馆人员数目将从 755 人，降低至俄方要求的 455 人。21 日，美国驻俄大使馆宣布，由于工作人员数量缩减，美驻俄使领馆自 23 日起在俄全境暂停发放非移民类签证，9 月 1 日起，美驻俄使馆将恢复非移民类签证的面签工作，三个领事馆则无限期暂停发放非移民类签证。同日，俄外交部长拉夫罗夫表示，俄不会采取限制美公民申请俄签证的对等措施。美方面的相关签证政策是为激起俄民众对政府领导层的不满，符合制造“颜色革命”的逻辑。31 日，美国务院宣布，作为对俄要求削减美驻俄外交机构工作人员的回应，美方要求俄方 9 月 2 日前关闭俄驻旧金山总领馆及位于华盛顿和纽约的各一处外交设施。在俄方关闭上述 3 处在美外交设施后，美俄双方将保持互设 3 个领事馆的对等规模。美方希望未来两国可以避免更多相互“报复行为”，不过美方也做好了适时采取必要行动的准备。

欧盟追加对俄罗斯制裁。2 日，欧盟委员会主席容克表示，“原则上”满意美国总统特朗普签署的针对俄罗斯、伊朗和朝鲜三国的制裁法案，因为在欧盟对法案草案表达关切之后，美国会取消了原定的“相当大部分”对俄制裁措施。但如果美的制裁使与俄在能源领域有业务往来的欧盟企业处于不利地位，欧盟将采取“适当措施”。4 日，欧盟对俄追加制裁，将 3 名俄公民及 3 家公司列入制裁清单。

欧元区实现债务危机以来最快经济增速。2 日，据英国金融时报网报道，欧元区 2017 年第二季度国内生产总值环比增长 0.6%，同比增长 2.1%，是自 2011 年第二季度以来的最高水平。17 日，欧盟统计局公布的数据显示，欧洲经济正在经历国际金融危机爆发以来最好的复苏时期，欧元区 19 国 2017 年 6 月的国际贸易顺差接近 266 亿欧元，欧盟 28 国 2017 年 6 月的国际贸易顺差接近 71 亿欧元；欧元区 6 月的通胀率为 1.3%，欧盟 6 月的通胀率为 1.5%。

美国向联合国递交退出《巴黎协定》文书。4 日，美国务院发表声明称，美已在当日向联合国递交文书，正式表达退出《巴黎协定》的意愿。如果《巴黎协定》的条款能够对美更有利，美可以考虑重新加入。美将继续参加各项国际气候变化磋商和会议。美将在遵守协定条款的前提下尽快退出。根据《巴黎协定》中的相关规定，美完成退出流程需要 3 年多时间。

委内瑞拉成立制宪大会。4 日，委制宪大会正式成立。5 日，拉美地区经济一体化组织南方共同市场成员国阿根廷、巴拉圭、乌拉圭和巴西召开会议，一致决定无限期中止委的成员国资格。8 日，美洲国家外长会议在秘鲁举行，与会 17 国外长及代表在会议声明中一致谴责马杜罗政府“中断民主秩序”，表示不承认委制宪大会的合法性，支持通过民主选举产生的委国民议会。9 日，美国财政部宣布对 8 名委官员实施经济制裁，理由是他们参与组织和支持委制宪大会成立。11 日，美总统特朗普说，美在应对委局势方面有着众多选择，不排除对委采取军事行动的可能性。12 日，委国防部长洛佩斯指责特朗普的说法“疯狂”且“极端”。委外交部长阿雷亚萨表示，委强烈谴责特朗普政府对委发出武力威胁，呼吁拉美国家团结一致维护地区和平。同日，南方共同市场成员国阿根廷、巴拉圭、乌拉圭和巴西发表联合公报，反对军事干预委，强调解决委危机唯一可接受的途径就是通过对话和外交手段。墨西哥、秘鲁外交部发布公告，谴责委当局“破坏”民主秩序，同时反对使用武力解决委国内问题。玻利维亚总统莫拉莱斯在社交媒体上发文谴责特朗普对委发出武力威胁。14 日，委总统马杜罗宣布，将在 26—27 日举行军民联合军事演习来应对来自美的战争威胁。特朗普威胁对委动武，说明美对委干涉政策已陷入“绝望”阶段。16 日，联合国秘书长古特雷斯呼吁委政府与反对派重新恢复谈判，强调政治手段才是解决危机的出路，反对任何来自外国的军事干涉。俄罗斯外长拉夫罗夫表示，对委的任何威胁都是不可接受的。同日，智利总统巴切莱特在与访智的美副总统彭斯会晤后表示，智将尽一切努力支持委人民找到恢复该国民主的和平道路，但智既不会支持针对委的军事干预，也不会支持发生在该国的政变。彭斯重申，美在委问题上有诸多选择，但美方相信能够与拉美地区的“盟友们”共同努力，和平解决问题。25 日，特朗普签署行政令，对委实施金融制裁。禁止美金融机构参与委政府和国有石油公司新的债务和股权交易，禁止美机构参与委公共部门已发行的部分债券交易等。美财政部长姆努钦称，美方实施此轮制裁的目的是通过限制委进入美债务和股权市场，向委政府施压，而不是寻求改变委领导层。25 日，马杜罗称，美对委进行的全面经济和金融封锁给正在恢复中的委经济造成严重损伤。金融制裁措施违反了国际法和联合国宪章，显示了美在拉美地区寻求霸权的决心。29 日，委制宪大会通过决议，谴责美对委进行金融制裁的单边主义行为，要求司法和检察机关严惩国内部分反对党人士请求美干涉的“叛国”行为。

卡加梅高票连任卢旺达总统。4 日，卢举行总统选举，海外投票于 3 日举行。9 日，卢国家选举委员会公布总统选举结果，正式宣布卢爱国阵线候选人、现任总统卡加梅赢得连任，新任期将至 2024 年。本次大选的投票率超过 98%，卡加梅的得票率高达 98. 79%。现年 59 岁的卡加梅在卢拥有很高的民意支持率，2000 年继任临时总统后当选过渡政府总统。2003 年卢结束过渡期，卡加梅在当年和 2010 年举行的总统选举中都以高票获胜。按卢旺达 2003 年的宪法规定，总统可任两届，卡加梅原本不能再次参选。但 2015 年卢通过公投修宪，将总统任期从 7 年缩减到 5 年，并在实施 5 年任期前设立 7 年“过渡期”，允许包括卡加梅在内的候选人参选。

安理会通过决议对朝鲜实施新的制裁。5 日，联合国安理会一致通过涉朝的第 2371 号决议，严厉谴责朝 7 月 4 日和 28 日进行的洲际弹道导弹试射，决定对朝实施更加严厉的制裁措施。根据决议，新的制裁措施将使朝每年减少至少 10 亿美元的外汇收入，约占其外汇收入的 1/3。新的制裁针对朝的煤炭、铁和铁矿石、铅和铅矿石以及海产品等 4 个出口行业。决议禁止各国接收来自朝的新劳工，要求朝不要再进行新核试验以及利用弹道技术进行新的导弹发射，全面、可核查、不可逆地放弃核武器以及核计划，暂停所有与弹道导弹计划有关的活动，放弃所有大规模杀伤性武器计划。决议重申支持重启六方会谈，以及通过和平方式实现半岛无核化。第2371号决议是朝在2006年进行第一次核试验以来，联合国安理会对其实施的第七轮制裁措施。7日，朝发表声明，全面反对联合国安理会涉朝新决议，称第2371号决议完全是美意图孤立和扼杀朝的产物，是对朝主权的粗暴侵犯和对朝的正面挑战。在美反朝政策和持续进行核威胁的情况下，朝无论如何都不会把自卫性的核遏制力摆上谈判桌，在已选择的强化国家核武力的道路上丝毫不会退让。

东盟外长会就朝鲜半岛局势发表声明并发表《联合公报》。5日，在东南亚国家联盟外交部长会议开幕当天，针对朝鲜半岛局势单独发表了声明。声明称，朝在7月的两次洲际导弹试射和在2016年进行的核试验，严重影响了地区与世界的和平安全稳定。声明强烈敦促朝遵守自身的义务和联合国的决议，同时也支持采取措施，改善朝韩的关系，在朝鲜半岛实现永久和平，东盟将在促进和平与稳定方面发挥积极的建设性作用。声明呼吁朝作为东盟地区论坛的参与者，应充分意识到东盟在保持亚太地区和平稳定与友好繁荣方面所起到的积极作用，相互信任、理解和尊重，防止安全威胁升级，消除潜在冲突，创造一个可持续发展的环境，并且促进社会进步和人民生活质量提高。6日，东盟各国外长发表《联合公报》，其中深化“中国—东盟合作”成为重要基调。在《联合公报》“中国—东盟合作”章节里，东盟各国外长表示认识到中国在本地区不断增长的作用，强调中国的经济增长继续有利于本地区。该公报第118段至第123段对中国—东盟关系发展的成就给予充分肯定，涉及南海的部分所占篇幅跟往届相比有所减少且基调趋于积极。

东盟成立50周年庆典在菲律宾马尼拉举行。8日，东南亚国家联盟成立50周年庆典在菲律宾首都马尼拉举行。东盟轮值主席国菲律宾总统杜特尔特、东盟各成员国及中国、韩国等国外交部长参加了庆典活动。东盟国家领导人当天发布的声明指出，50周年是东盟的历史性时刻，一个以规则为基石、以人民为导向的东盟共同体建设已取得不少成就。杜特尔特在致辞中表示，东盟的发展历史证明，东盟成员国之间共享的价值观要远超之间所存在的差异；东盟成员国之间的多样性是优势而不是劣势；东盟框架下的诸多合作机制是可行的。作为东盟共同体，我们比以前更强、更有活力，东盟各项机制也更为健全，我们也确信能够应对更多正在出现的挑战。我们也必须铭记民众的梦想和抱负：地区和平、稳定，以及可持续的、有包容性的经济增长，并且经济社会的繁荣发展应该惠及域内所有民众。

南非总统祖马第八次挫败不信任案。8 日，南议会就“针对总统祖马的不信任案”举行不记名投票，由于没能获得半数以上的议员支持，不信任案未获通过。南国民议会议长姆贝特宣布的投票结果显示，共有 384 名议员参加了投票，其中 198 人投票反对不信任案，177 人表示支持，另有 9 人弃权。这是祖马执政以来第八次挫败反对党提出的不信任案。此次是第一次以不记名方式进行不信任案投票，反对党希望以这种方式鼓励执政党议员投出赞成票。南议会共有 400 名议员，其中 249 名为执政党非洲人国民大会的议员。

韩国反“萨德”团体要求政府停止部署“萨德”。10 日，韩星州、金泉民众以及 6 个反“萨德”团体在庆尚北道星州郡“萨德”部署地附近举行记者会，反对韩政府原定于在当日进行的星州“萨德”基地电磁波检测调查，要求政府立即停止小规模环境影响评估；立即停止启动“萨德”系统，撤除“萨德”装备；停止部署“萨德”施工，搬出“萨德”装备后，实施战略环境影响评估；全面调查部署“萨德”的违法过程，并严惩相关责任人。28 日，韩反“萨德”团体在美国驻韩大使馆附近举行记者会，反对韩政府强行推动部署“萨德”系统。“抵制‘萨德’在韩部署全国行动”等 6 个团体发表声明说，部署“萨德”本质是为了构建韩美日同盟和反导网络，追求美的霸权主义，对韩有百害而无一利。强烈谴责美政府一意孤行向韩施压以加快部署“萨德”的行径，要求美立即取消韩美防长会谈，撤回部署决定。敦促总统文在寅立即撤回追加部署“萨德”发射架的决定，并履行承诺，将“萨德”部署问题退回原点重新研究。

美国发生种族主义暴力冲突。12 日，美弗吉尼亚州夏洛茨维尔市一场白人种族主义的集会演变成了暴力冲突，造成多人伤亡。暴力事件的导火索是夏洛茨维尔市政府决定移除市中心一尊南北战争时期南方将军罗伯特·李的雕像。当天数百名种族主义者在弗吉尼亚大学聚集游行，认为政府拆除雕像触犯了“美白人的文化和尊严”，声称白人正在美丧失主体地位，呼吁白人联合起来对抗少数族裔。但相关反对方认为，种族主义者“只是想通过集会散播仇恨”。双方于争议雕像所在的解放公园相遇，其中一方高举深具种族主义色彩和印有纳粹标志的旗帜；另一方则挥舞着反法西斯和美国平权运动的相关标语。双方攻击性言辞不断，引发大规模肢体冲突。随后，弗州州长麦考利夫宣布进入紧急状态，命令警方驱散人群。12 日下午，美总统特朗普在记者会上说，“以最强烈的言辞谴责这个在多方面都表现出相当恶劣的仇恨、偏执和暴力。”由于特朗普没有点名谴责白人种族主义者，招致民权活跃分子、民主党议员甚至共和党议员的批评。14 日，特朗普发表声明，公开谴责种族主义、白人至上主义者、新纳粹主义和三 K 党。15 日，特朗普在记者会上称，冲突双方均有责任。新纳粹主义、三 K 党当然是应当谴责的，但很多人只是为了抗议移除李将军的雕像，这些人并不是新纳粹；反对集会的人当中也有人使用暴力，也有“麻烦制造者”。19 日，美马萨诸塞州首府波士顿发生大规模反种族主义示威游行。约 1.5 万名市民聚集在著名的波士顿公园，高举反对种族主义、新纳粹、三 K 党的标语示威，一些特朗普的支持者与示威者爆发激烈争吵。23 日，联合国消除种族歧视委员会发表声明，敦促美及其领导人“毫不含糊且无条件地”拒绝和谴责其境内的种族仇恨言行。声明称，种族主义、白人至上思想“违背了建立在尊严和平等基础上的核心人权准则”，美以及任何地方都不能成为这种言行的庇护所。声明呼吁美国依法对肇事者进行调查和处置，并采取具体措施，解决种族仇恨言行在美持续扩散的“深层次原因”。25 日，美共和党全国委员会一致通过决议，谴责白人至上主义者、三 K 党和纳粹分子。决议称，纳粹分子、三 K 党、白人至上主义者和其他类似思想的团体，其种族主义信念与共和党的纲领完全不相容，这种种族主义信念是令人厌恶和邪恶的，美没有地方让它开花结果。决议未直接对特朗普提出批评。

美国对中国发起“301 调查”。14 日，美总统特朗普在白宫签署一份备忘录，指示美贸易代表莱特希泽对中国在技术转让等知识产权领域的政策行为进行审查。特朗普称，此举是兑现他竞选时的承诺，即采取坚决步骤保护美公司的知识产权和美国工人。美因知识产权被盗而损失数百万就业岗位和数十亿美元，政府不会再对此视而不见。美总统有责任和义务保护美国工人、科技和产业免受不公平待遇。反对任何国家以市场准入为条件，非法强迫美公司转让其技术。18 日，莱特希泽宣布正式对中国发起“301 调查”。美贸易代表办公室发表声明说，将调查中国政府在技术转让、知识产权、创新等领域的实践、政策和做法是否不合理或具有歧视性，以及是否对美商业造成负担或限制。所谓的“301 调查”源自美《1974 年贸易法》第 301 条，该条款授权美贸易代表可对他国的“不合理或不公正贸易做法”发起调查，并可在调查结束后建议美总统实施单边制裁，包括撤销贸易优惠、征收报复性关税等。根据法律程序，在正式发起调查后，美将首先与中国政府进行磋商，调查程序可能长达一年。

主要发达国家第二季度经济数据呈稳健走势。14 日，日本内阁府公布 2017 年第二季度的国内生产总值初值为实际 GDP 增长 4.0%，该值创下 2015 年第一季度以来的新高。日经济已连续 6 个季度保持正增长，为 11 年来的最长纪录。15 日，德国联邦统计局公布的数据显示，德国内生产总值第二季度环比增长 0.6%，为连续第 12 个季度正增长。上半年德财政盈余创历史新高，达 183 亿欧元，约占同期国内生产总值的 1.1%。16 日，意大利国家统计局发布的数据显示，意国内生产总值第二季度同比增长 1.5%，为 2011 年以来最高增幅。上半年意经济增长率为 1.2%。2017 年经济增速有望达到 1.5%。24 日，英国国家统计局公布的修正数据显示，英国内生产总值第二季度环比增长 0.3%，同比增长 1.7%。24 日，法国统计及经济研究所公布的经济形势调查报告称，法经济形势持续好转，多项指标创下新高。8 月份法商业景气指数升至 109 点，为 2011 年以来最高水平；工业制造景气指数达到 111 点，是 2007 年 12 月以来的最高水平。二季度失业率降至 9.5%，其中 15 岁到 64 岁年龄段的就业率猛增至 65.3%，是 1980 年以来的最高水平。法的旅游业迎来复苏，恢复到 2015 年系列恐袭案之前的水平。30 日，美国商务部公布的修正数据显示，由于美经济的主引擎个人消费表现强劲，二季度美经济增长 3.0%，经济增速创下 2015 年第一季度以来的新高。

日本电视台自揭 731 部队罪行。15 日，日放送协会（NHK）电视台在日“战败日”之际播出专题节目《731 部队的真实》。NHK 电视台从俄罗斯获得了原 731 部队成员的认罪录音。这些成员大都于 1945 年被苏联红军俘获，并被关押至西伯利亚，在哈巴罗夫斯克法庭接受了审判。长达 20 小时的录音详细记录了 731 部队核心成员以中俄死刑犯作为“实验材料”，进行细菌武器开发实验的历史事实。包括有关东军军医部长的认罪，也有亲手参与杀害中国人和俄罗斯人的军医和士兵的认罪。节目还通过采访 731 部队老兵、展示数百件历史资料和当年的纪录片，真实揭露了 731 部队灭绝人性的凶残行径。节目播出后在日引起强烈反响，许多日网民纷纷谴责当年日军暴行。731 部队是中国抗日战争期间侵华日军从事生物战、细菌战和人体试验研究的秘密军事医疗部队的代称，总部基地位于哈尔滨市平房区。

伊朗总统称若美国再施加制裁伊朗将退出核协议。15 日，伊总统鲁哈尼在伊议会称，如果美继续对伊施加新的制裁，伊可以在“几小时内”退出伊核问题协议。鲁哈尼称，对于伊美的盟友来说，特朗普都是一个“不可信任”的伙伴。20 日，伊外交部长扎里夫称，维护伊核问题全面协议仍是伊外交部门的首要任务。25 日，美常驻联合国代表黑莉称，国际原子能机构有出色的专家，并制订了强有力的核查计划，但伊方面给国际原子能机构的核查设置了障碍。伊仍有许多未公开的设施没有得到核查。美鼓励国际原子能机构倾尽其职权，以全面落实 2015 年的伊核协议。26 日，扎里夫回应称，美的做法违反伊核问题全面协议，国际原子能机构应当保持机构的独立性。

中国再度成为美国的最大债权国。15 日，美财政部公布的数据显示，6 月中国持有的美国债总额达到 1.1465 万亿美元，再度成为美的第一大债权国。6 月中国增持了 443 亿美元美国债，为连续第五个月增持。当月，日本减持 205 亿美元美国债，持有规模降至 1.0908 万亿美元。日本曾于 2016 年 10 月开始超过中国，成为美第一大债权国。

修改北美自贸协定的首轮谈判举行。16—20 日，美国、加拿大、墨西哥的代表在华盛顿举行修改北美自贸协定的首轮谈判。美贸易代表莱特希泽在谈判开始前表示，美贸易逆差和工作岗位流失是美的重大关切。减少美对墨、加两国的贸易逆差，是特朗普政府重谈北美自贸协定的优先目标。很多美国人并没有从该协定中受益，需要对其进行重大改进。20 日，三方在联合公告中表示，第一轮磋商中相关建议的范围广、数量多，反映出三国达成富有雄心成果的意愿。三方承诺以“快节奏”继续进行磋商。

美国白宫首席战略师班农离职。16 日，美白宫首席战略师、总统高级顾问斯蒂芬·班农在接受美杂志《美国展望》专访时表示，美正在和中国打经济战，在未来 25 年到 30 年，中美两国中的一个势必成为世界霸主。与中国的经济战争就是一切。美需要疯狂地执着于此。如果美输了，5 年后或最多不过 10 年后，美将迎来一个下滑的转折点，将再也无法恢复元气。18 日，美白宫发言人桑德斯宣布，班农离职。班农被认为在特朗普的总统选战中立下了汗马功劳，依靠极右翼网站“布莱特巴特”为胜选赢得大量支持，一度有“隐形总统”之称。

印度撤回非法越界进入中国境内的士兵。16 日，《印度时报》等多家印度媒体网站称，中印士兵 15 日清晨在拉达克地区班公湖北岸两国实际控制线一带发生摩擦，双方互掷石块且都有人受轻伤，随后双方士兵各自撤出冲突地点。同日，不丹新闻网刊登题为《夹在巨人队的比赛中，不丹屏住了呼吸》的文章称，6 月中旬中国开始在中印边界锡金段的中国洞朗地区修建一条公路，不料印派出军队和推土机前去阻止，印军非法“入侵”导致中印两国军队开始了长达数十天的对峙。中印对峙激化了不丹人民对印的不满，不丹人民怀疑印此举是因担心失去不丹这一战略缓冲区，而企图阻止不丹与中国建立外交关系、加强贸易往来。印的“保护主义怀抱”已令人窒息。18 日，据《印度快报》、《印度时报》等印媒报道，日本驻印（兼不丹）大使平松贤司表示，日认同印介入洞朗问题是“基于同不丹的双边协议”。日方认为洞朗地区是中国和不丹的“争议领土”，“争议地区最重要的是，相关各方必须停止以武力单方面改变现状，以和平方式解决争端”。21 日，中国外交部发言人华春莹在主持例行记者会时说，经中方核实，8 月 15 日，中国边防部队对中印边境西段班公湖地区实控线中方一侧进行正常巡逻，受到印边防部队阻挠。其间，印方采取激烈动作，冲撞中方人员并与中方发生肢体接触，造成中方人员受伤。印方此举违反双方就维护边境地区和平安宁达成的有关共识，危及中印边境西段局势。中方对此表示强烈不满，并已通过涉边渠道向印方提出严正交涉。中方敦促印方恪守两国间达成的有关协议协定规定，切实遵守 1959 年实控线，严格约束印边防部队的活动，切实维护两国边境地区的和平稳定。28 日，俄罗斯驻华大使馆召开新闻发布会，俄驻华大使杰尼索夫表示，相信中印朋友能够自主解决边境对峙问题，完全不需要俄进行斡旋。同日，中国外交部发言人华春莹说，当天 14 时 30 分许，印方将越界人员和设备全部撤回边界的印方一侧，中方现场人员对此进行了确认。29 日，华春莹表示，中国边防部队继续在洞朗地区巡逻驻守。为了守边需要和改善当地军民的生产生活条件，中方长期以来在洞朗地区进行包括道路在内的基础设施建设，将综合考虑天气等各方面因素，根据实际情况做好有关建设规划。

美日举行美国总统特朗普上台后的首次“2 +2”会议。17 日，由美国务卿蒂勒森和国防部长马蒂斯同日本外相河野太郎和防卫相小野寺五典参加的“安全保障磋商委员会”会议在华盛顿召开。美方在记者会上表示，如果朝鲜率先动武，美将做出“有效”且“势不可挡”的军事回应，但美更希望通过外交和制裁施压等和平手段解决问题。蒂勒森称，钓鱼岛在美日安保协议保护范围之内。美方反对南海军事化的活动，呼吁保证美的“航行自由”。河野太郎称，钓鱼岛在美保护范围内，支持美在南海的“自由航行”政策。马蒂斯强调了美日未来合作的4个新领域，包括太空空间、网络空间、反弹道导弹和海上安全。小野寺五典表示，希望打造可“无缝连接”应对威胁的美日安全关系。这是美日继2015年4月以来再次举行“2+2”会议，也是美总统特朗普上台以来首次举行。

菲律宾启动给予符合条件的中国游客落地签计划。17日，菲移民局和司法部联合发布通知，启动给予中国公民落地签计划。菲移民局专员莫伦特介绍，该计划针对中国旅游主管部门认可的旅行商组织的旅游团队成员、由菲或者外国商会以及其他政府机构邀请的商务人士、运动员以及参加会议和展览的代表。实施该计划的口岸，包括位于菲首都马尼拉的阿基诺国际机场等全菲8个国际机场，以及马尼拉、苏比克、拉瓦格等多个海港。根据相关规则，中国公民可以通过旅行商在菲移民局办理落地签证，初次落地签授权在菲停留30天，并可申请延期至最长6个月。申请人应持有有效护照和回程机票，并且不在菲移民局黑名单或国际刑警组织红色通知名单内。按照规定，落地签申请应在10个工作日前提交菲移民局。如符合上述条件，菲移民局将授权口岸，在中国游客入境时即给予落地签。

西班牙巴塞罗那遭遇恐袭。17日，巴塞罗那市中心的历史名胜景区兰布拉斯步行街上，一辆白色厢式货车突然高速冲向行人，撞倒、撞飞多人。巴塞罗那市所在的加泰罗尼亚自治区政府当天确认，货车撞人为恐怖袭击事件，警方已逮捕两名嫌疑人。西首相拉霍伊在推特账号上表示，恐怖分子摧毁不了一个热爱自由而不是暴行的团结的民族。西王室在推特上发表声明，称凶手是“谋杀者和罪犯”，但他们“吓不倒我们”。同日，极端组织“伊斯兰国”通过阿马克通讯社宣称这次袭击是该组织“战士”所为。至27日，恐袭死亡人数增至16人，24名伤者中5人伤势危重。27日，加泰罗尼亚地区民众走上街头，针对恐怖和暴力举行大规模抗议，参与者达50万人。游行队伍高喊“我不害怕”的口号。西国王费利佩六世加入游行队伍，成为第一位参加游行的西君主。

俄罗斯总参谋部称叙利亚政府军已解放阿勒颇全省。21日，俄总参谋部行动总局局长鲁茨科伊表示，在俄空天部队的支持之下，叙政府军近几个月来对叙境内的极端组织“伊斯兰国”进行了有效打击，收复了50多个居民点，阿勒颇省全境已被叙政府军彻底解放，叙的形势已经发生根本转变。

特朗普宣布阿富汗及南亚战略。21 日，美总统特朗普在美迈尔堡军事基地发表讲话，阐述了美未来的阿富汗战略，强调美不会迅速从阿富汗撤军。特朗普表示，他的“原始本能”是从阿撤军，但上任后，他认定这种做法可能会造成被恐怖分子“立即填补”的真空。特朗普指责巴基斯坦庇护恐怖分子，称巴从与美的伙伴关系中受益良多，但如果巴继续庇护恐怖分子也将失去很多。特朗普表示将同印度发展战略伙伴关系，让印在美的阿战略中发挥重要作用。22 日，巴外交部发表声明，驳斥美总统特朗普指责巴庇护恐怖分子的言论。声明说，巴是为反恐付出最多的国家，也是受恐怖主义危害最严重的国家。巴方对美国忽视巴基斯坦为反恐作出的贡献感到失望。美应与巴合作铲除恐怖主义，而不应不实指责巴为恐怖分子提供“庇护所”。恐怖主义是世界各国的共同威胁，巴方将与国际社会一道继续打击恐怖主义，促进南亚地区的和平与稳定。单纯依靠武力不能解决阿富汗问题，只有通过“阿人主导、阿人所有”的政治和解进程才能带来持久和平。同日，阿首席执行官阿卜杜拉表示，美新战略将增强阿安全部队的武装力量。塔利班应将此视为实现阿国内和平的一次机会，加入到和平进程中来。阿塔利班组织发言人穆贾希德说，特朗普的讲话“毫无新意”，表态“极其含糊”。他警告说，如果美不从阿撤军，阿不久将变成这个强权在 21 世纪的另一座坟场。23 日，阿总统加尼发表电视讲话称，美对阿的新战略将确保阿美两国的利益。阿动荡的根源不仅在阿，也在地区国家和国际社会。阿战乱已经持续了将近 40 年，所有阿富汗人都有责任结束战争。包括阿塔利班在内的武装组织应把握机会，加入到阿的和平进程中来。27 日，美国务卿蒂勒森表示，美在阿的战略将发生实质性改变，美将不再受驻兵人数和驻兵期限的约束，要视具体情况行动。特朗普授权国防部长马蒂斯决定驻阿美军的人数，并扩大了该地区司令部自主做决定的权限。30 日，巴议会全票通过一项决议，谴责美总统特朗普的“敌意”言论，并敦促政府研究对策，包括暂停双方互访活动等。

中老缅泰第 61 次湄公河联合巡逻执法圆满完成。22 日，中老缅泰第 61 次湄公河联合巡逻执法编队在中国关累港启航，开启为期 4 天的全线联合巡逻执法行动。联合巡逻编队采取分段与全线巡逻相结合的方式执行勤务，增强各方执法执勤的协调联动。编队在老挝班相果、金三角等重点水域开展水陆联合公开查缉、水上联合演练、禁毒宣传等行动，重点打击湄公河流域涉恐、走私、贩毒、贩枪等跨境违法犯罪活动。期间，四国指挥官就继续联合整治近期湄公河流域跨国违法犯罪活动深入交换意见，共同研究制定下一步行动方案，密切配合、携手并肩加大宣传和执法力度，进一步增强湄公河复杂敏感水域见警率。25 日，3 艘中国执法船缓缓驶入中国关累港，标志着中老缅泰第 61 次湄公河联合巡逻执法行动圆满完成，巡航编队共航行 34 小时、604 公里，检查机动车 23 辆、人员 49 人。

乌克兰问题三方联络小组确认新学期停火计划。22 日，法国总统马克龙、德国总理默克尔、俄罗斯总统普京和乌克兰总统波罗申科通过电话会谈达成共识，表示坚决支持于新学期开始之际，在乌东部实施停火。23 日，由乌克兰、欧洲安全与合作组织、俄罗斯组成的乌克兰问题三方联络小组在白俄罗斯首都明斯克举行例行会谈，各方确认在新学期开始之际，自 25 日零时开始在乌东地区完全实施停火。为监测停火实施情况，各方要保证欧安组织特别观察团在乌全境安全通行。28 日，波罗申科发表声明说，他已再次要求乌军顿巴斯前线各级作战部队，全面执行新学期停火计划。在开学之际实施停火必须得到各方全面认可才能真正落实，这有助于和平解决乌危机，最终目的是恢复乌的主权和领土完整。

柬埔寨下令关停美国资助的非政府组织。23 日，柬政府下令，要求一家美资助的非营利组织“美国国家民主研究所”停止活动，所有外国人员在一周内全部离境。柬外交部称，该组织违反了柬对于非政府组织管理的法律，且存在税务问题。柬方正在加紧对其他不遵守法律的外国非政府组织采取相同措施。同日，在柬运营的由美资助的“自由亚洲电台”和“美国之声”电台被要求关闭。柬首相洪森表示，美及相关非政府组织试图通过资助一些团体来颠覆柬政府。

乍得宣布与卡塔尔断交。23 日，乍宣布与卡断绝外交关系。乍外交部称，由于卡支持利比亚境内试图破坏乍稳定的恐怖势力，乍政府决定与卡断交，要求卡在 10 天内关闭其驻乍使馆。24 日，卡外交部宣布关闭乍驻卡使馆，并要求乍驻卡外交人员 72 小时内离境。

第三轮英国“脱欧”谈判无果而终。23 日，英政府发布了一份最新的“脱欧”文件，就结束欧盟法院管辖，收回司法自主权阐明了立场。29 日，欧盟委员会主席容克表示，对英递交的所有“脱欧”立场文件都感到不满。在解决与《里斯本条约》第 50 条以及与英“脱欧”有关的所有问题前，不可能就英与欧盟的新经贸关系展开任何谈判。31 日，为期 4 天的第三轮英“脱欧”谈判结束。欧盟“脱欧”首席谈判代表巴尼耶在新闻发布会上说，对英和欧盟能否在 2019 年 3 月 29 日之前达成协议感到忧心忡忡。虽然双方在第三轮谈判中就许多议题进行了有益讨论，但在主要议题上没有取得任何“决定性进展”。欧盟和英在保护公民权利、“分手费”等核心议题上存在较大分歧。巴尼耶说，“英政府在 7 月份的第二轮谈判中承认英在‘脱欧’后依然对欧盟有财务方面的义务，但在此次谈判中英又称其相关义务仅限于‘脱欧’前英最后一次支付的欧盟预算。”之所以会产生英“脱欧”之后的财政义务问题，是因为包括英在内的欧盟 28 国曾共同达成过一些长期的贷款计划，为乌克兰、非洲和加勒比地区的一些国家提供资助。英“脱欧”事务大臣戴维斯表示，本轮谈判虽然艰苦，但还是取得了一些具体进展，并且双方在爱尔兰未来边界问题上高度趋同。英在本轮谈判中表现得更为灵活和务实，建议欧盟未来也能更加灵活和务实。英政府将继续公布有关“脱欧”立场文件。

安哥拉执政党在大选中胜出。24 日，安选举委员会公布了大选初步结果，执政党安人民解放运动（安人运）在大选中胜出，该党推举的总统候选人若昂·曼努埃尔·贡萨尔维斯·洛伦索当选总统。洛伦索 1954 年 3 月 5 日出生，长期在安人运从事党务和议会工作，2014 年开始担任国防部长，2016 年 8 月起担任安人运副主席，同年 12 月成为安人运总统候选人。安人运自安 1975 年独立以来长期执政。

俄罗斯民调显示普京支持率超 80%。25 日，俄民意调查机构“社会舆论”基金会发布的民调结果显示，81% 的俄民众肯定普京的工作；79% 的民众表达了对普京的信任。65% 的民众表示，若举行大选，会投票给普京。在党派方面，普京所属的执政党统一俄罗斯党支持率为 49%，自由民主党和俄罗斯共产党支持率分别为 11% 和 7%。此次民调于 8 月 19—20 日进行，3000 名受访者来自俄 73 个地区的 207 个居住点。

朝鲜试射导弹直接飞越日本上空。26 日，美国军方表示，探测到朝连续 3 次试射导弹。29 日，朝再次发射一枚导弹，日确认导弹从日上空飞过。同日，日首相安倍晋三表示，朝发射导弹飞越日上空的行为对日是前所未有的重大威胁，日方已向朝表示严正抗议。当天韩国政府发表声明，强烈谴责朝进行导弹发射，敦促朝认清只有无核化才是保障其自身安全以及经济发展的出路，呼吁朝早日回到无核化谈判的道路上来。声明还称，韩军队已准备好应对任何威胁，如朝继续进行核导威胁，韩将在韩和美的同盟框架下强势应对，坚决保护国民生命和国家安全。当天美白宫发表声明说，美总统特朗普和日首相安倍晋三一致认为朝对美日韩以及世界其他国家构成“严重的和直接的”威胁。美日领导人承诺将加大对朝的施压力度，并竭力说服国际社会对朝施压。当日特朗普表示，朝的威胁性举措和破坏安定的行为只会加剧朝的孤立状态，关于朝鲜半岛核问题的所有解决办法都在考虑范围内。29 日下午，联合国安理会举行紧急会议，讨论朝发射导弹问题。当晚，联合国安理会发表主席声明说，朝的行为不仅对地区造成威胁，对所有联合国会员国也构成了威胁。声明要求朝立即停止此类粗暴行为，不再进行任何新的核试验，停止进一步的挑衅行为，并放弃其他现存大规模杀伤性武器。声明重申维护朝鲜半岛以及东北亚和平与稳定的重要性，强调安理会承诺通过和平、外交以及政治手段解决相关问题，并欢迎通过对话和平全面解决问题的努力。联合国秘书长古特雷斯敦促朝政府全面履行国际义务，努力朝着重新打开沟通渠道的方向努力。当天欧盟外交与安全政策高级代表莫盖里尼发表声明，谴责朝发射导弹飞越日本上空，称欧盟将根据联合国安理会的审议情况，与主要合作伙伴密切磋商，考虑进一步适当回应。30 日，据朝中社报道，朝最高领导人金正恩表示，此次发射训练是朝军队进行的太平洋上的军事行动的第一步，是牵制关岛的“意味深长的前奏”。未来要把太平洋作为目标，多进行弹道火箭发射训练。本次训练是应对“乙支自由卫士”联合军演的坚定措施的序幕。朝将继续注视美国的言行，据此决定下一步行动。31 日，朝外务省发言人表示，联合国安理会的主席声明歪曲事实，是对主权国家自卫权的粗暴践踏，朝对此予以全面反对。美国不顾朝鲜警告，并且回避朝为缓和形势主动采取的措施，因此朝只能付诸行动。

欧非多国领导人举行移民问题峰会。28 日，欧洲和非洲多国领导人在法国巴黎就移民问题举行小型峰会。法国、德国、意大利、西班牙、乍得、尼日尔、利比亚等国领导人和欧盟代表出席会议。峰会一致决定，加强对非洲难移民中转国家的支持，加大打击非法移民的力度，包括加大对尼日尔和乍得的支持，进一步推动利比亚恢复政治稳定的共同行动。法国、德国、意大利和西班牙承诺加强经济合作，以改善移民迁徙沿线地区的民生状况。

世贸组织裁定巴西多项税收政策违规。30 日，世界贸易组织分别就欧盟和日本诉巴税收政策案发布专家组报告，裁定巴针对信息技术、汽车等行业实施的一系列税收政策违反世贸组织相关规定，建议巴在未来 90 天内尽快取消相关政策。报告说，巴在实施本国产业刺激措施的过程中，针对在巴研发或生产的信息技术产品，以及在巴生产的汽车实施税收优惠政策，此举对同类进口产品构成了税收歧视和不公平竞争。欧盟和日本分别于 2013 年 12 月和 2015 年 7 月向世贸组织提起了相关诉讼。

9月

- 习近平主持金砖国家领导人第九次会晤
- 美加墨举行两轮《北美自贸协定》修订谈判
- 朝鲜进行第六次核试验
- 第72届联合国大会举行
- 伊拉克库尔德自治区举行独立公投

美加墨举行两轮《北美自贸协定》修订谈判。1—5 日，美国、加拿大与墨西哥针对《北美自贸协定》修订与更新工作的第二轮谈判在墨西哥城举行。三方发表联合声明表示，本轮谈判在数字贸易、竞争力、中小型企业和环境等领域取得进展，但在劳工权利、贸易赤字等关键问题上仍未取得实质进展。三方代表都表示，希望加快谈判进度，在维护本国利益的同时，尽可能惠及其他两方。14 日，美商务部长罗斯表示，美正在寻求增加一项 5 年“日落条款”，为《北美自贸协定》添加一个定期、系统性的重新审查机制。即《北美自贸协议》每 5 年重新审查，否则自动作废。墨外长比德加赖回应称，“日落条款”完全没有必要，因为协定方可以随时退出，且相关重商过程已经启动，而且墨加的谈判人员没有收到有关“日落条款”的正式讨论方案。23—27 日，第三轮谈判在加首都渥太华举行。三方均表示谈判取得进展，但仍有大量工作需要完成。墨代表表示，无人能确保在年内完成谈判，要考虑将谈判延长至 2018 年初。

缅甸若开邦武装冲突局势渐稳。1 日，缅政府宣布，自 8 月 25 日起缅西部若开邦的多处警察局和哨所遭到袭击，17 名无辜市民遭到武装分子杀害。在与武装分子的激战中，国防军已打死 370 名恐怖分子，另有 15 名政府军人阵亡。联合国秘书长古特雷斯对缅安全部队在若开邦开展军事行动表示关切，敦促采取克制和冷静态度，避免人道主义灾难出现。5 日，缅国务资政府部新闻发布委员会通报，若开邦北部孟都等地至今已发生 97 起袭击，造成数十人丧生。缅官方指责策划和实施这些袭击的是“若开罗兴亚救世军”。8 日，联合国难民署发表声明称，已有约 27 万缅境内的罗兴亚难民逃往孟加拉国，致使孟境内避难营地告急。12 日，缅国务资政府部新闻发布委员会称，在安全部队的执勤保障下，若开邦北部地区已经恢复稳定。政府呼吁因躲避恐袭影响而流离失所的当地民众返回原先住处。同日，缅总统府宣布成立若开邦问题建议执行委员会，负责落实若开邦事务顾问委员会的最终报告建议，采取措施避免在恢复若开邦稳定行动中伤害无辜平民，解决当地经济社会问题。来自国内外的人道主义救援物资将通过执行委员会一视同仁地分发给所有受影响的民众。19日，缅国务资政昂山素季在袭击事件后首次就罗兴亚人问题发表题为“国家的统一及和平”的电视讲话。昂山素季谴责一切侵犯人权的行为，坚决否认西方社会对缅“种族清洗”的指控。她回应称，自5日以来，若开邦北部地区没有再发生武装冲突和所谓的“清洗”，各界在指控缅前，应先提出实质的证据。昂山素季还表示，大部分人仍选择留在若开邦，显示问题并非那么严重。不论是逃离或留下的人，她都希望与他们展开对话，以找出危机的根源何在。缅不惧怕国际调查，致力于可持续的解决方案，实现和平、稳定与发展。28日，中方代表在联合国安理会有关缅问题的公开会上发言，呼吁国际社会客观看待缅政府面临的困难与挑战，保持耐心并提供支持和帮助。

肯尼亚宣布重新举行总统选举。1日，肯最高法院裁定8月8日举行的总统选举结果无效，并要求于60天内重新举行总统选举。4日，肯独立选举和边界委员会宣布将重新选举日期定在10月17日，并不再接受新总统候选人，仍由朱比利党总统候选人、现任总统乌胡鲁·肯雅塔和反对派“国家超级联盟”领导人拉伊拉·奥廷加展开角逐。奥廷加表示拒绝接受这一时间安排。20日，肯最高法院对总统选举结果作出最终裁决，同时向肯独立选举和边界委员会提出重新举行大选须确保的几项原则。21日，肯独立选举和边界委员会宣布，将重新举行总统选举的日期从原定的10月17日推迟至26日。委员会主席瓦富拉·切布卡蒂发表声明称，推迟重新选举日期是为进行更完善的准备工作，以确保选举符合最高法院的规定。

“哥伦比亚革命武装力量”进入政坛。1日，哥前武装组织“哥伦比亚革命武装力量”（以下简称“哥武”）召开新闻发布会，正式宣布该组织弃武从政，成立政党“大众革命替代力量”。“哥武”领导人伊万·马克斯称，希望该党能为哥政坛带来改变，呼吁部分对和平协议持不同意见的前“哥武”成员能尽快上缴武器，重新融入社会。4日，哥政府和哥境内唯一反政府武装“哥伦比亚民族解放军”在厄瓜多尔首都基多宣布达成临时停火协议，该协议有效期为2017年10月1日零时至2018年1月9日零时。29日，哥总统桑托斯正式宣布与“哥伦比亚民族解放军”暂时停火并表示，双方停火和停止互相敌对状态期间，“哥伦比亚民族解放军”必须停止绑架、安置杀伤炸弹、攻击基础设施、招募未成年队员、攻击军队和国家警察等暴力行为。

美俄就驻外机构设置及《中导条约》展开博弈。2 日，美国关闭俄罗斯驻旧金山总领事馆及位于华盛顿和纽约的两个商务代表处。此前，俄要求美 9 月 1 日前将驻俄外交机构人员削减至 455 人，与俄驻美外交官数量持平。美国务院 8 月 31 日发表声明称，美已全面执行俄政府关于缩减美驻俄使团规模的决定，本着对等精神，美要求俄政府关闭其驻旧金山总领事馆以及两处分别隶属于俄驻华盛顿大使馆和驻纽约总领事馆的建筑物，双方各保留 3 个领事馆。美方称希望两国未来可以避免更多相互“报复行为”，不过也做好了适时采取必要行动的准备。3 日，俄外交部发表声明称，俄方认为华盛顿方面关闭俄驻美外交机构的行为是公开敌视的，也是对国际法最粗鲁的践踏。声明呼吁美当局反省并且尽快返还俄馆舍，否则美将承担所有两国关系继续恶化的罪名。11 日，俄外交部长拉夫罗夫表示，俄正在慎重考虑进一步减少美驻俄外交机构人员，因为俄方 455 人中包含俄驻联合国的 155 人。他还表示，俄也在考虑对美的驻俄外交机构人员设置某些旅行限制，因为目前美外交官进入俄的入境点多于俄外交官进入美的入境点，而且俄驻美中低级外交官只能在外交使领馆区域方圆 25 英里的范围内自由行动，美所有外交人员都可以在俄境内自由活动。18 日，美国会参议院通过一项新国防政策议案。根据该议案，国防部有权开发射程在 500—5500 公里的道路机动陆基巡航导弹系统。19 日，俄联邦委员会国防和安全委员会第一副主席克林采维奇表示，若美退出《中导条约》，俄将采取直接措施，开发类似射程达 1500 公里的导弹武器，以及使用反导系统等来保卫俄安全。同日，俄外长拉夫罗夫表示，俄愿意在双方都不违反各自义务的基础上继续延长《中导条约》。21 日，美国务卿蒂勒森表示，近年俄并没有完全承担起不扩散核武器的责任，并违反了《中导条约》与《不扩散核武器条约》，打破了双方在冷战结束时达成的安全保证。25 日，俄副外长里亚布科夫表示，美在没有拿出相关证据的情况下无端指责俄违反《中导条约》，俄方对此无法接受。《中导条约》全称是《苏联和美国消除两国中程和中短程导弹条约》，于 1987 年 12 月 8 日签署，条约规定苏美双方将全部销毁和彻底禁止射程为 500—1000 公里的中短程导弹及射程为 1000—5000 公里的中程导弹。

习近平主持金砖国家领导人第九次会晤。3 日，金砖国家工商论坛在厦门举行，中国国家主席习近平出席开幕式，并发表题为《共同开创金砖合作第二个“金色十年”》的主旨演讲。习近平强调，金砖合作正处在承前启后的关键节点上，各方要深化金砖合作，助推五国经济增加动力，勇担金砖责任，维护世界和平安宁，发挥金砖作用，完善全球经济治理，拓展金砖影响，构建广泛伙伴关系。习近平指出，相信共建“一带一路”倡议将为各国实现合作共赢搭建起新的平台，为落实2030年可持续发展议程创造新的机遇。来自金砖国家和其他新兴经济体的商会、研究机构、知名企业和有代表性中小企业约1000名工商界人士及相关国际组织和机构代表出席开幕式。与会各方将围绕“贸易与投资、金融合作与发展、互联互通、蓝色经济”4个议题进行讨论。

4日，习近平主持金砖国家领导人第九次会晤，南非总统祖马、巴西总统特梅尔、俄罗斯总统普京、印度总理莫迪出席。五国领导人围绕“深化金砖伙伴关系，开辟更加光明未来”的主题，就当前国际形势、全球经济治理、金砖合作、国际和地区热点问题等深入交换看法，回顾金砖合作10年历程，重申开放包容、合作共赢的金砖精神，达成一系列共识。在大范围会议上，习近平发表题为《深化金砖伙伴关系　开辟更加光明未来》的重要讲话。习近平指出，金砖合作之所以得到快速发展，关键在于互尊互助，携手走适合本国国情的发展道路；秉持开放包容、合作共赢的精神，持之以恒推进经济、政治、人文合作；倡导国际公平正义，同其他新兴市场国家和发展中国家和衷共济，共同营造良好外部环境。习近平强调，世界格局深刻复杂变化的背景下，金砖合作显得更加重要，各方应该再接再厉，致力于推进经济务实合作，致力于加强发展战略对接，致力于推动国际秩序朝更加公正合理方向发展，致力于促进人文民间交流，全面深化金砖伙伴关系，开启金砖合作第二个“金色十年”，造福五国人民，惠及各国人民。在此前举行的小范围会议上，五国领导人听取了关于2017年金砖国家安全事务高级代表会议讨论成果的汇报。习近平在发言中强调，广大新兴市场国家和发展中国家应该坚持开放，不搞保护主义；坚持多边贸易体制，不搞以邻为壑；坚持互利共赢，不搞零和博弈。金砖国家要在解决国际和地区热点问题上发挥建设性作用，一要遵守国际法和国际关系基本准则。二要坚定奉行多边主义，坚定维护联合国宪章宗旨和原则，发挥联合国在捍卫和平、建设和平、预防和制止冲突方面的主渠道作用。会晤发表《金砖国家领导人厦门宣言》。同日，习近平出席金砖国家领导人同工商理事会对话会并发表讲话。习近平强调，金砖国家领导人在会晤中一致同意打造下一个“金色十年”，将金砖合作推向新的高度，希望工商理事会和新开发银行把握契机，促进金砖国家互利共赢，助力金砖国家经济发展，推动金砖国家民心相通，为金砖合作的美好明天作出新贡献。金砖国家工商理事会理事及工商界代表、新开发银行行长等约 300 人出席对话会。对话会后，金砖国家领导人见证了《金砖国家经贸合作行动纲领》《金砖国家创新合作行动计划》《金砖国家海关合作战略框架》《金砖国家工商理事会与新开发银行关于开展战略合作的谅解备忘录》4 个合作文件的签署。

5 日，习近平主持新兴市场国家与发展中国家对话会并发表题为《深化互利合作　促进共同发展》的重要讲话。习近平强调，新兴市场国家和发展中国家群体性崛起，成为不可逆转的时代潮流，各方要加强团结协作，共同构建开放型世界经济，共同落实 2030 年可持续发展议程，共同把握世界经济结构调整的历史机遇，共同建设广泛的发展伙伴关系，携手开辟公平、开放、全面、创新的发展之路，为世界经济增长作出更大贡献。特梅尔、普京、莫迪、祖马和对话会受邀国领导人埃及总统塞西、几内亚总统孔戴、墨西哥总统培尼亚、塔吉克斯坦总统拉赫蒙、泰国总理巴育出席对话会。各国领导人围绕“深化互利合作，促进共同发展”的主题，以落实 2030 年可持续发展议程为主线，就“落实可持续发展议程”“建设广泛的发展伙伴关系”深入交流，共商国际发展合作和南南合作大计，达成重要共识。各方高度评价共建“一带一路”倡议对落实 2030 年可持续发展议程的积极意义。对话会后，中方发表《新兴市场国家与发展中国家对话会主席声明》，介绍会议达成的原则共识，展示各方落实可持续发展议程的信心和决心，发出新兴市场国家和发展中国家团结合作的积极信号。

朝鲜进行第六次核试验。3 日，朝试爆一枚氢弹，这是自 2006 年以来朝的第六次核试验，引发国际社会强烈谴责。4 日，联合国安理会举行紧急会议，审议朝核试验问题。美国散发制裁朝的决议草案，草案要求各成员国对朝实施石油禁运、冻结朝领导人金正恩的所有海外资产、禁止朝纺织品出口、禁止外国雇用朝劳工，并要求对金正恩实施旅行禁令等。7 日，墨西哥政府宣布驱逐朝驻该国大使。11 日，联合国安理会一致通过第 2375 号决议，决定对朝实施新的制裁，但重申维护朝鲜半岛和东北亚和平与稳定，呼吁以外交和政治方式和平解决问题。根据决议，国际社会将减少对朝的石油供应，禁止朝纺织品出口以及禁止朝海外务工人员向国内汇款等。同日，秘鲁宣布驱逐朝驻该国大使。13 日，朝外务省发表公报称，联合国安理会通过的涉朝决议是非法的，朝对决议予以严厉谴责和全面反对。17 日，科威特驱逐朝大使和 4 名外交官。18 日，西班牙要求朝大使离境。19 日，美总统特朗普在联大发表“彻底摧毁朝鲜”言论，并称金正恩是自寻死路的“火箭人”。21 日，金正恩回应称，朝将慎重考虑采取史上最高级别的超强硬应对措施，以火惩治“美国疯子”。23 日，朝外务相李勇浩在联大一般性辩论发言中抨击特朗普“缺乏常识、精神错乱、癫狂自大”。他表示，朝不会轻举妄动，但如果美妄图实施所谓的斩首行动，那么朝别无选择，只能先发制人。俄罗斯外长拉夫罗夫表示，特朗普和金正恩之间的口水仗就像幼儿园里小朋友之间的争吵，解决朝鲜半岛核问题需要的是理智。他重申俄罗斯和中国在半岛核问题上提出的路线图将为外交途径解决危机铺平道路，希望各方认真考虑。25 日，联合国秘书长古特雷斯警告，越来越激烈的唇枪舌剑有引发双方误解的危险，而在朝鲜半岛问题上，发生误解的结果将是致命的。26 日，美政府宣布对朝实行新一轮制裁计划，将制裁 8 家朝银行，同时被制裁的还有 20 多名金融从业者，这些人大多是在世界各地的朝银行代表。27 日，在朝韩《北南关系发展与和平繁荣宣言》迎来发表 10 周年之际，朝呼吁全民族遵循宣言精神，共同构筑半岛持久和平体制。28 日，韩国军方举行建军 69 周年纪念活动，公开大批战略武器。

韩国完成“萨德”系统部署。4 日，韩国防部表示，随着环境部对韩庆尚北道星州“萨德”基地小规模环评得出“有条件同意”的结果，剩余 4 辆“萨德”发射车将很快部署完毕。5 日，部署地居民开始在基地周边举行反“萨德”活动。同日，俄罗斯副外长里亚布科夫表示，莫斯科将把自己的针对性军事反应提上日程。6 日，中国外交部发言人称，在韩部署“萨德”系统非但解决不了有关国家的安全关切，只会严重破坏地区战略平衡，损害包括中国在内的本地区国家的战略安全利益，同时加剧半岛的紧张和对立，使半岛问题变得更加复杂。7 日，美韩把剩余 4 辆发射车等装备运至“萨德”基地，加上此前已部署的 2 辆发射车，“萨德”整套系统部署完成。在运送过程中，数百名当地民众以及和平人士与警察发生冲突，多名民众和警察受伤被送往医院。

“伊斯兰国”在叙利亚全线败退。5 日，叙政府军攻入代尔祖尔省首府代尔祖尔市一处军营，打破了“伊斯兰国”对代尔祖尔市长达 3 年的封锁。8

日，俄罗斯国防部发布消息称，俄驻叙军事力量摧毁极端组织“伊斯兰国”一处指挥所，击毙该组织 4 名重要头目，包括“伊斯兰国”的“国防部长”和一名负责“伊斯兰国”财政和后勤的头目。10 日，叙政府军完全打通连接大马士革和代尔祖尔市的公路，巩固并扩大了其在代尔祖尔市乃至全省的战斗成果。12 日，俄军方称，叙政府军已从极端组织“伊斯兰国”手中收复大部分领土，目前控制该国 85% 的土地。23 号，叙外长穆阿利姆在联大一般性辩论发言时表示，阿勒颇和巴尔米拉的解放，代尔祖尔的解围，以及叙许多地区摆脱了恐怖分子，这些都在证明，叙距离取得反恐胜利已经非常接近。

莫迪首次访问缅甸。5 日，印总理莫迪首次访缅，会见缅总统吴廷觉，双方就贸易、地区安全以及边境和平等诸多问题进行讨论。6 日，莫迪与缅国务资政兼外交部长昂山素季进行会谈，并共同会见记者。莫迪表示，两国之间加强道路、公路和电力系统联通方面的努力正沿着正确的方向快速进行。印将对缅公民赴印推出免签政策。他还表示，印缅双方拥有相近的安全关切，应该合作保卫区域内的和平与稳定，共同打击恐怖主义势力。对于若开邦地区出现的极端暴力行为，尤其是针对安全部队的暴力行为，以及对无辜平民造成的影响，希望各方能够合作找到解决方案，既保障缅的统一和领土完整，又能够为所有人带来和平、法治和民主。昂山素季表示，感谢印对该国面临的恐怖威胁采取坚定立场，缅印两国将共同确保恐怖主义不在本国或邻国土地上扎根。双方签署 11 项谅解备忘录，涉及电力、文化交流、新闻媒体、信息技术、医药卫生、警务培训、海上安全事务、沿海监测系统等多个领域的合作。

习近平两次应约同特朗普通话。6 日，中国国家主席习近平应约同美国总统特朗普通电话。习近平指出，当前中美各领域交往与合作继续推进。两国外交安全团队和经济团队保持密切沟通，双方正在筹备首轮中美社会和人文对话、执法及网络安全对话。中方重视总统先生年内对中国的国事访问，希望双方团队共同努力，确保访问取得成功。特朗普表示同习近平主席保持密切沟通、就重大国际和地区问题加强协调十分重要，期待着年内对中国进行国事访问并同习主席再次会晤。两国元首重点就当前朝鲜半岛局势交换了看法。习近平强调，中方坚定不移致力于实现朝鲜半岛无核化，维护国际核不扩散体系。始终坚持维护朝鲜半岛和平稳定，坚持通过对话协商解决问题。坚持和平解决的大方向，解决朝鲜半岛核问题，归根结底要靠对话谈判、综合施策，积极探寻长久解决之道。特朗普表示，美方对当前朝鲜半岛形势的发展深感关切，重视中方在解决朝核问题上的重要作用，愿加强同中方的沟通，尽早找到解决朝鲜半岛核问题的办法。18 日，习近平再次同特朗普通电话。特朗普表示，美中两国元首保持密切接触和良好工作关系令人满意。2017 年美中都有重要国内议程，希望这些议程都能顺利进行。十分期待即将对中国进行的国事访问，相信此次访问将有力推动美中关系向前发展。习近平强调，很高兴同总统先生就共同关心的问题保持经常性沟通。中美两国拥有广泛的共同利益，当前各领域交往与合作势头良好。双方要加强高层及各级别交往，办好首轮中美社会和人文对话、执法及网络安全对话，拓展两国各领域合作。中方重视总统先生年内对中国的国事访问，双方要密切合作，确保此次访问富有成果，为中美关系发展注入新动力。习近平就美国近日连续遭受飓风袭击向特朗普并通过特朗普向美国人民表示慰问。特朗普对此表示感谢。两国元首并就当前朝鲜半岛局势交换了看法。

俄罗斯举办第三届东方经济论坛。6 日，第三届东方经济论坛在俄符拉迪沃斯托克开幕，俄罗斯总统普京、韩国总统文在寅、蒙古国总统巴特图勒嘎和日本首相安倍晋三出席。当日，普京与文在寅举行会谈，重点讨论朝鲜半岛及两国经济合作问题，双方签署一揽子文件。7 日，论坛举行主题为“远东：创造新的现实”的全体会议，普京、巴特图勒嘎、文在寅和安倍晋三出席并致辞。普京表示，俄有意深化与太平洋东岸和西岸国家的投资、贸易和金融关系，而且俄远东地区投资的空间几乎是无限的。除经济问题外，朝鲜半岛局势也为各国领导人讨论的重点，但立场各不相同。普京再次表明反对对朝动武的立场，并建议应逐步吸引朝参与地区合作。文在寅表示，朝鲜半岛乃至整个地区不会爆发战争，现在正是投资俄罗斯、远东、中国和韩国的时机。他确信美国不会以武力手段解决朝核问题。安倍晋三则表示，朝向国际社会发出了挑战，正在成为一个史无前例的威胁，国际社会应当迫使朝放弃核武器。同日，普京与安倍晋三举行单独会谈，双方就在“北方四岛”（俄称“南千岛群岛”）共同开展经济活动达成共识，包括海产品养殖、观光旅游开发等 5 项。当天论坛闭幕，俄远东发展部部长加卢什卡表示，61 个国家参加此次论坛，数量比去年增加近 1 倍。截至当天，各国签署 194 项投资协议，金额达 2.4 万亿卢布，远超过去年的近 1.8 万亿卢布。

蒙古国国家大呼拉尔解除额尔登巴特的总理职务。7 日，蒙国家大呼拉尔以多数票赞成的结果，解除总理额尔登巴特的职务，同时宣布解散政府。在新政府组建前，额尔登巴特政府仍将继续履职。25 日，蒙人民党召开第二十七届九中全会，推选新总理人选。看守政府副总理呼日勒苏赫得到 63.9% 的选票，在 3 名候选人中胜出。26 日，蒙人民党提名呼日勒苏赫为蒙新一任总理人选。预计于 10 月召开的蒙国家大呼拉尔秋季例会将最终任命新总理。

墨西哥连遭强震袭击。7 日，墨恰帕斯州托纳拉西南 137 公里处海域发生 8.2 级地震，震源深度 19 公里，并引发海啸，遇难人数近百人。这是 1985 年墨西哥城大地震以来，墨遭遇的最强烈地震。19 日，墨发生 7.1 级强震，震源深度 57 公里，震中距离墨西哥城仅 120 公里。地震遇难人数超过 200 人，墨西哥城受灾最为严重。当天正值 1985 年墨西哥城大地震 32 周年纪念日。地震发生后，中国政府决定向墨政府提供 100 万美元紧急人道主义现汇援助和 4 批次救灾物资援助。中国红十字会也决定向墨方提供 10 万美元现汇援助。23 日，墨瓦哈卡州近海地区又发生 6.1 级地震，震源深度为 75 公里。27 日，中国政府援助墨抗击地震首批紧急人道主义救灾物资运抵墨。墨外交部常务副部长德伊卡萨表示，中方对墨抗震救灾工作的无私慷慨帮助充分体现了中国政府和人民的深厚情谊，令人深受感动，也再次印证了墨中两国关系的高水平。

北约军演和俄罗斯军演针锋相对。8 日，包括加拿大、法国、挪威、波兰、英国和美国在内的 9 个国家，在土耳其附近海域进行潜艇搜救演习，共有 7 艘潜艇、5 艘舰船和 4 架飞机参与。演习持续到 22 日。11 日，瑞典开始举行“极光—17”军事演习，超过 1.9 万名瑞典军人与来自丹麦、挪威、芬兰、法国、立陶宛、爱沙尼亚和美国等国的 1500 名军人共同参演，演习范围横跨瑞典东西部，以及波罗的海上的哥得兰岛。军演持续至 29 日，是瑞典 20 年来举行的最大规模军演。11 日，代号“快速三叉戟—2017”的多国军演在乌克兰西部利沃夫州基地开始，来自乌克兰、美国、加拿大、保加利亚、格鲁吉亚等国的 2500 名军人参演，其中包括 1000 名乌军人。军演持续两周。乌军方称，此次演习是为了应对俄罗斯与白俄罗斯即将在边境举行的“西部—2017”大规模军事演习。14 日，俄白“西部—2017”联合军演正式启动。此次军演是冷战结束以来俄白两国规模最大的军事演习，地点分布在俄罗斯和白俄罗斯 6 个训练场，范围从俄科拉半岛一直延续到白。参演部队人数达到 12700 人，包括 7200 名白士兵和 5500 名俄士兵。动用

70 架战斗机和直升机、250 辆坦克、200 门火炮、多种导弹发射系统和迫击炮，以及 10 艘军舰。18 日，俄总统普京在俄列宁格勒州一靶场观摩军演，来自 50 多个国家的 90 多位代表同时观摩了军演。20 日，俄白“西部—2017”联合军演落下帷幕。白总统卢卡申科表示，俄方全部参演部队将在演习结束后离开白境返回常驻地，有关抹黑俄白联合军演的企图“非常不专业”。28 日，北约以俄白举行“西部—2017”联合军演为由，冻结俄罗斯—北约理事会至年底。

超强飓风肆虐美国和加勒比海地区。8—10 日，飓风“艾尔玛”由东向西袭击古巴北部海岸地区，造成至少 10 人死亡，200 多万人被疏散，引发的洪水重创农业和旅游设施。飓风“艾尔玛”是有气象记录以来大西洋上的最强飓风，也是古巴近百年来遭遇的第一个五级飓风。“艾尔玛”也重创加勒比地区，圣马丁岛、波多黎各、安提瓜和巴布达等地损失惨重，致数十人伤亡。美国佛罗里达州与乔治亚州沿海地区上百万居民进行疏散。此前，8 月 25 日登陆美国得克萨斯州的五级飓风“哈维”，致使休斯敦遭受该市有史以来最严重洪涝灾害，共造成 80 余人丧生，约 9 万幢房屋受损。20 日，飓风“玛利亚”登陆美属波多黎各，当地电力系统被完全摧毁，逾半数居民家中供水中断，数十人死亡。洪水还造成一处水坝溃决，约 7 万人撤离。此次飓风为该岛百年一遇的灾害。21 日，多米尼克总理斯凯里特证实，飓风“玛丽亚”至少造成该国 15 人死亡，20 人失踪。

委内瑞拉朝野对话未获进展。10 日，委反对党联盟在全国范围进行内部初选，确定该联盟在 23 个州的统一候选人。此前，委制宪大会曾通过决议，将原定于 12 月举行的地方选举提前到 10 月。11 日，委国家选举委员会宣布，将在 10 月 15 日举行地方选举。选举将产生除首都行政区之外的全国 23 个州的州长。13 日，应西班牙前首相萨帕特罗及多米尼加外长巴尔加斯邀请，委执政党与反对党联盟代表在多米尼加进行对话。委总统马杜罗称，政府与反对党联盟已接近达成两党和平共处的最终协议，但反对党联盟表示，只是与执政党进行了探索性对话，建立正式对话仍需满足一系列条件。16 日，美国国务院发言人称，美支持委执政党与反对党联盟为重启对话所进行的认真谈判。17 日，马杜罗对美的支持态度表示肯定，但称这是为了维护国家主权、民主与和平所进行的对话，而不是谈判。25 日，马杜罗在电视讲话中确认，执政党已指派代表团参加朝野第二轮对话，以促进两党和解，维护国内和平。

26 日，反对党联盟在写给多米尼加总统梅迪纳的公开信中表示，在与政府进行的第一轮对话中提出的释放所有政治犯、要求选举程序公开透明以及开启国际人道主义援助通道的要求没有得到满足，因此朝野两党开启对话的条件仍不具备，该联盟决定不出席第二轮对话。

李克强与主要国际经济组织负责人举行第二次“1 +6”圆桌对话会。12 日，中国国务院总理李克强与世界银行行长金墉、国际货币基金组织总裁拉加德、世界贸易组织总干事阿泽维多、国际劳工组织总干事赖德、经济合作与发展组织秘书长古里亚和金融稳定理事会主席卡尼共同举行第二次“1 +6”圆桌对话会，主题为“构建开放、活力、包容的世界经济”。会议第一阶段围绕“全球经济形势与经济全球化的未来”主题，主要就全球经济增长、可持续发展、维护多边贸易体制、经济全球化、劳动力市场政策、国际金融监管改革等问题深入交流。李克强提出五点建议：一是各国应顺应多边主义和全球化大趋势，遵守和协商完善国际规则，加强宏观经济政策沟通协调；二是更大力度推进结构性改革；三是维护以自由贸易为基石的多边贸易体制；四是增强世界经济增长的包容性；五是继续推进金融监管改革。会议第二阶段围绕“推动中国经济转型升级”主题深入交流。李克强介绍了当前中国经济形势，并指出，中国经济转型升级依然任重道远，面临的困难挑战不容忽视。中国将坚持稳中求进工作总基调，继续全面深化改革，深入实施创新驱动发展战略，坚持发挥市场作用，对新产业、新模式、新业态进行包容审慎监管，多措并举培育新动能不断发展壮大，带动传统产业改造升级。中国对一切互利共赢的国际合作都持开放态度，将持续打造开放透明、一视同仁的市场环境。

第 72 届联合国大会举行。12 日，第 72 届联合国大会在纽约联合国总部开幕，主题是“以人为本：在可持续发展的地球上为全人类努力创造和平以及美好生活”。新上任的联大主席米罗斯拉夫·莱恰克在开幕致辞表示，本届联大的努力方向是以人为中心、平衡各方利益以及提升工作质量和透明度，讨论联合国改革将成为本届联大的重要议事日程。19 日，本届联大一般性辩论拉开帷幕。联合国秘书长古特雷斯、美国总统特朗普、法国总统马克龙首度亮相一般性辩论。古特雷斯作年度工作报告，表达了对当前世界面临的挑战与威胁的担忧，其中包括核威胁、气候变化、极端主义和恐怖主义等。他强调，多边主义比以往任何时候都更重要。他呼吁各国携起手来，实现《联合国宪章》中做出的承诺，提升全人类的尊严。特朗普演讲时长超过 40 分钟，他阐述了“美国优先”理念，称美在与别国交往中秉持基于共同目标、利益和价值观的现实主义外交策略，他将始终把美利益放在首位。特朗普还向朝鲜、伊朗、叙利亚以及委内瑞拉四国发难，称朝鲜的核武器与弹道导弹是对全世界的威胁，表示如果美被迫自卫或保护盟国，将别无选择去“彻底摧毁朝鲜”；指责伊实行伪民主、支持恐怖主义，还把伊核协议称为美签订过的“最糟糕、最不公平”的协议；指责委总统马杜罗搞独裁，威胁对委采取进一步行动。马克龙在随后的发言中表示，联合国需要多边主义来应对全球性挑战，而不是特朗普一再宣称的“美国优先”的单边主义；他批评美总统特朗普退出《巴黎协定》是“一个错误”，并表达了不与美讨价还价的强硬立场；对于朝鲜核问题，马克龙表示，法反对一切使紧张局势升级的言行，威胁动武的言论不合时宜，必须维护地区和平，通过对话化解危机；他认为，2015 年签署的伊核协议是国际社会的一大胜利，各方都是赢家，“放弃伊核协议会是重大的错误”。他还对肆虐在叙利亚、伊拉克、马里等地的恐怖主义和侵犯人权的行为表示谴责，呼吁对难民和移民予以同情。当天，委总统马杜罗回应特朗普称，特朗普表达的内容都是种族至上、帝国至上的内容。伊外交部部长扎里夫称，特朗普无知愚昧的仇恨讲话应该属于中世纪，而不是 21 世纪的联合国。21 日，中国外交部长王毅在一般性辩论中发表题为《人人得享和平与发展》的演讲，全面阐述中国对当前国际形势、重大国际和地区问题的立场和主张，表明中国愿同联合国会员国一道维护世界和平与稳定、促进发展与繁荣的坚定决心。一般性辩论期间，还举行了气候变化问题高级别非正式对话会、联合国维和行动安理会高级别会议等一系列会议。23 日，朝鲜外务相李勇浩在联大一般性辩论中回应特朗普 19 日所作发言称，美的敌对政策和核威胁是朝发展核武器的根本原因，朝的最终目的是在核能力上与美国达到平衡态势，追求拥有核武器国家地位已成为朝的“宿命”。25 日，第 72 届联大落下帷幕，其间，共 196 位国家元首、政府首脑或高级代表分别代表各会员国或观察员国出席会议并发言，发言人数为 11 年来最多。莱恰克在闭幕致辞中表示，首先，各国都将和平和预防置于首要位置，重申预防性外交的重要性以及对联合国维和行动的持续支持。第二，各国都提及全球人民的需求，呼吁让人权、性别平等和法治成为规范。第三，各国都谈到为落实可持续发展目标所做的努力，表达了对《巴黎协定》的支持。最后，各国再次确认对联合国的信念，并呼吁联合国做出更多努力适应全球的变化。

容克发表 2017 盟情咨文。13 日，欧盟委员会主席容克在欧洲议会发表 2017 年度盟情咨文，阐述欧委会未来 16 个月的工作重点，并就欧盟的未来发展方向进行了规划。容克表示，欧盟经济现在处于复苏的第五个年头，每个成员国都实现了经济增长。特别是在过去两年，欧盟经济增长率超过美国，失业率创下 9 年来的最低点。关于未来 16 个月的工作，容克重点阐述了五个方面。一是强化欧盟的贸易政策，强调开放但必须互惠。提出全新的欧盟投资审查框架。按照新规定，如果一家外国国有企业打算购买欧洲的港口、部分能源基础设施或者一家国防技术公司，只能在透明、接受监督和经过辩论的情况下进行。二是致力于使自己的工业更加强大，并更具竞争力。提出新“工业政策战略”，旨在帮助欧盟的工业保持或成为创新、数字化和脱碳领域的世界领先者。三是在应对全球气候变化方面，欧盟将在美国退出《巴黎协定》的情况下，承担起领导者的角色。四是在数字化时代，欧委会将继续保护民众免受网络袭击、禁止恐怖主义和极端思想在网上传播等等。五是对欧盟在应对非法移民和难民潮方面取得的进展予以肯定。关于欧盟的未来前景，容克向欧洲议会提出了关于欧盟未来的设想，并称之为“第六种方案”，主要内容是，以“自由、平等和法制”三个原则为基础，打造更加团结、更加强大和更加民主的联盟。为加强对外部边界的管控，他提议在保加利亚和罗马尼亚立即实施申根区的自由流动原则。在机构改革方面，容克提议将欧盟委员会主席和欧洲理事会主席两个职位合而为一，从而提高效率。为强化经济与货币联盟，他提议帮助所有的欧盟成员国加入欧元区，鼓励所有的成员国加入欧洲银行业联盟，并认为欧盟需要一位经济和财政部长，以促进和支持成员国的结构性改革。为提高决策效率，容克提议在遇到涉及财税和外交政策时，将一致通过原则改为特定多数通过。他还明确指出，在他担任欧委会主席的任期内，欧盟不再扩大。土耳其在可预见的未来不可能加入欧盟。当日，容克向欧洲议会议长塔亚尼、欧洲理事会主席图斯克以及相关轮值主席国提交了路线图，为规划欧盟未来发展方向明确了时间表。

新加坡产生首位女总统。13 日，新总选举官宣布，总统选举唯一候选人、前国会议长哈莉玛当选该国第八任总统，成为新有史以来的首位女总统。14 日，哈莉玛在新总统府宣誓就职。哈莉玛现年 63 岁，2001 年步入政坛，曾出任新社会与家庭发展部政务部长。2013 年 1 月任国会议长，是新首位女性国会议长。新首任总统尤索夫是马来族，之后一直没有马来族人出任总统。2016年新政府宣布，下任总统人选将从马来族群中选出。3名参选总统的马来族候选人中，仅哈莉玛获得总统选举委员会颁发的资格证书。

安倍晋三访问印度。13日，日本首相安倍晋三抵达印总理莫迪的家乡古吉拉特邦艾哈迈德巴德，展开为期3天的访印之行，莫迪亲自到机场迎接。14日，莫迪和安倍晋三出席孟买—艾哈迈达巴德高铁项目的奠基仪式，该高铁项目是印的首个高铁项目，采用日的新干线技术，项目造价约为150亿至170亿美元。随后，两人举行第12次印日年度首脑会晤，并发表倡导实现“自由、开放、繁荣和印度太平洋”的联合声明。声明称日印将就防卫装备研发展开合作，并提及将为实现日核电相关技术出口而成立工作组。此前日印已签订核能协定。两国领导人还参加了日向印提供约1900亿日元贷款的签字仪式，其中包括1000亿日元的面向高铁的贷款。

美伊围绕伊核协议交锋。14日，美国财政部宣布对4家实体和7名个人实施制裁，指责他们支持伊朗弹道导弹计划以及向美金融系统发动网络攻击等。受到制裁的实体和个人在美境内的资产将被冻结，同时美国人将被禁止与其进行交易往来。17日，伊最高领袖哈梅内伊称，美企图破坏伊核协议，伊不会对美方的“霸凌”行为低头，如果美对伊核协议采取任何错误行动，伊方将予以强烈回应。18日，伊副总统萨利希在国际原子能机构年会上表示，伊完全遵守了伊核协议，美政府采取的拖延政策和措施旨在破坏核协议，妨碍伊因全面落实该协议而应享有的合法利益，这与核协议的文字和精神背道而驰。8月底国际原子能机构发布的报告认定，伊履行了伊核协议。19日，美总统特朗普在联合国大会一般性辩论上称伊核协议是“一边倒”的协议，是对美的“羞辱”，表示美无法遵守一份为伊发展核武器提供掩护的协议。20日，特朗普表示，已就美是否会退出伊核问题全面协议做出决定，但拒绝透露决定内容。同日，伊总统鲁哈尼在联合国大会一般性辩论上回应称，伊核问题全面协议是一份国际协议，获得了联合国安理会决议的认可，伊绝不会主动破坏伊核协议，但会坚决回应任何违反协议的行为。23日，伊宣布“成功”试射一枚射程达2000公里的导弹。

第六轮叙利亚问题阿斯塔纳和谈取得进展。14—15日，第六轮叙利亚问题和谈在哈萨克斯坦首都阿斯塔纳举行。各方就5月4日签署的在叙建立“冲突降级区”备忘录落实情况表示满意，并就在叙设立第4个“冲突降级区”达成协议。“冲突降级区”持续 6 个月，根据停火担保国之间的共识，持续时间将自动延续。哈萨克斯坦外长阿布德拉赫曼诺夫表示，设立“冲突降级区”是阿斯塔纳和谈取得的实质成果，是停火担保国实现重要目标的基础。“冲突降级区”的有效落实将为降低冲突程度、缩小冲突范围起到积极作用。23 号，叙外长穆阿利姆在联大一般性辩论发言时表示，叙将坚持叙利亚问题日内瓦和谈和阿斯塔纳和谈，遵守“冲突降级区”的相关协议，同时保留在其他方违反的情况下采取回应措施的权利。他还强调，在叙建立“冲突降级区”是临时措施，不能以此破坏叙领土完整。

伊拉克库尔德自治区举行独立公投。15 日，伊库尔德自治区（库区）议会正式投票批准就独立问题定于 25 日举行公投。18 日，伊联邦最高法院做出裁决，要求库区停止举行独立公投。21 日，参加联合国大会的土耳其、伊拉克和伊朗三国外长罕见发表联合声明，要求取消此次公投，并且呼吁国际社会介入。联合国、欧盟、美国等国际组织和国家都公开反对此次公投。25 日，伊库区按期举行独立公投，包括来自库区管辖的 3 个省（杜胡克、埃尔比勒和苏莱曼尼亚）以及由库尔德人控制但与伊中央政府存在管辖权争议的地区的数百万人，投票率超过 70%。同日，伊议会通过一项决议，要求重新将安全部队部署到库区行政范围外的“争议地区”。土耳其、伊朗等周边国家纷纷启动了针对库区公投的反制措施。联合国、欧盟、美国、俄罗斯和埃及等国际组织及国家一致表示反对库区独立，支持伊拉克的统一和领土完整。26 日，土宣布伊拉克库区驻土耳其代表为不受欢迎的人，禁止其重返土耳其。土方还威胁对库区采取经济和军事上的反制措施，包括切断库区经由土耳其的输油管道。26 日，土伊在两国边境举行联合军事演习。伊朗在与伊拉克库区相邻的西部边境加强军力部署，并关闭领空，禁止伊航班飞往库区，同时禁止库区起飞的航班进入伊领空。27 日，伊库区政府宣布，92. 73% 的选民投票支持独立，此次公投获得通过。库区主席马苏德·巴尔扎尼表示，投票结果不会导致立即宣布独立建国，而应成为谈判的开始。伊中央政府则坚决要求库区回归宪法框架，放弃公投结果。同日，埃及协商会议阿拉伯事务委员会呼吁阿盟召开紧急会议，邀请伊总理阿巴迪和库区领导人巴尔扎尼出席，共同研究解决双方分歧的政治出路，避免伊拉克领土分裂。29 日，美国国务卿蒂勒森表示，美国不承认伊库区公投，并认为投票缺乏合法性。土宣布，无限期停飞所有飞往库区埃尔比勒和苏莱曼尼亚两个城市的航班。

哈马斯宣布解散“行政委员会”并同意举行大选。17 日，巴勒斯坦伊斯兰抵抗运动（哈马斯）发表声明，宣布解散掌握加沙地带管理权的“行政委员会”，并同意在巴举行大选。在声明中，哈马斯还同意由巴和解政府接管加沙地带并行使行政权力，落实 2011 年哈马斯与巴总统阿巴斯领导的民族解放运动（法塔赫）在开罗签署的和解协议。法塔赫革命委员会秘书长马吉德·法特亚尼对此表示欢迎，称这是在结束巴内部分裂的道路上迈出“切实的”一步。解放巴勒斯坦人民阵线、解放巴勒斯坦民主阵线、伊斯兰圣战组织等派别也纷纷发表声明，对哈马斯的决定表示欢迎，称这是结束巴内部分裂的“根本步骤”，并呼吁立即展开全面的全国对话，制定执行和解协议的切实机制。它们同时呼吁阿巴斯取消对加沙地带实施的“惩罚性”施压措施。

中俄“海上联合—2017”军演落幕。18—25 日，中国与俄罗斯“海上联合—2017”第二阶段演习在在日本海彼得大帝湾至鄂霍次克海南部海域举行。中国海军石家庄舰、大庆舰、东平湖舰和长岛船，与俄海军太平洋舰队参演舰艇展开援潜救生、联合反潜、联合防空、联合反舰、联合反恐等科目演习。此次“海上联合—2017”演习分两个阶段，第一阶段于 7 月 21—28 日在波罗的海举行。中国海军在波罗的海东南部海域，与俄海军波罗的海舰队展开联合演习，是中国海军首次在波罗的海海域与俄海军开展大型联合演习。此次是中俄第 6 次海上联演，跨越俄国土东西两端。中俄双方四大舰队参演，演习区域更加拓展、演练内容更加深入、组织实施更加规范、信息系统运用更加流畅，标志着两国两军战略互信达到了新高度，海上联演达到了更高水平。

美国向阿富汗增兵。18 日，美国防部长马蒂斯证实，美军将向阿增兵 3000 多人，在阿美军士兵总人数将增至约 1.4 万人。26 日，马蒂斯在印度新德里与印国防部长尼尔马拉·西塔拉曼会面商讨阿问题。西塔拉曼表示，印通过民间项目对重建阿作出自己的贡献，并将继续扩大援助范围，但印不会与美及其盟友一同参与在阿的军事行动。27 日，马蒂斯与北约秘书长斯托尔滕贝格一道突访阿。这是特朗普公布对阿战争新战略以来美国防部长首次访阿。马蒂斯与斯托尔滕贝格共同与阿总统加尼举行会谈。在会见后的联合记者会上，马蒂斯表示，美军向阿增兵的确切人数尚未明确，但美将继续给予阿安全部队更多支持。斯托尔滕贝格表示北约欢迎美对阿新战略，呼吁塔利班方面回到谈判桌，并宣布北约将每年向阿军方提供 10 亿美元援助直至 2020 年。加尼表示，希望北约能够针对美对阿新战略予以积极回应。

经合组织称全球经济出现改善但增长尚不稳固。20 日，经济合作与发展组织（经合组织）发布最新经济展望称，全球主要经济体以更协同的步伐增长，投资、雇佣和贸易都在扩展，但全球增长势头尚不稳固，缺乏可持续性。新兴市场经济体作为全球总体增长的关键所在，经济总体有改善，其未来有赖于更为深入的改革。展望上调了对中国、俄罗斯、欧洲（除了英国）以及全球经济的增长预测。全球经济增长将从 2016 年 3. 1% 的低点，加快至 2017 年的 3. 5% 以及 2018 年的 3. 7%，其中美国、欧元区、巴西、俄罗斯对全球增长前景的改善贡献最大。中国经济 2017 年和 2018 年的增长预期分别达到 6. 8% 和 6. 6%，上调 0. 2 个百分点。印度经济增长预期从此前的 7. 3% 被下调至 6. 7%，但可能仍是全球增长最快的大型经济体。2017 年和 2018 两年，美国经济增长分别为 2. 1% 和 2. 4%，欧元区经济增长分别为 2. 1% 和 1. 9%，其中德国增长预期分别上调至 2. 2% 和 2. 1%，法国为 1. 7% 和 1. 6%，意大利将增长 1. 4% 和 1. 2%。英国受“脱欧”影响，经济增长放缓可能延伸到 2018 年，预计经济增幅分别为 1. 6% 和 1%，将成为 2018 年七国集团中增长最慢的。日本经济上半年增长略有起色，2017 年经济增长率上调为 1. 6%，2018 年为 1. 2%。

美国宣布启动“缩表”计划。20 日，美联储主席耶伦在为期两天的美联储货币政策会议结束后宣布，美联储将从 10 月份开始缩减目前规模达 4. 5 万亿美元的资产负债表（“缩表”），逐渐取消实施近 10 年的大规模刺激计划。根据“缩表”计划，从 10 月份开始，美联储再投资削减规模每 3 个月增加 100 亿美元，逐渐增至每月 500 亿美元的最大值，直到美联储的整体资产负债表在未来几年内减少 1 万亿美元或者更多。耶伦强调，美联储资产负债表的缩减将是渐进的、可预期的，只有在经济状况严重恶化的情况下，美联储才会逆转“缩表”计划。他同时表示，美联储决定维持目前 1%—1. 25% 的联邦基金利率目标区间不变，且年内很可能还将加息一次。2008 年金融危机后，美联储不仅将利率降至超低水平，也通过量化宽松货币政策购买大量美国债和机构抵押贷款支持证券，以刺激美经济复苏，美联储资产负债表的规模从金融危机前不到 1 万亿美元膨胀至目前约 4. 5 万亿美元。继 2015 年底启动加息后，此次“缩表”计划将使美联储的货币紧缩进程进入新阶段。

第四轮英国“脱欧”谈判实质进展有限。22 日，英首相特雷莎 · 梅在意大利佛罗伦萨发表讲话，公布英“脱欧”过渡期计划，就英“脱欧”谈判中的一系列核心议题表明立场。她表示，英2019年正式离开欧盟后的两年为过渡期，英仍将大致遵从现有欧盟法规，愿意继续向欧盟支付相关费用，以确保欧盟在英“脱欧”后不会陷入预算黑洞。她还证实，在过渡期间，欧盟公民前往英将不会受到限制。24日，英方协商代表戴维斯公开驳斥了英政府准备支付400亿英镑作为脱离欧洲联盟分手费的传闻。25—28日，第四轮“脱欧”谈判在布鲁塞尔欧盟委员会总部举行，双方在“脱欧费”、爱尔兰边境以及公民权利等核心议题上进展有限。欧盟首席谈判代表巴尼耶和戴维斯共同出席谈判后的发布会，双方在发言中均承认第四轮谈判富有建设性，戴维斯认为谈判在一些议题上取得长足进步，但巴尼耶则坚称双方还远未收获足够进展。围绕脱欧后双方各自境内的己方“公民权利”问题，戴维斯称英方在本轮谈判中同意将“最终达成的‘脱欧协议’并入英法律”，即“立即生效”，巴尼耶认为这一点非常重要，称此举将确保在英欧盟公民的权利。双方还同意确保英法院在“脱欧”后继续使用欧盟法的相关概念。关于欧盟法院在公民权利问题上的管辖权等关键议题，双方依旧没有谈拢。在“脱欧费”议题上，双方并未就具体数额达成一致。有关爱尔兰边境问题，双方已开始就维护英与爱尔兰间的共同旅游区起草相关指导原则。29日，欧盟委员会主席容克表示，除非出现奇迹，否则英“脱欧”谈判不会出现重大进展，尤其是有关贸易方面的课题。

特朗普签署新旅行禁令。24日，美国总统特朗普发布新的旅行禁令，对乍得、伊朗、利比亚、朝鲜、叙利亚、委内瑞拉、也门、索马里8国公民移民或入境美国进行限制。新的禁令将于10月18日起生效，并且没有设定结束日期。此前旅行禁令中的苏丹被移除，新增乍得、朝鲜和委内瑞拉。朝鲜和委内瑞拉加入名单后，扩大了禁令的限制范围，此前的禁令主要针对西亚非洲国家。

默克尔连任德国总理。24日，德举行联邦议院选举。25日，根据官方计票结果，默克尔领导的联盟党（基民盟/基社盟）共获得246个联邦议院议席，保住了第一大党位置，默克尔第四次出任德总理已成定局。但33%的得票率为该党历史最低水平，与上届大选相比，猛跌8.5个百分点，成为损失议席最多的党。德第二大党社民党的得票率仅为20%，比上届减少约5%的选票。鉴于选举败北，社民党决定不再与联盟党组成大联合政府，并转为最大反对党。成立仅仅4年、极右翼的德国另择党成为本届德国大选最大黑马，获得 13.3% 的选票，一举跃升为德议会第三大党。自民党和绿党分别获得 10.5% 和 9.1% 的支持票，比上届均有较大增加，位列第四和第五位。左翼党以 8.7% 的得票率紧随其后，其他政党由于得票率不足 5% 而无缘议会席位。

安倍晋三强行解散日本众议院。25 日，日首相安倍晋三宣布将于 28 日解散众议院，提前举行大选。同日，东京都知事小池百合子宣布成立“希望之党”，并出任党首。28 日，安倍晋三召集举行第 194 届临时国会的众议院全体会议，宣布正式解散国会众议院并于 10 月 22 日举行大选。日民进党、共产党、自由党、社民党 4 个在野党缺席以示抗议，指责安倍晋三强行解散众议院违反宪法。同日，日最大反对党民进党召开两院议员总会，正式决定并入“希望之党”，民进党候选人以“希望之党”候选人名义参加即将举行的众议院选举。

泰国最高法院判处前总理英拉 5 年监禁。26 日，泰总理巴育表示，目前已知前总理英拉身在何处，但必须等到 27 日法院宣判后才能公开。27 日，泰最高法院在英拉缺席的情况下宣判大米收购案，认定英拉渎职导致原部下官员贪污、致使政府损失数千亿泰铢以及本人缺席法院最终审判，两罪并罚，入刑 5 年，不得缓刑。28 日，巴育称英拉身在阿拉伯联合酋长国的迪拜。泰警方在全国范围通缉英拉，英拉一旦入境就会遭到逮捕。泰制宪委员会主席米猜表示，根据现行宪法，英拉若不服最高法院判决，必须在 30 天内亲自去最高法院相关部门上诉。若不上诉，由于违反反贪污法律被判监禁的人士终身不得担任政治职务，英拉的政治生命将面临终结。

联合国工发组织举办“一带一路”城市绿色经济发展大会。26 日，联合国工业发展组织（工发组织）在维也纳举办“一带一路”第二届城市绿色经济发展大会，来自 60 多个国家的 131 个城市以及企业、机构代表参加会议。此次会议的目的是推动落实“一带一路”倡议，帮助城市以及企业之间寻求合作机会，实现合作共赢。工发组织总干事李勇表示，工发组织鼓励“一带一路”沿线城市以及合作伙伴为实现未来城市可持续工业发展起到引领作用。

俄罗斯销毁最后一批库存化学武器。27 日，俄总统普京下达销毁最后一批库存化学武器的命令，至此俄所有库存化学武器已全部销毁。禁止化学武器组织发布公报证实俄方已经销毁最后一批库存化学武器，并称俄完成化武库存销毁行动是实现《禁止化学武器公约》目标的一个里程碑。普京在电视讲话中表示，现在俄已经销毁所有库存化武，完成了《禁止化学武器公约》中最主要的任务，考虑到苏联时期遗留的化武数量之多，这的确是历史性事件，对促进世界向更安全、更平衡方向发展具有重要意义。普京还称，美国没有履行自己销毁化学武器的义务，3 次以资金不足为由推迟了相关期限。同日，美国务院向媒体表示，美的目标是到 2023 年底前彻底销毁自己的化学武器。

中美举行首轮社会和人文对话。28 日，首轮中美社会和人文对话在华盛顿举行，中国国务院副总理刘延东和美国国务卿蒂勒森共同主持。双方围绕“中美关系未来 50 年——相互理解、共生共享”的主题，共同探讨如何为两国人民交流拓宽渠道，提供便利，进一步加强人文交流，扩大两国人民友好往来，夯实两国关系民意基础，为中美关系长期健康发展提供更多正能量。对话通过了《首轮中美社会和人文对话行动计划》，逐步落实教育、科技、环保、文化、卫生、社会发展和地方人文合作七大领域共 130 多项具体成果。

10月

- 西班牙加泰罗尼亚自治区举行“独立公投”
- 美伊就伊核协议交锋加剧
- 美国宣布退出联合国教科文组织
- 德国联盟党赢得联邦议院选举胜利
- 法塔赫和哈马斯达成和解协议

国际社会加大对朝鲜制裁和施压力度。1 日，为回应朝近期开展的核导试验，意大利政府继墨西哥、秘鲁、科威特和西班牙之后，宣布驱逐朝驻意大使，并呼吁国际社会持续对朝政府施加压力。10 日，欧盟根据联合国安理会第 2375 号决议，再度加强对朝制裁措施，包括对朝天然气禁运、停止进口朝纺织品、限制对朝石油出口等。14 日，俄罗斯总统普京签署命令，在涉朝金融交易和朝货物出口等方面对朝实施制裁。16 日，欧盟 28 国外长举行会议，一致同意在全面履行联合国安理会决议基础上对朝采取更加严厉的单方面制裁，包括全面禁止对朝投资以及对朝出售成品油和原油，并将向朝的个人汇款限制从 1.5 万欧元削减至 5000 欧元。欧盟外交与安全政策高级代表莫盖里尼表示，新制裁旨在通过施压打开和平解决朝核危机的政治渠道，促使朝当局全面、不可逆、可核查地放弃核武器和弹道导弹计划。24 日，美国和新加坡发布两国政府联合声明，表示将考虑采取额外制裁措施，促使朝就放弃核导研发项目展开“有意义的”对话。25 日，俄卫星通讯社报道，美向太平洋西部派遣了 2 个航母战斗群，从而使该地区航母战斗群数量增加到 3 个。26 日，美宣布对朝 7 名人员和 3 家机构实施制裁，这些人员和机构涉及朝军事安全部门、驻外使领馆和海外企业，其在美境内资产将被冻结，美公民不得与其进行交易。28 日，第 49 届韩美安保会议在首尔举行，韩美两国防长签署共同声明，商定在韩部署更多美军战略武器；美方将继续推进“基于条件的战时作战指挥权移交”方案，承诺在战时作战指挥权的移交问题上向韩积极提供帮助。

葡萄牙执政党社会党赢得新一届地方选举。1 日，葡举行地方选举。计票结果显示，执政党社会党在现总理科斯塔带领下赢得 153 个市的选举，较上届地方选举多出 3 个，成为本次选举的最大赢家；前总理科埃略领导的最大反对党社会民主党仅赢下 76 个市的选举，较上届选举减少 30 个。当晚，科斯塔发表获胜感言，强调社会党赢得该党有史以来最大一次胜利，表明社会党在民众中的支持率持续上升。科埃略则对媒体表示，他不会立即辞去社会民主党主席职务，但是可能不会参加将于2017年1月举行的党主席选举。葡地方选举每四年举行一次。本次地方选举除选举产生全国308个市的政府官员和议会议员，还选举产生3092个区议会议员。

美国连续发生严重恐袭案。1日，拉斯维加斯曼德勒海湾赌场附近举行的一场乡村音乐节上发生枪击案。64岁白人枪手史蒂芬·帕多克从宾馆楼上开枪扫射演唱会观众，致59人死亡，527人受伤。此次袭击是美最为惨烈的大规模枪击案。袭击发生后，美全国降半旗致哀。极端组织“伊斯兰国”随后声称对事件负责，称枪手数月前已宣布效忠该组织，但美警方予以否认。2日，习近平主席致电美总统特朗普，向美政府和美人民表示深切同情，向遇难者表示沉痛的哀悼，向受伤者表示真挚的慰问。31日，纽约曼哈顿下城区发生卡车冲撞行人事件，导致至少8人死亡，12人受伤。纽约市长德布拉西奥宣布这是一起恐袭事件。同日，美国务卿蒂勒森呼吁国会允许政府不限范围地使用武力打击恐怖分子。

西班牙加泰罗尼亚自治区举行“独立公投”。1日，西加泰罗尼亚自治区（加区）根据该区议会9月6日通过的“独立公投法案”举行“独立公投”，约226万人参加公投，投票率仅约为42%。中央政府动用军警全力阻挠公投，引发流血冲突并致800余人受伤。当晚，首相拉霍伊表示所谓“公投”为非法，但中央政府愿与加区政府就此进行对话。2日，加区政府宣布，90%的选票支持加区成立独立共和国。当日，欧盟委员会表示，加区“独立公投”“不合法”，呼吁西各方尽快停止对抗、展开对话。3日，国王费利佩六世发表电视讲话，谴责公投“违反宪法及其自治章程”并破坏国家稳定和团结。5日，西宪法法院宣布，暂时取消将于9日举行的加区议会全体会议，以避免主张该地区独立的党派在会上根据非法公投结果宣布该区独立。11日，加区主席普伊格蒙特在区议会全体会议上宣布“加区独立”，随即又表示独立暂缓数周生效，以便同中央政府开展对话。随后，普伊格蒙特与加区其他分离主义政党领导人共同签署《独立宣言》。当晚，拉霍伊再次重申拒绝加区独立及与加区政府开展任何调解。16日，西最高法院下令，逮捕加区分裂势力组织的两名领导人。21日，西政府召开内阁紧急会议，在加区政府不撤回独立宣言的情况下，拉霍伊宣布解散加区议会、区政府并罢免其领导人，6个月内选出新区议会。27 日，加区议会以 70 票通过、10 票反对、2 票弃权结果，单方面宣布脱离西独立。当日，西参议院召开紧急会议，通过启动宪法第 155 条、授权中央政府全面接管加区政府的决议。拉霍伊随后宣布加区独立为非法，决定解散加区政府、解除加区主席普伊格蒙特的职务。29 日，巴塞罗那爆发大游行，约 30 万民众走上街头，呼吁西统一，反对加区独立。30 日，加区议会表示，承认中央政府将其解散的决定，在举行提前选举前将停止运行。同日，普伊格蒙特带领其他 5 名加区前官员抵达比利时。31 日，普伊格蒙特在记者会上否认将在比利时寻求庇护，称他仍是加区"合法主席"，同意举行地方选举，但表示将继续争取加区独立。当日，西宪法法院废止加区独立声明。同日，西最高法院传唤普伊格蒙特和其他 13 名官员，要求其在 11 月 1 日和 2 日出庭应讯。2014 年 11 月 9 日，加区已举行过一次"独立公投"，80.7% 投票者赞成完全独立，但由于违反西国家宪法，投票结果被宣布无效。

厄瓜多尔副总统因涉贪腐被捕。2 日，厄最高法院以副总统豪尔赫·格拉斯涉嫌贪腐和受贿为由，决定对其实行预防性羁押。格拉斯随即发表声明，对最高法院的决定表示抗议，坚称自己是无辜的，表示不会辞去副总统一职。因格拉斯牵涉巴西最大建筑商奥德布雷希特公司海外行贿案件，6 月厄最高检察院开始对格拉斯进行司法调查。8 月 3 日厄总统莱宁·莫雷诺发布行政令，宣布解除格拉斯所有工作职权，但仍保有副总统职位。8 月 25 日厄国民大会授权最高法院对格拉斯提起刑事诉讼。

巴基斯坦前总理谢里夫被选为执政党领导人。3 日，根据巴最新通过的选举法案，前总理纳瓦兹·谢里夫被执政党穆斯林联盟（谢里夫派）选举为该党领导人。巴最高法院 7 月 28 日对谢里夫家族涉嫌腐败案作出裁决，决定取消谢里夫总理任职资格，谢里夫随后辞职。根据巴法律，被取消任职资格的政治家不能再次担任政党内职务；但穆斯林联盟（谢里夫派）凭借在巴国民议会（下院）中占据的多数席位，于 10 月 2 日在议会通过一项允许被取消任职资格的政治家再次选举为政党领导人的法案，为谢里夫当选铺平了道路。

欧盟就新反倾销计算方法达成共识。3 日，欧盟委员会、欧洲议会和欧盟理事会代表在法国斯特拉斯堡就欧盟新反倾销计算方法法规修改方案达成共识，在未来反倾销调查中对世界贸易组织成员不再使用"替代国"方法，而将引入"市场扭曲"这一新概念和标准，并就此签署非正式协议。当日，欧盟委员会发表新闻公报称，新的反倾销幅度计算方法遵循"国别中立"原则，适用于欧盟进口产品的原产国存在“市场严重扭曲”情况，例如政府对经济影响普遍存在、国有企业在市场占据主导、金融部门不独立等。新方法适用于新法规生效后新发起的反倾销原审调查。根据相关程序，欧洲议会全会和欧盟理事会将于11月就此进行投票。新法规预计将在2017年底前颁行。

美国驱逐古巴外交人员。3日，美政府宣布驱逐古驻美大使馆15名工作人员，美驻古巴大使馆也将完全撤离。美国务卿蒂勒森称，在美驻古使馆外交人员遭受不明“声波攻击”袭击事件中，古方未能采取合适措施保护美外交官安全。当日，古外交部发表声明称，美方行为“毫无根据”，意在将此事件政治化。古外长罗德里格斯称，古政府拒绝为所谓“声波攻击”事件承担任何责任，重申古绝不会对外交人员或其家属进行任何攻击，不会允许任何第三方利用古国土进行此类活动。2016年12月，美驻古使馆部分人员出现身体异常症状，疑似遭到“声波攻击”。作为回应，美方已于2017年5月23日驱逐两名古驻美外交官。

伊拉克库区公投事件继续发酵。3日，库尔德自治区（库区）高等选举与公投委员会表示，库区已做好一切准备，迎接将于11月1日举行的库区议会选举和主席选举。4日，土耳其总统埃尔多安在德黑兰与伊朗总统鲁哈尼举行会谈。双方一致表示，不会承认库区公投结果，要求各方切实维护伊统一。9日，伊政府宣布对库区实施多项新反制措施，并再次呼吁伊朗和土耳其停止与库区所有贸易往来，特别是石油产品贸易。11日，伊司法机构对库区独立公投组织者发出逮捕令。15日，库区主席、库尔德民主党领导人巴尔扎尼与库尔德爱国联盟主要领导人、伊总统福阿德·马苏姆（库尔德族）在苏莱曼尼亚省杜坎举行会晤并决定，拒绝接受伊政府将取消公投结果作为对话条件的要求，坚持举行无条件对话。16日，伊总理兼武装力量总司令阿巴迪下令政府军进驻与库区存在争议的基尔库克省，以应对库区武装人员对该地区的军事控制。18日，伊军方发表声明称，政府军部队已部署到基尔库克全省、萨拉赫丁省和尼尼微省部分城镇及靠近叙利亚边界的拉比亚地区，原先控制这些地区的库区武装都已撤离。同日，库区高等选举与公投委员会表示，原计划11月1日举行的库区议会选举和主席选举的筹备工作暂停，选举投票将因此推迟。19日，伊司法机构对库区副主席拉苏尔发出逮捕令。20日，伊政府军在基尔库克省与库区交界处附近与库区武装发生冲突。24日，库区向伊政府提议停火并开启对话，表示愿冻结公投结果。当日，库区议会决定，将自身任期延长 8 个月，同时将库区新议会和主席选举推迟 8 个月。25 日，埃尔多安在首都安卡拉与到访的伊总理阿巴迪举行会谈，双方表示反对库区独立公投，强调将维护伊领土完整。26 日，伊政府军在伊北部“争议地区”与库区武装发生多起激烈交火。同日，联合国安理会呼吁双方避免使用武力或威胁使用武力，尽快通过对话缓解紧张局势，保障伊统一。27 日，伊总理宣布暂停在北部“争议地区”的军事行动，与库区政府进行谈判，但随后进行的谈判中双方未能达成全面协议。29 日，库区主席巴尔扎尼宣布从 11 月 1 日起辞职。31 日，土总理和伊官员宣布，伊政府军已控制库区与土主要陆地口岸。自 16 日以来，库区已丧失近几年占据的大部分“争议地区”，包括石油重镇基尔库克，丢失的土地占库区此前控制地盘的 30% 。

联合国安理会扩大哥伦比亚核查团使命。5 日，联合国安理会一致通过决议，批准扩大新成立的哥伦比亚核查团的使命，使其同时负责监督哥政府与该国第二大反政府武装组织“哥伦比亚民族解放军”临时停火协议的执行情况，并决定增派最多 70 名国际观察员加入核查团，帮助核查团完成新增加的使命。安理会 2017 年 7 月通过决议，批准成立联合国哥伦比亚核查团，负责对哥政府和该国最大反政府武装组织“哥伦比亚革命武装力量”之间达成的和平协议第二阶段执行情况进行核查，负责核查“哥伦比亚革命武装力量”前战斗人员回归社会的情况等。哥政府和“哥伦比亚民族解放军”均向联合国提出了核查请求。

美伊就伊核协议交锋加剧。7 日，伊朗总统鲁哈尼表示，伊从伊核问题全面协议中获得的益处“不可逆”。伊在与伊核问题有关各方谈判过程中，已向世界证明伊有能力应对战争，更有能力维护和平。13 日，美总统特朗普公布美最新对伊战略，指责伊未遵守伊核协议“精神”并“在多方面违反协议”，宣布将把协议交由美会决定是否废止；如美政府不能与国会及美盟友达成新的解决方案，美做好了退出伊核协议准备。特朗普还宣布，美将制裁伊斯兰革命卫队。当日，鲁哈尼表示，美无权单方面取消伊核协议，重申伊将继续加强防卫能力，更加坚定不移地发展弹道导弹项目。俄罗斯、法国、德国、英国等分别对特朗普表态表示担忧，并呼吁协议各方履行义务。14 日，伊武装力量发言人表示，伊斯兰革命卫队将“打破美国称霸世界的美梦”，伊将不遗余力支援西亚甚至美国内被压迫人民。15 日，美国务卿蒂勒森表示，维持伊核协议符合美国家利益。16 日，特朗普再度表态，称伊核协议极有可能

“全面终止”。当日，欧盟28个成员国外长聚首卢森堡召开会议，强调将继续全面、有效执行伊核协议；欧盟将派遣外交与安全政策高级代表莫盖里尼前往华盛顿，挽救该协议。18日，伊最高领袖哈梅内伊警告美勿撕毁伊核协议，称如果美撕毁伊核协议，伊也会随即撕毁该协议。22日，特朗普表示，在加强对伊制裁的问题上，美不需要欧盟支持，欧洲国家可继续保持与伊贸易关系并从中获利。25日，哈梅内伊再次强调，伊不会就国家防御问题与他国谈判，伊完全有权发展防御性弹道导弹，此事无商量余地。29日，国际原子能机构总干事天野之弥访伊并与伊方举行会谈。鲁哈尼在会谈中表示，只要伊在伊核问题全面协议中的权益得到保障，伊将遵守协议。30日，伊武装力量总参谋长巴盖里表示，伊方一贯承诺遵守伊核协议内容，但如美重启对伊制裁措施，伊将退出伊核问题全面协议。

美国宣布解除对苏丹的经济制裁。6日，美国务院宣布，鉴于苏政府在多个方面采取了“持续的积极行动”，美决定解除对苏经济制裁。当日，苏政府发表声明称，欢迎美政府做出这一决定，并视此为苏美关系发展史上的重大积极表现。这一决定也是两国之间针对双方相互关切所进行的坦率、透明和富有建设性对话的自然结果。7日，苏政府表示，期待与美政府积极合作，实现两国关系全面正常化。8日，苏总统巴希尔宣布，将在冲突地区的单方面停火期限延长至12月，旨在为苏南科尔多凡州和青尼罗河州两地的谈判创造和平气氛，以尽快实现苏全国的和平与稳定，并将工作重心转移到亟待解决的发展问题上来。29日，苏外交部发表声明，承诺继续与美开展建设性合作，并积极与美方对话。自2011年以来，苏军队与反对派组织“苏丹人民解放运动（北方局）”持续作战。2014年1月以来，巴希尔开启全国对话进程，以彻底解决旷日持久的武装冲突并实现和平。

新西兰议会选举结果出炉。7日，新选举委员会公布议会选举最终计票结果显示，执政党国家党在120个议会席位中获得56个，主要反对党工党获得46个席位，新优先党、绿党和行动党分获9个、8个和1个议席。由于没有党派获得超半数席位，新一届政府的组成将取决于各党派间组建联合政府谈判的结果。19日，新优先党领导人彼得斯在议会宣布，该党将与工党组成联合政府。由于工党先前已同绿党结成竞选同盟，至此，三党在议会全部120席中拥有63席，占据多数，37岁的政治新星、工党领导人杰辛达·阿德恩出任总理，成为新自1856年以来最年轻总理，也是新历史上第三位女总理。同日，新看守内阁总理、国家党领导人英格利希承认国家党组阁失败，宣布该党成为议会中席位最多的反对党。25 日，候任总理阿德恩公布新一届内阁名单，阿德恩本人兼任艺术、文化和遗产部长、国家安全和情报部长及儿童减贫部长；新优先党党首彼得斯担任副总理兼外长，优先党副党首马克将担任国防部长。26 日，新一任政府宣誓就职。新议会选举每 3 年举行一次，自 1996 年开始实行“混合比例制”，获得议席最多的政党或政党联盟获得组阁权。此次选举及组阁是新自“混合比例制”实施以来，首次出现获最多议会席位的政党未能进入政府的情况。

朝鲜劳动党举行七届二中全会。7 日，朝劳动党第七届中央委员会第二次全体会议在平壤举行，朝最高领导人金正恩以朝劳动党委员长身份出席会议并作报告。金正恩在报告中表示，在当前严峻形势下，要团结一心，以自力更生和科学技术的力量粉碎制裁、发展经济，继续贯彻经济建设和核武力建设并进路线，“出色完成国家核武力建设的历史大业”。会议补选李勇浩等人为劳动党中央政治局委员，补选金与正等人为党中央政治局候补委员，补选崔龙海等人为党中央军事委员会委员，任命崔龙海等人为党中央部分部门的部长，并进行了党中央委员会副委员长选举等其他人事任免。

美国与土耳其爆发外交纠纷。8 日，美驻土大使馆宣布，出于安全考虑，即日起暂停在土所有非移民签证服务。土驻美大使馆随后也发表类似声明，宣布针对美公民采取同样举措。9 日，土总统埃尔多安对美国暂停在土的非移民签证服务提出批评，称美方的行为“令人失望”。10 日，美国防部称，美土外交纠纷不会影响两国军事运作和人员交流。土是北约亲密盟友，美将持续同土当局协调各类军事行动。12 日，土总统府发言人表示，土方已接到美方有关解决两国签证风波的请求；土外长恰武什奥卢已于 11 日同美国务卿蒂勒森通电话，美土双方就暂停非移民签证等事宜展开讨论，双方将保持密切沟通，应对两国外交摩擦。20 日，埃尔多安指责美国、法国和德国等国支持土反政府武装库尔德工人党，使土方在反恐战争中处于孤立境地。

特朗普政府正式废除《清洁电力计划》。10 日，美国环保署署长普鲁伊特签署文件，正式废除《清洁电力计划》。美环保署发表声明表示，特朗普政府致力于“纠正奥巴马政府的错误”，该机构在对《清洁电力计划》进行评估后认定其“超出环保署法定权限”，废除该政策将促进美能源发展，减少不必要的监管负担。当日，前环保署署长麦卡锡批评称，这是气候政策的“全面倒退”。《清洁电力计划》是奥巴马政府气候政策的核心，要求美发电厂到2030年在2005年基础上减排32%。

荷兰组建新内阁。9日，在荷议会选举结束208天后，荷4个政党宣布达成联合执政协议，结束了荷兰史上“最漫长组阁”。4党包括现任首相马克·吕特领导的传统右翼自由民主党、主张维护传统价值和道德观的基督教民主联盟、面向知识分子和中产阶级的六六民主党及成立于2000年的基督教联盟，4党在众议院150个议席中共占76席。26日，荷首相吕特组建的4党联合新大臣会议（内阁）向国王威廉－亚历山大宣誓就职。这是吕特2010年出任首相以来第三次组建内阁。根据联合执政协议，新一届荷政府将致力于改善公共安全、教育和医疗，为经济发展创造更多机遇，还将制定雄心勃勃的气候政策，在“捍卫荷兰特性”的同时积极参与国际合作。

北约议会大会在罗马尼亚举行。6—9日，第63届北约议会大会在罗马尼亚首都布加勒斯特举行，50多个国家派代表出席。会议主要议题包括支持北约在阿富汗的行动；北约—欧盟间的紧密合作；黑海地区的稳定与安全；东亚地区的不稳定风险；叙利亚和伊拉克的人道主义危机等。9日，北约秘书长斯托尔滕贝格在大会上发表讲话，强调北约在黑海地区军事存在的重要性，表示北约扩大在东翼的军事存在旨在适应新的安全挑战、提高应对威胁的能力；北约在爱沙尼亚、立陶宛、拉脱维亚和波兰的部队全部处于“作战状态”；北约不想孤立俄罗斯，也不愿出现“新的冷战”，北约的行动完全是为了防御而非发动冲突。

刚果（金）东部维和营地遇袭。9日，盘踞在刚东部北基伍省的一支乌干达反政府武装袭击了当地的一个联合国刚果（金）稳定特派团维和部队营地，造成1名维和军人死亡、12名维和军人受伤。7日，位于北基伍省贝尼市的刚政府军多处军营也遭这支乌干达反政府武装袭击，其中3处被袭击者攻陷，造成至少40人丧生。刚东部地区局势不稳定，不少地方武装和外国反政府武装在当地盘踞。据联合国有关机构统计，2016年以来已有数千名平民在该国东部地区武装冲突中丧生。

国际货币基金组织上调全球增长预测。10日，国际货币基金组织在最新《世界经济展望》中罕见表示乐观，认为受全球经济复苏持续加速驱动，2017年世界经济将增长3.6%，2018年有望增长3.7%。在上调增长预测的同时，该机构还预计世界各地通胀将保持在低水平，帮助提振家庭收入、延续宽松货币政策，并且结束多数国家的财政紧缩。中国经济在宽松信贷和大量公共投资的支撑下表现也优于预期，2017年和2018年经济增速预期上调0.1%至6.8%和6.5%。发达经济体2017年和2018年增速预计为2.2%和2.3%，其中美国为2.2%、2.3%；日本为1.5%、0.7%；欧元区为2.1%和2.9%，均较此前预测有所上调；新兴市场和发展中经济体2017年和2018年增速分别为4.6%和4.9%。

独联体国家元首理事会举行会议。11日，独联体国家元首理事会会议在俄罗斯索契举行，各成员国领导人签署一系列扩大和深化各领域合作的文件，涉及规范麻醉剂与精神药品及原料、严格弹药和爆炸物等运输、加强在反洗钱及反对资助恐怖主义和大规模杀伤性武器扩散方面合作等。会议还决定，塔吉克斯坦将担任2018年独联体轮值主席国。俄是2017年独联体轮值主席国，俄总统普京在总结本次会议成果时说，独联体国家领导人详细讨论了如何利用独联体的潜力加强贸易和投资活动，以及扩大成员国在工业和技术领域的合作；商定将加强成员国之间的贸易联系，同时协调各自在外交和安全领域的立场。普京表示，年初以来，独联体国家间经济活跃性复苏，货物贸易总额已达750亿美元，同比增长25%；强调完善自由贸易机制、消除商品流通障碍、简化海关手续及与欧亚经济委员会的协作是独联体国家间货物贸易继续稳定增长的保障。独联体全称独立国家联合体，现有9个正式成员国，分别是阿塞拜疆、亚美尼亚、白俄罗斯、吉尔吉斯斯坦、摩尔多瓦、哈萨克斯坦、俄罗斯、乌兹别克斯坦和塔吉克斯坦。

北美自贸协定第四轮谈判举行。11—17日，北美自贸协定的第四轮谈判在美国弗吉尼亚州阿灵顿举行，本轮谈判涵盖20余项议题。当日，美总统特朗普在白宫会见来访的加拿大总理特鲁多，双方在共同会见记者时表示，相关谈判非常艰难，存在三国不能达成一致的可能；如不能达成协议，北美自贸协定将被终止。特鲁多表示，仍对完成更新北美自贸协定谈判持乐观态度，因为美加墨三国广大民众将从中受益，但同时表示，鉴于特朗普政府不可预测性，加已做好一切准备。17日，谈判落幕，美加墨三方发表联合声明称，三方在谈判中出现“巨大观念差异”。为此，三方决定将第五轮谈判推迟至11月17日举行，以留出更多时间评估分歧，并且后续谈判将延续至2018年第一季度。加外交部长弗里兰在联合记者会上表示，美提出一系列“非常规要求”，可能逆转北美自贸区23年来的开放和合作，甚至可能有违世贸组织规定。美贸易谈判代表莱特希泽则在记者会上指责加墨两国不愿作出妥协及放弃不公平优势。自2017年8月中启动谈判以来，三国已经进行了四轮、总计22天的谈判。

美国宣布退出联合国教科文组织。12日，美国务院发表声明称，美决定退出联合国教科文组织，并已通知该组织总干事博科娃；美仍愿作为观察员国继续参与该组织，并将设立一个常驻该组织的观察团。声明称，美这一决定并不轻率，而是反映了美方关切，即不断增加的欠费问题、该组织进行基本改革的必要性以及该组织持续地对以色列的偏见。根据相关程序，美将于2018年12月31日正式退出联合国教科文组织。当日，以色列总理内塔尼亚胡表示，以也将退出联合国教科文组织，并称美方决定“勇敢而有道德”。2011年，美曾以国内法律限制为由停止向联合国教科文组织缴费，当年即砍掉8000万美元会费，占该组织预算的22%。美因此丧失了在该组织大会的投票权。至今美已拖欠该组织会费5亿美元。

德国联盟党赢得联邦议院选举胜利。12日，德公布9月24日举行的联邦议院选举最终计票结果，默克尔领导的联盟党（基民盟/基社盟）获得33%的选票，保持联邦议院第一大党地位。由于得票率未超过半数，联盟党需同其他政党联合组阁。20日，德联盟党与自民党和绿党等就组阁展开联合谈判。在当天谈判后，各方宣布了11月2日前再举行5轮联合谈判的日期。24日，新一届联邦议院举行9月大选后的第一次全体会议。本届联邦议院由709名议员组成，德前财长沃尔夫冈·朔伊布勒获得超过70%议员的支持，当选新议长。在此次全会上，极右翼党派德国另择党遭遇其他党派的联合抵制。该党代表发言时，没有其他政党的议员鼓掌，该党提名的副议长人选也未获通过。

法塔赫和哈马斯达成和解协议。12日，巴勒斯坦总统阿巴斯领导的巴民族解放运动（法塔赫）与巴伊斯兰抵抗运动（哈马斯）在埃及开罗签署协议，同意和解并结束长期分裂的局面。根据协议，法塔赫将于12月1日前接管由哈马斯控制的加沙地带。法塔赫方面称，双方同意促成和解政府，意味着合法政府的回归。哈马斯方面称，巴各派别只有团结才能实现人民的希望和愿景。当日，联合国秘书长古特雷斯与阿巴斯通电话表示祝贺，并重申联合国愿为巴政府在加沙地带履行职责提供帮助。17日，巴和解政府宣布，开始在加沙地带重组政府部门和机构。同日，以色列发表声明称，拒绝与包括未解除武装的哈马斯在内的巴和解政府进行谈判。29 日，巴以两国高级官员在约旦河西岸城市拉姆安拉举行双边会谈，巴总理拉米·哈姆达拉和以财长摩西·卡隆分别率团参加。会谈主要涉及以方移交巴方应得税款等财政收入、双方建立电子会计系统、规范巴以间银行关系等问题。2007 年，法塔赫与哈马斯爆发冲突，哈马斯武力夺取了加沙地带控制权，法塔赫实际控制约旦河西岸地区。2011 年 5 月，在埃及斡旋下，法塔赫与哈马斯在开罗签署和解协议。2014 年 6 月两派组建和解政府，但其后和解协议未能落实，和解进程被搁置。2017 年 9 月 17 日，哈马斯宣布同意由巴和解政府接管加沙地带并行使行政权。

美国对缅甸实施针对性制裁。12 日，面对西方对缅政府应对若开邦罗兴亚人问题的激烈指责，缅国务资政昂山素季发表电视演讲，呼吁全国团结，表示已成立委员会，监督对受暴力打击的若开邦的所有国际及当地援助，强调正和孟加拉国会谈，讨论现时在孟难民回国。18 日，美国务卿蒂勒森表示，缅军方领导人须为暴力镇压罗兴亚人负责。23 日，美国务院声明，鉴于缅若开邦最近的局势发展、罗兴亚和其他社群所遭受的暴力，美将采取行动，对缅采取进一步措施，对缅进行针对性制裁，主要包括停止缅军方现任和前任官员的旅行豁免权、停止针对缅若开邦北部的援助等。自 8 月底缅若开邦爆发冲突以来，已有超过 20 万罗兴亚人弃家逃往孟。截至 8 月 27 日，连续发生的恐怖袭击已造成上百人死亡。2016 年 10 月 7 日，美前任总统奥巴马签署行政命令，终止涉及缅制裁措施的国家紧急状态和与此有关的多个行政命令，并免除其他针对缅的金融制裁，这意味着美正式解除自 1997 年起对缅的经济制裁。

特梅尔续任巴西总统。13 日，巴联邦最高法院投票决定，总检察长罗德里戈·雅诺特将继续负责对特梅尔的调查。按照规定，雅诺特将于 18 日卸任，届时将由拉克尔·道奇继任总检察长一职。14 日，雅诺特第二次向联邦最高法院起诉总统米歇尔·特梅尔，起诉罪名为妨碍司法和有组织犯罪。雅诺特当日还起诉了另外 8 人，包括此前特梅尔受贿案主要证人、巴肉类生产加工企业 JBS 集团前负责人巴蒂斯塔、前众议长库尼亚以及总统府民事办公室主任和特梅尔的前顾问等；其中，巴蒂斯塔和萨乌德 3 人因妨碍司法被起诉。当日，特梅尔发表声明强烈反对雅诺特对自己的全部指控。25 日，巴众议院举行投票，表决是否受理将特梅尔涉嫌妨碍司法等案提交联邦最高法院。

由于支持票未达到2/3，该案不会提交最高法院审理，特梅尔将继续担任总统。

“伊斯兰国”“首都”拉卡获解放。14日，根据库尔德武装“叙利亚民主军”与极端组织“伊斯兰国”达成的协议，275名缴械投降的“伊斯兰国”武装分子及家属撤离拉卡，退往叙利亚东部代尔祖尔省。15日，在美国主导的国际联盟空袭支持下，“民主军”对剩余武装分子发起最后总攻。17日，“民主军”宣布，完全收复了“伊斯兰国”在叙的大本营及该组织所谓“哈里发国”“首都”拉卡。受俄罗斯支持的叙政府军也在拉卡附近围剿“伊斯兰国”残余武装，收复大片土地。随着失守拉卡，“伊斯兰国”在叙境内主要据点仅剩东部代尔祖尔省的南部地区。目前，叙政府军和“民主军”分别在代尔祖尔西南和东南对“伊斯兰国”发动进攻，军事行动持续推进。20日，俄国防部官方报纸《红星报》刊登数据显示，叙约92.6%的领土被从“伊斯兰国”武装分子手中解放出来。25日，美军将领表示，随着极端组织“伊斯兰国”连失其伊拉克和叙的大本营之后，开始向非洲转移阵地，为此美国考虑扩大在非洲的驻军，以防该组织有机可乘。26日，伊拉克政府军对西部安巴尔省被“伊斯兰国”占据的两个城镇发动新的攻势，旨在解放拉瓦镇和加伊姆镇，摧毁该组织在伊最后据点。

摩加迪沙发生严重汽车炸弹袭击。14日，一辆载有爆炸物的汽车在索马里首都摩加迪沙市区一个十字路口发生爆炸，该路口附近有商店、酒店和政府大楼，至少230人在袭击中死亡，约300人受伤。当日，索总统穆罕默德·阿卜杜拉希·穆罕默德宣布，索进入为期3天的全国哀悼日，全国各地降半旗致哀。联合国索马里援助团、非盟驻索马里特派团等发表声明谴责这起爆炸袭击事件。无任何组织宣称制造了这次爆炸袭击事件。当地媒体报道称，爆炸袭击事件是索极端组织“青年党”所为。

吉尔吉斯斯坦前总理热恩别科夫当选总统。15日，吉举行总统选举，初步统计结果显示现任总统阿坦巴耶夫所在的社会民主党候选人、前总理索隆拜·热恩别科夫获得过半选票。30日，吉中央选举委员会正式公布总统选举结果，热恩别科夫得票率逾54%，在大选中胜出，将于11月24日接任吉总统。热恩别科夫出生于吉南部奥什州，1983年毕业于吉农业大学动物饲养学专业，曾担任教师、动物饲养员和国营农场经理。1996年进入议会。在巴基耶夫任总统时期，热恩别科夫主掌农业、水利和加工工业部。巴基耶夫政府被政变推翻后，热恩别科夫被选为奥什州州长。2016 年 3 月 23 日被任命为阿坦巴耶夫总统办公厅副主任，4 月 13 日任总理。2017 年 8 月 21 日，因参加总统竞选辞去总理职务。

委内瑞拉执政党在地方选举中取得压倒性优势。15 日，委举行全国地方选举，选举产生除首都行政区外的全国 23 个州的州长。根据计票结果，执政党统一社会主义党在选举中赢得全国 23 个州中的 18 个州，反对党联盟仅赢得 5 个边境州。结果宣布后，总统马杜罗称这是委人民的胜利和民主的胜利，并敦促反对党联盟立即承认选举结果。反对党联盟则称，不会承认选举结果，并怀疑选举机关公布的数据“造假”。美国、加拿大、欧盟也对此次选举提出质疑。17 日，马杜罗驳斥对委选举不公正的指责，表示在全世界范围内，委选举制度都是经得起审计的，并批评加拿大等国多管闲事。委随后宣布召回委驻加大使。委地方选举每 4 年举行一次。本次地方选举原定于 2016 年 12 月举行，但鉴于反对党联盟当年发动罢黜马杜罗的公投以及持续反政府抗议活动，国家选举委员会决定将选举推迟到 2017 年 12 月举行。2017 年 8 月，委制宪大会成立后通过决议，要求地方选举提前到 10 月举行，称此举有利于通过透明公开的投票弥合国内分歧。

联合国大会选出人权理事会新成员。16 日，第 72 届联合国大会举行全会，选举出 15 个联合国人权理事会新成员，以接替即将于 2017 年年底结束任期的成员。新成员的任期从 2018 年至 2020 年。新当选的人权理事会成员为：非洲地区的安哥拉、刚果（金）、尼日利亚和塞内加尔；亚太地区的阿富汗、尼泊尔、巴基斯坦和卡塔尔；东欧地区的斯洛伐克和乌克兰；拉美及加勒比地区的智利、墨西哥和秘鲁；西欧及其他地区的西班牙和澳大利亚。其中尼日利亚和卡塔尔为连任。

美日举行第二轮经济对话。17 日，美国副总统彭斯与日本副首相兼财务大臣麻生太郎在白宫举行了第二轮美日经济对话，对话围绕“贸易与投资框架”进行谈判。对话结束后，双方发布联合成果文件，内容包括研究简化审批手续，以方便美汽车出口；在基建和天然气出口方面展开合作等。不过，关于备受关注的贸易问题，美希望举行美日双边贸易谈判，日则重视多边框架，并希望美重返跨太平洋伙伴关系协定。鉴于两国立场存在分歧，成果文件未细致阐述贸易问题。

菲律宾南部城市马拉维获得解放。17 日，菲总统杜特尔特宣布，菲南部城市马拉维已从恐怖分子手中获得解放，同时马拉维市的重建工作立即开始。当天，菲武装部队总参谋长阿诺表示，目前马拉维城中还有20—30名武装分子负隅顽抗，被围困在一块极小的区域内。马拉维市内仍有零星交火，但可以视作一般性治安问题。军方将继续对在棉兰老岛上的阿布沙耶夫、“穆特组织”等恐怖组织残余武装进行清剿。2017年5月23日，菲军警在马拉维市同阿布沙耶夫武装分子和“穆特组织”武装分子发生武装冲突，武装分子劫持居民作为人质，并一度占领马拉维市，双方交火持续至今。近5个月的交火造成上千人死亡，其中包括847名武装分子、163名军警及至少47名平民，马拉维市及周边地区逾46万居民逃离家园。交火还令马拉维市成为一片废墟。

美国财政部再次认定中国未操纵汇率。17日，美财政部公布针对主要贸易对象的半年度《国际经济和汇率政策报告》，认为中国等主要贸易伙伴均未操纵货币汇率以获取不公平贸易优势，但仍将中国、日本、德国、韩国、瑞士5国列入汇率政策监测名单。这是美总统特朗普上台后，美财政部第二次作出上述认定。报告强调，中国近期对外汇市场的干预、加强资本管制，以及更审慎设定每日人民币中间价，阻止了人民币汇率“无序”贬值，从而避免给美中两国和全球经济带来负面影响。2016年4月，美财政部首次设立汇率政策监测名单，认定标准有三条：该经济体与美贸易顺差超过200亿美元；该经济体经常账户顺差占国内生产总值比重至少为3%；该经济体持续单边干预汇率市场。如果一个经济体满足全部三条标准，美将会与该经济体进行商谈，并可能出台报复性措施；如只满足其中两条标准，该经济体将会被纳入汇率政策监测名单进行密切观察。特朗普政府上台后规定，如美与一个经济体的贸易逆差占美总体贸易逆差比例较大，即便该经济体仅满足上述标准的一条，也会被列入监测名单。根据这三条标准，中国仅满足第一条标准。目前因满足两条标准而被列入监测名单的国家为日本、德国、韩国和瑞士。国际货币基金组织和彼得森国际经济研究所等机构的研究均显示，中国过去两年并未“操纵汇率”，对中国“操纵汇率”的相关指控并不成立。

欧盟召开秋季峰会。19—20日，欧盟秋季峰会在欧盟总部所在地布鲁塞尔举行。与会28国领导人就英国“脱欧”、欧盟成员国单一数字市场立法等问题举行磋商。在新闻公告中，欧盟领导人呼吁成员国加快推进单一数字市场的相关立法工作，强调加强数字基础设施建设和制定共同的网络安全政策，敦促欧盟委员会制定全面的网络安全提案并加快推进提案审议程序，重申将帮助意大利遏制非法移民流入，对非法移民来源地区进行更多投资。峰会通过“领导人议程”，旨在深化欧元区改革、完善银行业联盟、推动贸易和难移民等领域合作提供“路线图”。峰会期间，除英国外的其他 27 个欧盟成员国首脑就英国“脱欧”问题举行磋商，同意欧盟着手准备英国“脱欧”下一阶段谈判，为确定欧英未来商贸关系做铺垫。

发展中国家八国集团举行系列会议。19 日，发展中国家八国集团外长在土耳其城市伊斯坦布尔举行会议，讨论加强成员国之间各领域合作以应对全球挑战。20 日，该组织举行主题为“通过合作拓展机遇”的首脑会议并纪念该组织成立 20 周年。土耳其总统埃尔多安在会议开幕式上致辞，呼吁各成员国在彼此之间的贸易中使用本国货币，提议成员国中央银行尽快就成立清算行举行磋商。发展中国家八国集团成立于 1997 年，集团成员国包括孟加拉国、埃及、印度尼西亚、伊朗、马来西亚、尼日利亚、巴基斯坦和土耳其。

蒙古国新政府正式组建。20 日，蒙国家大呼拉尔（议会）全体会议通过由总理呼日勒苏赫提名的最后一位部长人选。至此，15 名政府成员全部获得国家大呼拉尔多数委员的支持，蒙新政府宣告正式组建。新政府面临的最大考验是日益严峻的贫困问题和就业问题等。呼日勒苏赫在政府组建完毕后表示，新政府将不遗余力地完成蒙古人民党在竞选纲领中作出的承诺。

亚太经合组织财长会召开。19—21 日，第 24 届亚太经合组织财政部长会议在越南中部城市会安举行。会议重点讨论了全球和区域经济金融形势、基础设施长期投资、税基侵蚀和利润转移、灾害风险融资与保险、普惠金融、落实《宿务行动计划》等议题，并发表了联合声明。会议认为，当前全球及区域经济增长前景向好，但中期风险犹存。亚太经合组织各经济体承诺将各自以及共同使用所有可用的政策工具，包括财政、货币及结构性改革政策，促进本地区经济强劲、可持续、平衡和包容性增长。率团与会的中国财政部部长助理赵鸣骥在发言中表示，亚太各方特别是主要经济体在制定或调整宏观经济政策时，应加强沟通和协调，提高政策的协同性；应坚持多边主义，坚定维护以自由贸易为基石的多边贸易体制；应大力推进结构性改革，提高增长包容性；欢迎亚太经合组织各成员将各自发展战略与“一带一路”倡议对接，共同提升本地区互联互通水平。

美国 2017 财年财政赤字创 2013 年来新高。20 日，美财政部公布数据显示，2017 财年（2016 年 10 月 1 日—2017 年 9 月 30 日），美财政赤字较上财年增加约 800 亿美元至 6660 亿美元，创 2013 财年以来新高。2017 财年，美联邦政府财政收入同比增加 1.5% 至约 3.32 万亿美元，财政支出同比增加 3.3% 至约 3.98 万亿美元。财政赤字占国内生产总值比重从 2016 财年的 3.2% 上升至 3.5%。

挪威政府改组内阁。20 日，挪政府宣布对内阁（国务委员会）进行调整，调整后的内阁由 19 名成员组成，其中 11 人来自保守党，8 人来自进步党。国防大臣伊娜·瑟雷德被任命为外交大臣，这是挪历史上首次由女性出任这一职位；挪首相和财政大臣两个关键职位也均由女性担任，新内阁中将近半数为女性。9 月 11 日，挪举行新一届议会选举，以保守党为首的中右联盟获得 169 个席位中的 88 席，维持在议会中的多数席位，保守党主席埃尔娜·索尔贝格继续出任首相。此次改组内阁后，内阁成员中 11 人来自保守党，8 人来自进步党。

捷克举行议会选举。20—21 日，捷举行议会大选。官方初步统计数据显示，"不满公民行动"（ANO2011）获得 200 个议会席位中的 78 席，成为选举最大赢家；该党党首、前财政部长、捷克第二大富豪安德烈·巴比什将成为新一届政府总理。此外，还有 8 个政党获得进入议会资格。现任总理索博特卡所在的社会民主党赢得 15 席，在议会席位中占比不足 8%，是 1993 年捷克与斯洛伐克分离之后得票率最低的一次。在得票率最高的四大政党中，ANO2011 是中间偏右，公民民主党是右翼保守党派，海盗党是中间党派，自由和直接民主党是极右派。右派获得大胜，打破过去 20 多年捷由中间偏右和中间偏左两大主流政党轮流执政的局面。

日本执政联盟赢得众议院选举。22 日，日举行众议院选举。首相安倍晋三领导的自民党与公明党执政联盟大胜，获得 465 个额定议席数中的 313 个，占比超过 2/3，自民党席位单独过半。23 日，安倍晋三和公明党代表山口那津男签署组建执政联盟协议。在野党方面，立宪民主党获得 53 个议席，一跃成为日最大在野党；希望之党获得 49 个议席。30 日，此前最大在野党日民进党党首前原诚司宣布为该党在大选中落败负责并引咎辞职。31 日该党推举新党首，大塚耕平作为唯一候选人自动当选。当日，安倍晋三在自民党高层会议上正式宣布，11 月 1 日第四届安倍内阁启动后党内四大要职将全部留任，全体阁僚也将继续任职。

意大利两大区为“扩大自治权”公投。22 日，意北部的伦巴第和威尼托两个大区就是否应扩大自治权举行公投。公投结果显示，两个大区约有 90% 的民众选择同意大区政府向中央政府要求更多自治权。尽管此次公投得到意中央政府许可，但公投结果并不具备约束力，仍然需要意中央政府认可。意中央政府认为，两大区举行公投并无必要，意宪法允许各大区通过与中央政府谈判的方式明确自治权，组织公投只会白白浪费数百万欧元，推动此次公投的党派“北方联盟”是为了在 2018 年大选前争取政治资本。在意现行行政区划中，全国 20 个大区已有 5 个实现自治。如果中央政府最终同意此次两大区公投诉求，那么意自治区将增加到 7 个。伦巴第大区与威尼托大区人口占意全境的 1/4，每年能为意贡献近 30% 的 GDP。

中国—东盟防长非正式会晤及东盟防长扩大会在菲律宾举行。23 日，第七次中国—东盟防长非正式会晤在菲律宾克拉克举行，国务委员兼国防部长常万全与东盟 10 国防务部门领导人共同出席。常万全介绍中共第十九次全国代表大会有关情况，强调中国将继续秉持习近平主席“亲诚惠容”周边外交理念，积极开展与东盟各国多领域、多层次的交流合作，加强反恐合作，推动建立与东盟防务热线，共商安全事务，共建安全亚洲，共享安全成果，为“一带一路”合作创造良好安全环境，为打造更为紧密的中国—东盟命运共同体作贡献。东盟防务领导人祝贺中共十九大胜利召开，赞赏中方在理念上、行动上为维护本地区和平稳定所作贡献，表示愿与中方继续加强战略沟通，深化防务安全领域务实合作，增进理解与互信，共同维护地区发展与繁荣。24 日，第四届东盟防长扩大会在克拉克举行，常万全、美国防长马蒂斯、东盟 10 国、其他 6 个东盟对话伙伴国防务部门领导人共同出席，就地区安全形势和共同关心的问题分别作了发言。常万全表示，中国军队将继续深化包括同亚太国家在内的世界各国军队的友好交流和务实合作，增进相互了解和信任，推动地区多边安全对话合作机制深入发展，共同维护地区乃至世界的和平与稳定。出席上述会议期间，常万全分别与俄罗斯、新加坡、马来西亚和韩国等国防长举行双边会谈。

新加坡总理访美。23 日，新总理李显龙出访美国，与美总统特朗普会晤。这是李显龙继 2016 年 8 月后再次到访白宫。当日，李显龙在与特朗普共同会见记者时表示，双方在会谈中再次确认，两国将进一步深化长达 51 年的伙伴关系，继续扩展在经济、安全等领域的合作。特朗普表示新是美在亚太地区重要盟友，肯定新在打击“伊斯兰国”行动方面所做的努力，强调两国将加强执法、反恐以及网络安全等领域的合作。两国领导人当天共同见证了新航空公司与美波音公司签署价值138亿美元的客机购买协议。李显龙当天在会见记者时提及美中关系，表示新非常关注美中关系发展，期待美中保持稳定、具有建设性的双边关系，指出美中关系是世界上最重要的双边关系，良好的美中关系将使两国、地区及整个世界受益；强调2018年新将担任东盟轮值主席国，希望进一步推动东盟与美的合作关系。

葡萄牙议会否决对政府的不信任案。24日，葡议会以122票反对、105票赞成的结果否决反对党人民党提出的对政府不信任案，这是自2015年11月上台执政以来，社会党政府首次在议会遭遇不信任案表决。葡议会共有239个席位，由于葡萄牙共产党和左翼联盟的反对，人民党未能获得至少116票的支持。葡近4个月内发生两次森林火灾，造成重大人员伤亡，人民党因此提出对政府不信任案。当日，葡总理科斯塔强调，政府承诺将对相关森林政策进行改革，2018年预算中会加大对森林火灾预防工作的投入，并对受灾家庭进行补偿。

安理会未通过延长叙利亚境内化武调查期限决议草案。24日，联合国安理会对一项有关延长调查叙境内化学武器袭击责任方的禁止化学武器组织—联合国联合调查机制任务期限的决议草案进行表决。该决议草案由美国、英国、法国等国提出，当天投票结果为11票赞成、2票反对、2票弃权。俄罗斯和玻利维亚投反对票，中国和哈萨克斯坦投弃权票。因有安理会常任理事国投票反对，该草案未获通过。联合调查机制的报告定于10月26日在安理会发表。相关专家的工作权限11月结束。联合国安理会2015年9月授权设立禁止化学武器组织—联合国联合调查机制，以查明叙境内化学武器袭击的责任方。联合调查机制于2015年11月开始全面运行。安理会2016年11月通过决议，将联合调查机制的任务期限延长至2017年11月17日。

美国参议院情报委员会通过新《外国情报监视法》。24日，美参议院情报委员会以12票赞成、3票反对，通过了更新的《外国情报监视法》。该法第702条允许政府对美境内的外籍人士实施监控，以获取情报，用于打击国际恐怖主义和网络威胁。该法案的目前版本将于2017年底失效，美参议员因此提议修改并延长该法案有效期至2025年。新案并规定，若联邦调查局在调查中需查看和使用美国人的信息，应在一个工作日内向外国情报监视法庭提交申请，后者则有两个工作日来裁决。分析指出，任何基于国外情报和执法要求的申请都是合法的，也就意味着基本上所有的申请都会得到批准。美中央情报局、国家安全局前雇员爱德华·斯诺登对此前公众未知的监听项目进行披露后，美对法案进行了修正。

美国国务卿访问印度。25 日，美国务卿蒂勒森首次正式访印，其间分别会见印总理莫迪、外长斯瓦拉吉、国家安全顾问多瓦尔等，就美印伙伴关系、中国、巴基斯坦和阿富汗等重要议程交换意见。双方同意拓展两国在南亚、印度洋和印太地区的战略关系，确定了两国防长和外长对话机制的新时间表。莫迪赞扬印美双边战略合作伙伴关系稳步前进的趋势。蒂勒森表示，美支持印作为“主导力量”的崛起，承诺为其现代化军事提供“最好技术”；强调两国是“天然的盟友”，拥有共同的民主价值观，应肩并肩对付恐怖主义等，美印也当继续在强大的经济联系中获益；批评中国挑战国际秩序、损害邻国利益。

俄德总统举行会晤。25 日，俄罗斯总统普京与到访的德国总统施泰因迈尔举行会晤。普京表示，尽管存在困难，但俄德已准备为发展双边关系做出努力。由于存在诸多政治限制，俄德双边贸易额 2016 年有所下跌。但即使在这种情况下，德仍然是俄的主要投资国以及重要外贸伙伴国之一。施泰因迈尔表示，德俄关系十分重要，但由于克里米亚和乌克兰东部冲突等“公开的伤口”，两国关系离正常化还很遥远。双方需要做出努力，以改善两国关系。双方还就乌克兰问题、朝鲜半岛局势、伊核问题以及反恐等话题交换了意见。

欧亚经济联盟会议呼吁加强经济合作。25 日，欧亚经济联盟政府间理事会会议在亚美尼亚首都埃里温举行，俄罗斯总理梅德韦杰夫、白俄罗斯总理科比亚科夫、亚美尼亚总理卡拉佩强等领导人出席。与会国一致同意着手建立合资企业，打造欧亚经济联盟的经济品牌，加强联盟的对外经济竞争力。会议还就进一步统一联盟内部市场，扩大在农业、贸易、基础设施等领域的交流与合作达成一系列协议。

肯尼亚重新选举总统。26 日，肯重新举行总统选举。反对派候选人拉伊拉·奥廷加宣布退出此次选举并呼吁支持者不参加投票。30 日，肯独立选举和边界委员会公布最终计票结果，朱比利党总统候选人、现任总统乌胡鲁·肯雅塔获得约 98.3% 的选票，赢得大选。2017 年 8 月 8 日，肯举行总统选举，共有 8 个政党、政党联盟及独立候选人参选。8 月 11 日，正式计票结果显示肯雅塔成功连任，但奥廷加拒绝接受这一结果，向最高法院提起上诉。9 月 1 日，肯最高法院裁定总统选举结果无效，要求在60 天内重新举行总统选举。

美国公布新一轮制裁俄罗斯清单。27 日，美国务院出台制裁俄的指导意见，同时公布一份涉及俄防务和情报领域39 个机构及个人的名单。美将根据指导意见追加对俄制裁措施。此份制裁清单是根据美国会2017 年7 月28 日通过的《制裁打击美国敌人法案》要求所发布，该法案为一项针对俄罗斯、伊朗和朝鲜的制裁法案，由特朗普于 8 月 2 日签署后生效。根据该法案，美将以俄涉嫌干预美 2016 年总统大选和乌克兰危机等为由，追加对俄相关个人和实体的制裁。同日，俄政府官网颁布文件，显示俄扩充了禁止从欧盟、美国和加拿大等国进口的产品类别名单，新增新鲜、冷藏和冷冻牛、猪、马等动物可食用副产品等。

冰岛举行议会选举。28 日，冰举行议会选举，此次选举距上次议会选举仅 1 年，距本届政府成立仅 9 个月。此次选举结果揭晓，国会 63 个席位由 8 个政党分享，无一政党获得过半席位；其中现任总理比亚德尼・贝内迪克松领导的独立党赢得 16 席，继续保持国会最大政党地位；现任执政联盟，即独立党、复兴党和光明未来党共获得 20 席，失去多数席位。

中孟签署输油管道项目政府间框架协议。29 日，中国和孟加拉国两国政府代表在孟签署一项政府间框架协议，中方将为孟方建设输油管道项目并提供融资。根据协议，这一项目包括建设单点系泊系统、罐区和站场等设施，以及铺设 220 公里长的海上及陆上输油管道。项目总承包合同金额为 5. 5 亿美元，由中国石油天然气管道局承建，中国进出口银行提供优惠贷款。

卡塔尔外交风波持续。29 日，卡埃米尔塔米姆・本・哈马德・阿勒萨尼接受美国哥伦比亚广播公司采访时指控沙特阿拉伯及其盟友正谋求推翻卡塔尔政权，批评相关国家不乐见卡保持独立自主及支持本地区民众享有言论自由。30 日，巴林外交大臣哈立德提议冻结卡在海湾阿拉伯国家合作委员会的成员资格。

日美韩军方最高领导举行会谈。29 日，日本自卫队统合幕僚长河野克俊、美军参谋长联席会议主席邓福德、韩军联合参谋本部议长郑景斗在夏威夷的美军太平洋司令部举行会谈，就提升一体运用性和快速反应性的多边和三边协作进行磋商，并一致同意在人道主义救援、灾害救援、应对网络攻击方面加强合作。

菲律宾总统访问日本。30—31 日，菲总统杜特尔特访日。30 日，日首相安倍晋三同杜特尔特举行会谈。安倍晋三预祝 11 月中旬在马尼拉召开的东盟峰会取得成功，并承诺日将会向菲提供支援。根据两国首脑会后发表的联合声明，日将在包括重建马拉维等基础设施建设方面给予菲律宾帮助，还将在其他基础设施领域向菲提供帮助，并为菲首都马尼拉的地铁建设提供 6000 亿日元（约合 350 亿元人民币）的贷款。

中韩就两国关系及“萨德”问题进行沟通。30 日，韩国外交部长官康京和在接受国会质询时就“萨德”问题做出“三不”表态，即韩政府不加入美国反导系统的现有立场没有变化、韩美日安全合作不会发展成为三方军事同盟、韩政府不考虑追加部署“萨德”系统。同时，韩中美三国间的战略沟通也应该是有效且必要的；虽然具体框架暂未建立起来，但正就此进行摸索和探讨。当日，中国外交部发言人华春莹在例行记者会上表示，中方重视韩方这三方面的表态。31 日，中国外交部透露，中韩双方日前通过中国外交部部长助理孔铉佑同韩国国家安保室第二次长南官杓之间的渠道等，就朝鲜半岛问题等进行了外交部门间沟通。双方再次确认实现朝鲜半岛无核化、和平解决朝核问题的原则，重申继续通过一切外交手段推动解决朝核问题，表示愿为此进一步加强战略沟通与合作。

中吉乌三国启动国际陆路货运试运行。30 日，中国、吉尔吉斯斯坦、乌兹别克斯坦国际陆路货运试运行启动仪式在乌兹别克斯坦首都塔什干举行，中吉乌三方各派出 3 辆铁路货运车辆参加试运行活动。中国交通运输部安全总监成平、乌外贸部部长加尼耶夫、吉交通道路部部长卡里洛夫出席并致辞。成平在致辞时表示，三国启动陆路货运试运行，既是落实三国元首关于共建丝绸之路经济带的共识、推动三国运输合作的具体行动，也是拓展三国经贸合作、构建区域经济发展新格局的重要举措。加尼耶夫表示，该铁路试运行是推动三国交通运输、物流合作和基础设施互联互通进程中具有里程碑意义的事件，对落实“一带一路”倡议，发展三国睦邻友好，挖掘互利合作潜力，造福地区人民而言具有重要意义。中吉乌三国国际陆路货运线路起点为塔什干，途经吉尔吉斯斯坦奥什，终点为中国新疆喀什，全程约 900 公里，其中乌境内 390 公里、吉境内 260 公里、中国境内 250 公里。

中美双方将进一步推动双边禁毒合作务实发展。30 日，第八届中美禁毒情报交流会议在北京举行，中国国家禁毒委员会常务副秘书长、公安部禁毒局局长梁云，美国司法部缉毒署副助理署长德雷尔·霍普出席会议。中美双方就可卡因贩运、芬太尼问题、新精神活性物质管制、毒检技术交流，以及国际禁毒政策、推动氯胺酮国际列管、减少需求合作等互涉关切和政策性问题进行探讨沟通，明确下步合作方向和措施，推动双边禁毒合作务实发展。

中国与东盟国家举行海上联合搜救演练。31 日，中国—东盟国家海上联合搜救实船演练在广东湛江海域举行，演练由中国海上搜救中心主办，东盟国家搜救机构协办，广东省海上搜救中心、广东海事局承办，中国海事、海洋、海警、救助、打捞及香港等 16 个单位，以及泰国、菲律宾、柬埔寨、老挝和文莱等国家相关机构的代表和海上搜救力量参演。参演船艇达 20 艘，飞机 3 架，参演人员约 1000 人，是目前为止中国与东盟国家规模最大的一次海上联合搜救实船演练，也是各方落实《南海各方行为宣言》的一次海上务实合作项目。

11月

- 习近平出席亚太经合组织第二十五次领导人非正式会议并访问越南、老挝
- 李克强出席东亚合作领导人系列会议并访问菲律宾
- 特朗普首访亚洲五国
- 姆南加古瓦就任津巴布韦总统
- 德国组阁谈判失败

普京访问伊朗。1 日，俄罗斯总统普京访伊，分别与伊总统鲁哈尼和最高领袖哈梅内伊举行会晤。普京对伊核问题全面协议表示支持。他强调，伊核问题全面协议是一份积极的协议，有助于国际和平与稳定，国际原子能机构是唯一有权确认伊是否遵守协议的机构。俄反对任何改变这一多边协议的单边行动。某些国家不承认这一多边协议的行为不可接受。他强调，俄反对将伊核问题与包括国防在内的其他事务相联系。鲁哈尼表示，在确保各方履行伊核问题全面协议问题方面，俄的作用“关键”且具有“建设性”。他重申，伊核问题全面协议是一份多边协议，维护这一协议就是促进地区和世界的和平与稳定。在谈及反恐问题时，鲁哈尼说，伊俄为地区反恐事业作出了突出贡献。双方应继续保持交流与合作。包括叙利亚问题在内，伊俄双方是解决地区紧张局势的关键。哈梅内伊表示，伊俄在叙反恐战场上取得了显著成绩，美国主导的军事行动已经失败是“不争的事实”。他还表示，叙人民才是决定叙命运的人，叙政府不应被外部强加“任何计划”。当天，普京与鲁哈尼、阿塞拜疆总统阿利耶夫一同出席三国首脑会议并发表联合声明称，伊核协议各方都应遵守各自承诺。三国还同意将加强油气产业合作。

安倍晋三再次当选日本首相。1 日，日国会众参两院举行首相指名选举，自民党总裁安倍晋三当选日本第 98 任首相。安倍晋三当选首相后立即组建新内阁，10 月大选前的内阁成员全部留任。在举行首相指名选举前，众议院举行了正副议长选举。上届众议长、自民党众议员大岛理森和前副议长、立宪民主党众议员赤松广隆分别当选正副议长。当天中午，数百名日民众举着“反修宪”“反安保法”等标语在国会附近举行集会，抗议安倍晋三再次出任首相。17 日，在日众议院全体会议上，安倍晋三发表连任首相后首次施政演说，内容涉及日内政、外交等多个方面。安倍晋三在演说中强调，要推进针对修改《宪法》的讨论，呼吁包括修宪在内“跨越执政党和在野党的界限，开展有建设性的讨论，共同向前迈进”。在民生方面，演说强调生产革命、育才革命等政策，同时提出要把日目前偏重高龄者的社会福利制度改为高龄者与年轻人都能安心的“全世代型”制度。安倍晋三还提出将提升针对朝鲜的导弹防御体系等防卫能力。

美国和古巴外交关系回摆。1 日，72 届联合国大会以 191 票赞成、2 票反对的结果通过名为《终止美国对古巴经济、商业和金融封锁之必要性》的决议草案，再次敦促美结束对古长达半个多世纪的经济、贸易和金融封锁。美国和以色列投了反对票。决议再次促请所有国家不要颁布和实施对古实施封锁的法律和措施，再次敦促存在并且仍在实施此种法律和措施的国家尽早依照其法律制度采取必要步骤，予以撤销或废止。8 日，美政府宣布，将于 9 日起执行新的对古政策。根据新政策，美公民禁止与 180 家古实体从事商务往来。这些实体包括古国营酒店、旅行社和货运公司等。除学术、教育访问外，美公民必须通过美旅行社以团组形式访古，不再允许单独前往。此外，美政府还扩大了对古政府人员的制裁范围。美财长姆努钦当天发表声明称，美调整对古政策的目的是进一步收紧古军方从事经济活动的渠道，促使古进行更大规模的政治和经济改革。

沙特与也门冲突不断。1 日凌晨，沙领导的多国联军对也北部萨达省发动空袭，造成至少 26 名平民死亡，另有数十人受伤。4 日，也胡塞武装向沙首都利雅得国际机场方向发射一枚弹道导弹，被沙防空部队拦截并摧毁，没有造成人员伤亡和财产损失。这是沙等国针对胡塞武装发起军事行动两年多以来，胡塞武装首次将导弹射向沙首都。5 日，沙领导的多国联军宣布，为阻止伊朗向也胡塞武装运送导弹等军火，自即日起关闭也通往外部的陆地、海上和空中通道。7 日傍晚，沙联军空袭了距也首都萨那西北部约 150 公里的哈杰省的一处地方，发射了 16 枚导弹，共造成至少 50 人伤亡。13 日，沙联军宣布将重开也政府控制的口岸，但由胡塞武装控制的口岸仍将关闭，直至联合国机构认定这些口岸不被用于运送武器装备。

美国参众两院共和党公布税改议案。2 日，美国会众议院共和党公布大规模税改议案，将大幅降低企业所得税，并简化收入所得税级数。议案需经国会两院分别批准后提交总统签署。根据最新议案，联邦企业所得税率将从目前的 35% 降至 20%；联邦个人收入所得税将由目前 10% 至 39.6% 的七档税率简化为四档税率，分别为 12%、25%、35% 和 39.6%。9 日，美国会参议院共和党人公布了一份税改议案，这份税改议案在最高个人所得税率、个人所得税级数目、公司税率调降时间和遗产税方面都和众议院的版本大不相同。

冰岛总统宣布由左翼绿色运动党魁组建新政府。2 日，总统古德尼·约翰内松宣布，由左翼绿色运动领袖雅各布斯多蒂尔组建新一届政府。30 日，冰岛独立党、左翼绿色运动和进步党联合组成新一届政府。雅各布斯多蒂尔成为该国历史上第二位女总理。本届内阁共有 11 名成员，独立党 5 人、左翼绿色运动和进步党各 3 人担任内阁职务。独立党主席比亚德尼·贝内迪克松出任财政和经济事务部长，进步党主席西于聚尔·英伊·约翰松出任交通和地方政府部长。雅各布斯多蒂尔现年 41 岁，曾是记者，2013 年 2 月起担任左翼绿色运动主席。在 10 月 28 日的议会选举中，她领导左翼绿色运动赢得 11 个议席，仅次于时任总理贝内迪克松领导的独立党，独立党获得 16 席。

西班牙羁押 8 名加泰罗尼亚自治区“独立派”高官。2 日，西国家法院大法官拉梅拉宣布，以煽动叛乱、叛国和挪用公款等罪名将包括加泰罗尼亚自治区（以下简称加区）前副主席洪克拉斯在内的 8 名前加区“独立派”高官送进监狱，这 8 名前加区政府官员被认为参与了单方面宣布加泰罗尼亚独立的非法活动。拉梅拉说，鉴于一些被告已逃往国外，法院决定采取上述措施是为了防范其余被告出逃和毁灭调查证据。3 日，拉梅拉签署命令，在国际范围内通缉逃往比利时布鲁塞尔的加区前主席普伊格德蒙特。根据通缉令，普伊格德蒙特及同行的 4 名分离主义政客必须在 10 天之内返回马德里受审，否则西将请求有关国家对其执行强制措施。5 日，比布鲁塞尔检察院在记者会上表示，滞留比的普伊格德蒙特及其 4 名助手已向比警方自首。当天晚些时候普伊格德蒙特等 5 人被有条件释放。法官要求，普伊格德蒙特等人不得离开比利时，警方和法院的每次传讯和庭审都必须到庭。8 日，西宪法法院宣布，加泰罗尼亚议会此前单方面宣布独立无效。当天，加区工会举行大罢工，抗议西政府羁押 8 名加区政府前官员。

各方围绕缅甸若开邦问题开展行动。2 日，缅政府发言人称，缅国务资政昂山素季当日从首都仰光前往若开邦北部。此系 8 月缅罗兴亚危机爆发以来昂山素季首次访问该地区。6 日，联合国安理会一致通过主席声明，谴责缅境内暴力行为导致 60 万罗兴亚穆斯林逃往孟加拉国，对违反人权行为表示严重关切，要求缅政府确保若开邦不再出现过度使用军事力量问题，恢复民治和法治，立即根据相关义务和承诺采取尊重人权举措。8 日，昂山素季办公室发表声明称，该问题只能由缅孟通过双边渠道解决，安理会声明忽视了这一点，并可能严重损害缅孟磋商，目前两国磋商正平稳快速进行。13 日，负责人权问题的联合国大会第三委员会通过决议，呼吁缅政府结束系统性侵犯罗兴亚团体和其他少数民族人权的军事行动，追究相关人员责任，确保人道援助得以充分和不受阻碍地开展，允许迫于暴力而逃亡的人员自愿、安全回国。15 日，美国国务卿蒂勒森访问缅甸。蒂勒森先后与缅国防军总司令敏昂莱和国务资政昂山素季会面，就如何解决罗兴亚人危机展开商讨。蒂勒森在会后表示，当前因罗兴亚危机追加制裁缅不明智。蒂勒森还在与昂山素季共同出席的联合记者会上宣布，美将为解决难民危机额外提供 4700 万美元人道主义援助。19 日，中国外交部长王毅与昂山素季在内比都举行会谈后共见记者时表示，中方建议分三阶段解决缅若开邦问题：第一阶段是实现现地停火，恢复稳定秩序；第二阶段是各方及国际社会共同鼓励缅孟双方保持和加强沟通，通过平等友好协商尽快找到解决问题的可行途径；第三阶段是直面问题根源，探讨治本之策。22 日，蒂勒森发表声明称，经过对现有事实的认真全面分析，缅若开邦局势显然构成对罗兴亚人的种族清洗。这是美首次就缅若开邦问题使用“种族清洗”措辞。23 日，孟外交部长阿里与昂山素季在缅首都内比都会晤。孟方在会后发表声明称，两国同意在 2 个月内启动遣返罗兴亚人的工作，将在 3 周内成立工作组制定相关遣返安排。28 日，罗马教皇方济各在内比都与昂山素季会晤后称，缅未来必须实现基于尊重社会所有成员尊严和权利、尊重所有民族及其民族认同、尊重法治、尊重民主秩序的和平。昂山素季称，缅政府旨在构建保护权利、培育包容、确保所有人安全的和平。

西方继续加大对朝鲜制裁力度。2 日，正在韩国访问的北约秘书长斯托尔滕贝格举行记者会称，对朝实施经济制裁是解决朝核问题的最佳方案。北约积极支持通过和平谈判解决半岛危机，关键是通过施压促朝重返谈判。3 日，朝常驻联合国日内瓦办事处发表声明称，美国领导的一系列对朝残忍制裁和施压是侵犯人权和种族灭绝的行为。朝方呼吁立即彻底停止对朝实施的各类违背人权和非人道的制裁。3 日，反洗钱金融行动特别工作组在阿根廷首都布宜诺斯艾利斯举行会议后发表声明称，朝未能解决在反洗钱和打击资助恐怖主义方面存在的重大缺陷，敦促朝立即采取切实措施，呼吁所有成员国关闭境内现有朝银行分行、下属机构和代表处，并终止同朝银行的往来。6 日，韩外交部宣布，为切断朝所有旨在用于核武研发的金融交易，韩从当日起将 18

名在海外为朝筹措资金的朝个人增列入金融制裁名单。韩政府将继续加大对朝制裁力度，促使朝重返对话轨道，为和平解决朝核问题付出努力。7 日，日本政府在内阁会议上通过对朝加强单边制裁的措施，将朝 9 个团体和 26 名个人增列为资产冻结对象，与美财政部 9 月列为单边制裁对象的名单一致。当天，美国会参议院银行业委员会一致投票通过拟强化和扩展现有对朝制裁的“瓦姆比尔 2017 年涉朝银行业限制法案”，为法案提交参议院全体讨论扫清道路。8 日，俄罗斯外交部副部长里亚布科夫称，俄方不主张施压、制裁和禁运，绝不会支持对朝或任何其他国家实施完全封锁。俄方认为朝违反安理会决议和挑衅举动应通过不同方式解决。呼吁国际社会恰当地理解和支持俄罗斯和中国共同倡议的路线图，该计划有助于政治解决朝问题。14 日，负责人权问题的联合国大会第三委员会一致通过谴责朝严重侵犯人权的决议。决议谴责朝政府不顾人民福祉，将国家资源用于发展核导，造成朝人民严重饥荒和营养不良，目前朝 1/2 以上人口面临粮食短缺，近 1/4 人口慢性营养不良。决议对朝在境内外执行酷刑，处决、任意拘留和绑架外国公民表达非常严重的关切。朝常驻联合国代表慈永男称，朝政府坚决反对该决议，该决议是美和其他敌对势力对朝政治和军事对抗及阴谋的产物。16 日，美国务院发表声明称，当日副国务卿苏利文在喀土穆与苏丹外交部官员举行会谈。苏丹外交部正式宣布，苏方将切断与朝的一切贸易与军事往来。20 日，美总统特朗普在白宫举行的内阁会议上宣布重新将朝列入“支持恐怖主义国家”名单。此举意味着对朝及相关人员采取进一步制裁，21 日美财政部据此宣布对朝鲜施加额外大规模制裁。22 日，朝表示，美将其重新列入支恐国家的做法是对朝的挑衅和侵犯。23 日，俄外交部发言人扎哈罗娃对记者称，美将朝列为支恐国家是又一次危言耸听的行为和公关举动，无助于缓和半岛紧张局势。此类行为只会将局势推向极端，最终造成地区乃至全球范围的巨大灾难。

美日韩军演对朝示强。2 日，美国空军发表声明称，美军部署在关岛的两架 B－1B 战略轰炸机当天同韩国和日本的战斗机在朝鲜半岛附近进行联合训练，此次行动是根据事先计划实施的，并非对任何事件的回应。11 日，韩联合参谋本部称，美韩于当日在韩东部海域开启为期 4 天的大规模海上联合军演，美军“里根”号、“尼米兹”号和“罗斯福”号等 3 艘航母、11 艘“宙斯盾”驱逐舰及韩军 7 艘舰船将参演。此次军演旨在强化美韩应对朝核导挑衅的“极限施压”政策，并展示以压倒性火力应对突发情况的战备状态。这是2007年以来，美军首次派遣3艘航母同时参加单次军演。13日，日航空自卫队称，自卫队4架战机当日在日海空域与美国“尼米兹”号核动力航母和3架舰载机进行联合训练，旨在向朝展示日美团结一致。16日，美海军发表声明称，美海军和日海上自卫队当日开始在冲绳附近海域举行为期10天的年度联合演习，美军“里根”号航母、多艘导弹驱逐舰及约1.4万名海军士兵参加演习，演习旨在增强两国海军的防卫态势和协作能力。

特朗普首访亚洲五国。3—14日，美国总统特朗普首次出访日本、韩国、中国、越南和菲律宾。5日，特朗普飞抵东京横田美军基地，向近2000名驻日美军官兵和部分自卫队队员发表演讲。他在演讲中说：“此行，我们将寻求新的合作伙伴以及与盟友之间的合作机会，力争建立一个本着自由、公正与互惠的印度—太平洋地区。”这是特朗普首次在亚太之行中公开提及“印太”概念。6日，特朗普与日首相安倍晋三举行会谈，双方就加强日美同盟关系达成一致，并决定在经济对话框架内磋商解决日美贸易不平衡问题。双方就今后对朝政策达成一致，日方于7日开始单独采取对朝制裁措施，其中包括冻结朝鲜多家机构和个人资产。二人还就加强合作以实现“自由开放的印度—太平洋”构想达成一致。7日，特朗普飞抵韩国首尔郊外的美军乌山基地，是他上任以来对韩首次访问，也是时隔25年美国总统对韩进行的首次国事访问。7日下午，特朗普与韩总统文在寅举行会谈，重申和平解决朝核问题的原则，并敦促朝鲜停止核导计划。双方决定取消有关韩方自主研发导弹携带弹头的重量限制，通过了修订后的2017年“韩美导弹指南”。双方还决定两国将就购买和研发包括尖端侦察设备在内的高新武器展开协商。为增进韩美两国自由、公平、均衡的贸易往来，双方决定将对韩美自由贸易协定有关事项展开密切协商。双方还就通过加大两国间企业相互投资、扩大贸易等渠道加强经济合作的具体方案达成一致。8日上午，特朗普在韩国会发表演讲时，强烈谴责朝恶劣的人权状况，警告朝“不要低估美国，也不要考验美国”。他还呼吁，中国和俄罗斯等国家应该彻底执行安理会对朝决议，让朝更加孤立。8日，特朗普抵达北京，开始访问中国。8日下午，中国国家主席习近平和夫人彭丽媛陪同特朗普和夫人梅拉尼娅参观故宫博物院。9日上午，习近平在人民大会堂东门外广场举行欢迎仪式，欢迎特朗普对中国进行国事访问，之后习近平在人民大会堂同特朗普举行会谈。两国元首就中美关系及共同关心的重要国际和地区问题广泛、深入交换意见。双方认为，2017年以来中美关系取得重要进展。中美关系事关两国人民福祉，也关乎世界的和平、稳定、繁荣。合作是中美两国唯一正确选择，共赢才能通向更好未来。双方同意继续发挥元首外交对两国关系的战略引领作用，加强两国高层及各级别交往，充分发挥 4 个高级别对话机制作用，拓展经贸、两军、执法、人文等领域交流合作，加强在重大国际和地区问题上的沟通和协调，推动中美关系得到更大发展。习近平强调，中美关系正处在新的历史起点上。中方愿同美方一道，相互尊重、互利互惠，聚焦合作、管控分歧，给两国人民带来更多获得感，给地区及世界人民带来更多获得感。特朗普表示，美中关系是伟大的关系，美中合作符合两国的根本利益，对解决当今世界重大问题也十分重要。我愿继续同习近平主席保持密切沟通，推动美中关系深入发展，促进两国在国际事务中更加密切合作。两国元首听取了中美外交安全对话、全面经济对话、社会和人文对话、执法及网络安全对话 4 个高级别对话机制双方牵头人的汇报，并就深化中美各领域交流合作提出指导性意见。两国元首还就加强中美双边、地区和全球层面合作达成多项重要成果和共识。双方同意，扩大经贸、投资、能源等领域合作，通过做大中美经济合作“蛋糕”解决两国经济关系快速发展过程中出现的问题和矛盾。继续加强网络安全、追逃追赃、遣返非法移民、禁毒等领域合作。共同努力促进中美双向留学，推动教育、科技、文化、卫生等领域合作。双方重申致力于促进亚太地区和平、稳定与繁荣。致力于维护国际核不扩散体系，致力于实现朝鲜半岛无核化目标，强调两国在通过对话谈判最终解决朝鲜半岛核问题方面拥有共同目标，双方致力于维护半岛和平稳定。会谈后，两国元首共同见证了能源、制造业、农业、航空、电气、汽车等领域商业合同和双向投资协议的签署。特朗普访华期间，中美两国签署的商业合同和双向投资协议总金额超过 2500 亿美元。当天，习近平同特朗普共同出席中美企业家对话会闭幕式并致辞。10 日下午，特朗普抵达越南岘港，出席亚太经合组织第二十五次领导人非正式会议并发表演讲，他表示会坚持“美国第一”，不让美在贸易问题上“被占便宜”。美将寻求建立在公平和互惠基础上的贸易关系。11 日，特朗普抵达越南首都河内，开启对越国事访问。12 日，越国家主席陈大光同特朗普举行会谈。陈大光表示，越美关系近期取得实质性进展，为两国人民带来巨大利益。双方已发表联合声明，同意在尊重对方的独立主权、领土完整和政治体制的基础上，进一步深化两国全面伙伴关系。特朗普此访是越美关系中的重要里程碑，为两国全面伙伴关系稳定健康发展注入强劲动力。特朗普感谢越政府和越人民大力支持寻找战争时期在越失踪的美军人，并强调，20 多年来，越美不断努力寻找共同点，建立了当前的合作关系，为两国带来利益。特朗普对越出口市场迅速发展，成为美产品充满潜力的市场表示印象深刻，深信美能源、农业、航空等产业将满足越市场的需求。当天上午，越共中央总书记阮富仲在党中央总部会见特朗普。下午，特朗普抵达菲律宾首都马尼拉。13 日，特朗普出席在马尼拉举行的东盟峰会开幕式，并与菲总统杜特尔特举行会谈，双方就“伊斯兰国”、非法贩毒以及贸易问题等进行交流。

黎巴嫩总理异国辞职。4 日，黎总理哈里里在抵达沙特阿拉伯后发表讲话宣布辞职。哈里里称他受到了暗杀威胁，指责伊朗和黎真主党在阿拉伯世界制造纷争。哈里里还说，伊已经掌握了该地区国家的命运，真主党是伊朗在黎和其他阿拉伯国家的帮手；阿拉伯国家必须采取行动斩断伊伸向阿拉伯世界的邪恶之手。同日，伊最高领袖哈梅内伊的顾问称，哈里里辞职是由美国总统特朗普和沙特王储萨勒曼共同策划的，目的是破坏黎及该地区的稳定。伊外交部发言人称，哈里里辞职是为了在黎和该地区制造紧张。美国务院官员称，美方正密切关注形势发展，希望黎保持稳定政治进程。以色列总理内塔尼亚胡称，哈里里的讲话为国际社会敲响警钟，国际社会应采取行动反对伊朗的侵略。6 日，黎总统奥恩召集高级官员开会讨论总理哈里里辞职一事。奥恩强调，国家统一是确保黎安全和政治稳定的基础，政治、经济、安全和金融的稳定是不能触碰的“红线”。11 日，奥恩发表声明，要求沙特就哈里里宣布辞职后迟迟未从沙特回国作出说明，并称哈里里辞职一事充满不明和令人难以理解的情况，黎不会接受其总理处于“违反国际协议的境地”。12 日，奥恩称目前在沙特首都利雅得哈里里的自由受到限制，这让人怀疑哈里里的表态不能被视为其完全自由意志的表达。这是黎政府首次公开宣称沙特违背哈里里意愿将其扣留。哈里里随后在接受沙特电视台采访时称，他辞职是为了国家利益，他是自由的，将很快返黎；他与沙特王储萨勒曼关系非常好、非常特殊，两人情同兄弟；黎须在地区冲突中保持中立。16 日，法国外交部长勒德里昂在沙特首都利雅得与哈里里会面。18 日，法国总统马克龙在巴黎会见哈里里。哈里里在会见后称，他将返回贝鲁特参加 22 日举行的黎独立日庆祝活动，并将与黎总统奥恩会面后对外澄清立场。21 日，哈里里返回贝鲁特。22 日上午，哈里里参加了黎独立日庆祝活动。当天，他答应总统奥恩暂时收回辞呈，为进一步会谈提供空间。

沙特掀起反腐风暴。4 日，沙国王萨勒曼下令成立以王储穆罕默德·本·萨勒曼为主席的最高反腐委员会，严厉打击侵占国家利益的各种腐败行为和包括王室成员、政府高官在内的所有腐败人员。当晚，沙 11 名王子、4 名现任内阁大臣、11 名前大臣因涉贪被捕。9 日，沙总检察长穆吉卜称，目前已有 201 人因涉贪被捕，其中包括皇室成员、政府高官和公务人员，涉案金额预计达 1000 亿美元。

尼加拉瓜举行全国市政选举。5 日，中美洲国家尼加拉瓜举行全国市政选举，包括执政党桑地诺民族解放阵线（以下简称桑解阵）、主要反对党制宪自由党在内的 8 个政治团体参加了本届市政选举的角逐。7 日，尼最高选举委员会通过其官方网站公布了对 99.9% 选票的计票结果，显示桑解阵在选举中大获全胜，桑解阵推举的市政候选人获得 68.06% 的选票，制宪自由党候选人的得票率仅为 16.38%，其余政治团体的支持率均未超过 10%。

联合国气候大会举行。6—18 日，《联合国气候变化框架公约》第 23 次缔约方大会在德国波恩召开。本次大会主席国为斐济，这是首次由小岛屿发展中国家担任气候大会主席国。参与本届气候大会的国际社会代表纷纷呼吁加快落实《巴黎协定》规定的各项任务，携手应对全球气候变化。经过各方艰苦谈判，会议通过了名为“斐济实施动力”的一系列积极成果，就《巴黎协定》实施涉及的各方面问题形成了平衡的谈判案文，进一步明确了 2018 年促进性对话的组织方式，通过了加速 2020 年前气候行动的一系列安排。

民主党在美国三场地方选举中大获全胜。7 日，美新泽西州、弗吉尼亚州和纽约市进行地方选举。民主党候选人菲尔·墨菲击败共和党对手关达娜当选新泽西州长，民主党候选人拉尔夫·诺瑟姆击败共和党对手艾德·吉莱斯皮当选弗吉尼亚州州长，民主党籍现任纽约市长德布拉西奥击败共和党参选人、纽约州众议员妮可·玛丽奥塔基斯连任市长。此次地方选举被视为 2018 年美中期选举的晴雨表。

习近平赴越南岘港出席亚太经合组织第二十五次领导人非正式会议并访问越南、老挝。10—14 日，中国国家主席习近平赴越南岘港出席亚太经合组织第二十五次领导人非正式会议并访问越南、老挝。10 日，习近平抵达岘港并在机场发表书面讲话，随后出席亚太经合组织领导人与东盟领导人对话会。与会领导人围绕“合作挖掘新动力，构建全面联通和一体化亚太”议题进行讨论，共商亚太经合组织同东盟合作。10 日下午，习近平出席亚太经合组织工商领导人峰会并发表题为《抓住世界经济转型机遇　谋求亚太更大发展》的主旨演讲，强调世界正处在快速变化的历史进程之中，世界经济正在发生更深层次的变化。我们应顺应大势，勇于承担，共同开辟亚太发展繁荣的光明未来。当天，习近平与俄罗斯总统普京举行会晤。习近平指出，中方愿同俄方携手努力，坚定不移推动两国关系高水平发展。双方要落实好能源、航空等各领域大型合作项目，推动“一带一路”建设和欧亚经济联盟对接取得实质成果。普京称，俄方致力于与中国发展战略合作，对俄中关系发展表示赞赏，双边贸易额增长超过35%是好消息。关于中方提及的各领域重大项目，俄方将努力推进。期待双方不断挖掘潜力，在新领域展开合作。11 日，亚太经合组织第二十五次领导人非正式会议在越南岘港举行。习近平出席并发表题为《携手谱写亚太合作共赢新篇章》的重要讲话，他强调亚太各方应该坚持不懈推动创新，坚定不移扩大开放，积极践行包容性发展，不断丰富伙伴关系内涵，引领全球新一轮发展繁荣。各经济体领导人表示，当前，世界经济呈现复苏回暖势头，但风险挑战犹存。亚太经济体要推进结构性改革，实现创新增长，抓住互联网和数字经济机遇，处理好科技和就业关系，继续发挥亚太区域合作的引擎作用，引领世界经济持续增长。要推动互联互通建设，推进亚太自由贸易区进程，推动区域经济一体化。各方重申支持贸易和投资自由化便利化，支持多边贸易体制，促进包容发展，使各方均能从经济全球化进程中受益。当天，习近平分别会见了韩国总统文在寅、日本首相安倍晋三、菲律宾总统杜特尔特和智利总统巴切莱特。11 日下午，亚太经合组织第二十五次领导人非正式会议闭幕，会议通过了《打造全新动力，开创共享未来的岘港宣言》。宣言明确指出，亚太经合组织领导人决心共同采取更强有力的行动，为亚太经合组织合作创造全新动力，促进可持续、创新和包容性增长，加强地区经济一体化，发挥企业尤其是超小和中小企业的潜力，加强粮食安全和农业可持续发展。亚太经合组织领导人再次重申努力建设一个和平、稳定、活跃、互联与繁荣的亚太共同体共同未来的承诺。各位领导人支持关于可持续发展、面向包容性增长的2030 年议事日程；承诺继续认真履行亚太经合组织推动亚太地区经济可持续增长与繁荣的使命。12—13 日，应越南共产党中央委员会总书记阮富仲、越南社会主义共和国主席陈大光邀请，习近平对越进行国事访问。12 日，习近平在河内越共中央驻地同越共中央总书记阮富仲举行会谈。习近平和阮富仲分别介绍了中共十九大、越党和国家事业有关情况。两国领导人就新形势下深化中越全面战略合作伙伴关系达成重要共识，一致认为中越两国是有着悠久友好传统的邻国，都是共产党领导的社会主义国家，政治制度相同、发展道路相近，前途相关、命运与共。双方要相互借鉴，共同发展，为各自国家社会主义建设事业注入新活力，推动中越全面战略合作伙伴关系持续健康稳定向前发展，为促进地区和平、稳定、繁荣作出积极贡献。当天，习近平在河内会见越国会主席阮氏金银并出席越中友谊宫落成移交仪式暨河内中国文化中心揭牌仪式。13 日上午，习近平在河内主席府同越国家主席陈大光举行会谈。当天，中越发表联合声明表示，双方一致同意管控好海上分歧，不采取使局势复杂化、争议扩大化的行动，维护南海和平稳定。13—14 日，应老挝人民革命党中央委员会总书记、人民民主共和国主席本扬邀请，习近平对老进行国事访问。13 日，习近平在万象国家主席府同老人民革命党中央委员会总书记、国家主席本扬举行会谈。习近平和本扬相互介绍了中共十九大、老党和国家事业有关情况。双方就两党两国关系及共同关心的国际和地区问题深入交换意见，达成重要共识。双方一致认为，中老同为共产党领导的社会主义国家。双方在彼此信赖的基础上，共同打造中老具有战略意义的命运共同体，符合两党两国和两国人民的根本利益和共同愿望，有利于人类和平与发展的崇高事业。13 日，习近平在万象会见老人民革命党中央委员会前总书记、前国家主席朱马里。14 日，习近平在万象国家会议中心会见老国会主席巴妮、并同本扬一道出席玛霍索综合医院奠基仪式。当天，习近平还在万象下榻饭店会见老奔舍那家族友人。

匈牙利总理欧尔班连任执政党主席。12 日，匈执政党青年民主主义者联盟—匈牙利公民联盟（以下简称青民盟）举行换届选举，匈总理、青民盟主席欧尔班作为唯一候选人再次当选青民盟主席。欧尔班当选后发表讲话表示，青民盟已做好参加明年国会选举的准备；目前他的主要任务包括巩固过去 7 年所取得的成果、加深政策思想基础以及保卫匈的未来；匈现政府还需要至少再执政 4 年，才能巩固迄今取得的成果，使其不会遭到逆转。

两伊边境发生强震。12 日晚，伊朗、伊拉克边境地区发生 7 级以上强震，由于属于浅层地震，周边大范围地区受到波及，地震在两国合计造成至少 445 人死亡，超过 7200 人受伤，7 万人因地震无家可归。伊朗最高领袖哈梅内伊要求所有政府部门尽可能拯救受灾者，伊拉克总理阿巴迪指示所有部门全力救灾。地震在伊朗多地引起恐慌，居民连夜跑到街上避难，围着篝火在户外过夜。地震还引发山体滑坡，影响救援人员接近灾区。此次地震发生在欧亚板块边界一条长达1500公里的断层线上，这条断裂带延伸穿过伊朗西部，进入伊拉克东北部。

李克强出席东亚合作领导人系列会议并访问菲律宾。12—16日，应东盟轮值主席国菲律宾总统杜特尔特邀请，中国国务院总理李克强抵达马尼拉出席第20次中国—东盟领导人会议、第20次东盟与中日韩（10+3）领导人会议和第12届东亚峰会，并在与会后对菲律宾进行正式访问。13日，李克强出席第20次中国—东盟（10+1）领导人会议时表示，中方始终把东盟作为周边外交的优先方向，坚持与东盟做安危与共、同舟共济的好邻居、好朋友、好伙伴。会议通过《未来十年南海海岸和海洋环保宣言（2017—2027）》等多份成果文件。13日，李克强在马尼拉会见日本首相安倍晋三。他表示当前中日关系出现一些积极变化，同时存在敏感因素。希望日方本着以史为鉴、面向未来的精神，与中方相向而行，推动两国关系战胜困难和挑战，保持改善的势头，取得新的发展。安倍晋三称，希望共同努力稳固日中关系改善势头，大力推进日中战略互惠关系。13日，李克强在马尼拉会见韩国总统文在寅。李克强表示，中韩关系互补性强，两国合作前景非常光明。两国关系历经坎坷，但寒冬过后春更暖，双方关系将迎来新的篇章。文在寅表示，韩中关系站在了新的起点上，希望此次会晤成为讨论扩展两国互利合作具体方式和恢复经济、贸易、文化、人文交流正常化的宝贵机会。文在寅并提出希望迅速重启两国经济领域高层会议机制，希望中方撤销对韩产品的反倾销进口管制。14日上午，李克强在菲律宾国际会议中心出席第20次东盟与中日韩（10+3）领导人会议并发言称，构建东亚经济共同体是10+3合作的战略目标之一，符合地区国家人民的长远和根本利益。中方主张，东亚经济共同体建设要秉持“一个宗旨”，坚持“两个原则”，推进“三个层面合作”，使东亚经济共同体建设始终走在健康、稳定、可持续的道路上。会议通过成果文件《10+3领导人关于粮食安全合作的声明》和《关于10+3合作20周年的马尼拉宣言》。14日，李克强出席第12届东亚峰会并发表讲话称，中国是南海最大沿岸国和南海航道的主要使用国，比任何国家都更希望维护南海和平与稳定，将坚决维护南海航行和飞越自由。中国和东盟已启动“南海行为准则”下一步案文磋商，这充分展现了地区国家通过对话协商妥处分歧、维护南海和平稳定的共同意愿，我们希望有关域外国家尊重地区国家为此付出的努力。15 日，李克强开始对菲律宾进行正式访问。当日下午，李克强与杜特尔特举行会谈。李克强表示，中菲交往源远流长，友好合作始终是主流。当前两国关系已经克服困难，实现转圜。中方愿同菲方把握正确方向，巩固友好，深化合作，把失去的时间找回来，推动中菲关系健康稳步前行。菲律宾将接任中国—东盟关系协调国，中方愿同菲方共同努力，推动中国—东盟关系持续发展，为地区的和平稳定注入持久动力。杜特尔特表示，李克强总理此访是中国政府首脑时隔 10 年首次访菲，意义重要。中国是菲的好朋友和真诚合作伙伴。菲方愿发挥好中国—东盟关系协调国作用，促进东盟—中国关系进一步发展。16 日，中菲两国政府发表联合声明表示，双方重申维护及促进地区和平稳定、在南海的航行和飞越自由、商贸自由及其他和平用途的重要性，不诉诸武力或以武力相威胁，由直接有关的主权国家通过友好磋商谈判，以和平方式解决领土和管辖权争议。双方认为海上争议问题不是中菲关系的全部。

姆南加古瓦就任津巴布韦总统。15 日，津首都哈拉雷发生数起爆炸，不少军车出现在街头，士兵占领国家电视台。军方发言人称，津总统穆加贝及其家人安然无恙，他们的安全将得到保障；军方行动并非政变，仅针对穆加贝总统身边的罪犯；一旦完成使命，军方希望局势恢复正常；呼吁津安全部队为了国家利益予以配合，任何挑衅都将遭到回应。津主要反对党争取民主变革运动呼吁通过和平方式恢复宪政民主，希望军方的介入将促使津成为一个稳定、民主和进步的国家。南非总统祖马发表声明称，希望当前局势发展不会导致津政府违宪更迭，呼吁津政府与军方通过友好协商解决分歧；南部非洲发展共同体愿帮助解决当前津国内僵局。非洲联盟发表声明，呼吁津政府和军方在宪法框架内和平解决目前的政治危机。16 日，津总统穆加贝与军方领导人会面，穆拒绝立即下台。17 日，津军方发表声明称，军方与穆加贝总统的会谈正在取得进展，将尽早向国内通报有关情况；军方在清除穆加贝总统身边罪犯方面也取得重大进展。17 日，穆加贝出席哈拉雷一所大学的毕业典礼。同日，津国家电视台报道，津执政党非洲民族联盟—爱国阵线（以下简称民盟）的 10 个地区分支机构中有 8 个已呼吁穆加贝辞去党和政府职务，该党还拟于 48 小时内召开中央委员会特别会议讨论事态发展。当天，美国国务卿蒂勒森在华盛顿与非洲国家部长举行会议时称，美方敦促津巴布韦尽快依法恢复文官统治；津面临走上新道路的机遇，这条道路必须包括民主选举和尊重人权，最终津人民将选择自己的政府。18日，数千名津民众在哈拉雷举行游行，要求穆加贝立即辞职。19日，津执政党官员称，民盟中央委员会当日召开紧急会议决定，解除总统穆加贝的党主席兼第一书记职务，由前副总统姆南加古瓦接替，姆还被推选为津巴布韦2018年总统大选民盟候选人；永久解除穆加贝夫人格蕾丝担任的民盟妇女联合会负责人职务。同日，民盟发言人称，会议一致认为，穆加贝必须于20日中午前辞去总统职务，否则将面临弹劾；格蕾丝已被列入开除出党人员名单。同日，津军方将领与穆加贝举行第二次会面。20日，民盟发言人称，民盟已正式通报穆加贝解除其党主席兼第一书记职务。21日，身在南非的津前副总统姆南加古瓦称，穆加贝总统应顺应民意宣布辞职；只有在自身安全得到保障的条件下，他才会回国。同日，津退伍军人协会主席穆茨万古瓦号召民众立即到哈拉雷举行集会，敦促穆加贝尽早下台。当天，津议会启动弹劾总统穆加贝的程序，要求穆于24小时内辞职。同日，津议长穆登达宣读了穆加贝的辞职信，穆加贝信中称将根据津巴布韦宪法第96条正式提交辞呈并立即生效。民盟党鞭称，姆南加古瓦将于48小时内宣誓就任总统，在2018年9月大选前接替穆加贝完成剩余任期。22日，姆南加古瓦在比勒陀利亚与南非总统祖马举行会晤。同日，姆南加古瓦从南非返回津巴布韦。23日，姆南加古瓦发表声明，呼吁津巴布韦民众保持冷静，避免任何形式的打击报复。24日，姆南加古瓦宣誓就任津总统。在就职演说中，他强调政府将致力于改善经济状况，而重中之重是提高就业率。姆南加古瓦1942年出生，历任国家安全部长、国防部长、司法部长等要职，2014年12月担任津第一副总统。

柬埔寨解散反对党。16日，针对柬政府指控反对党救国党勾结外国势力图谋推翻政府的诉讼，柬最高法院裁决解散救国党并禁止该党118名党员5年内参政。柬内政部称，救国党暗中勾结外国势力，妄图通过“颜色革命”推翻柬合法政府。柬首相洪森随后发表电视讲话称，2018年大选将照常举行，呼吁救国党其他未被禁党员加入执政党人民党。当天，美国白宫发表声明称，在当前局势下，2018年柬大选将不会是合法、自由或公正的选举。美将就此采取具体行动，首先将取消对柬国家选举委员会的支持。欧盟发言人称，没有反对党参与的选举将不可能是合法的选举，尊重人权是柬方享受欧盟贸易优惠措施的前提。17日，柬王国内政部发言人乔速帕表示，柬内政部将发出书面通告，依法免除救国党在柬内政部注册资格。柬救国党发言人称，绝不接受柬最高法院的裁决。

德国组阁谈判失败。19 日，德自由民主党发言人尼尔斯·德罗斯特宣布，自民党退出由德议会第一大党联盟党（德国基督教民主联盟、基督教社会联盟合称联盟党）所主导的、自民党和德国绿党参与的组阁谈判。自民党主席林德纳当晚表示，退出谈判的原因在于各方没能建立起互信。20 日凌晨，联盟党领导人、总理默克尔在柏林召开的新闻发布会上对自民党退出组阁谈判表示遗憾。她说，联盟党相信，各方走在同一条道路上，本可达成一致；联盟党将在今后几周内以负责任的态度付诸行动，她本人也将不遗余力带领德克服困难。绿党领导人之一埃卡德发表讲话说，各方谈判已取得相当大进展，在许多问题上的立场比此前想象的要接近；各方有责任继续保持对话。20 日，德总统施泰因迈尔在柏林明确反对重新选举，期望所有党派都有谈判意愿，以便在可见的时间内组建新政府，并称他将和参加谈判的各党领导人会谈。27 日，默克尔对媒体表示，她致力于推进与社民党的谈判，努力组成联合政府。谈判中最重要的是维持国家稳定。30 日，施泰因迈尔召集基督教民主联盟、基督教社会联盟和社会民主党领导人商谈联合组阁的可行性。三党分别表达了合作意愿，然而立场分歧显著。

俄土伊三方会晤讨论叙利亚问题。19 日，俄罗斯外交部长拉夫罗夫、伊朗外交部长扎里夫、土耳其外交部长恰武什奥卢在土耳其举行三方会晤，讨论叙利亚问题解决进程，为拟于 22 日举行的三方总统会晤作准备。俄外交部发表声明称，三方指出叙暴力冲突程度降低，这为各方朝着政治解决叙危机的目标前进提供了可能。21 日，俄总统普京与到访的叙总统巴沙尔在索契举行会谈，讨论了打击恐怖主义和政治解决叙冲突前景等。双方认为叙冲突的焦点正从军事行动转变为寻求政治解决方案。22 日，俄总统普京、土总统埃尔多安、伊总统鲁哈尼在索契就叙利亚问题举行三方会晤后发表联合声明称，三方强调叙冲突各方有必要释放所有囚犯和人质、移交遗体、搜寻失踪人员，从而为实现持久停火、开启政治对话创造条件；根据阿斯塔纳进程框架设立的冲突降级区非常有效，显著降低叙暴力冲突并缓和人道主义灾难；三方呼吁其他国家向叙提供人道主义援助，清理叙境内地雷，重建关键基础设施。

蒙古国总理呼日勒苏赫当选蒙古人民党主席。21 日，蒙总理呼日勒苏赫在蒙古人民党第 28 次代表大会上以 63.1% 的得票率当选为该党新一任主席。

当天参加党主席角逐的还有蒙国家大呼拉尔（议会）蒙古人民党党团主席哈因希里瓦，他的得票率为 36.9%。呼日勒苏赫在当选后说，蒙古人民党始终珍视党内团结和人民的和谐进步，肩负着振兴国家经济的任务；蒙古人民党将以优异成绩回报选民，迎接 2020 年的议会选举及建党 100 周年。当天的会议还选举产生了 369 名蒙古人民党中央委员。

丹麦反对党社会民主党在地方选举中胜出。21 日，丹举行全国性地方选举，该国反对党社会民主党击败执政的中右翼联盟主要政党自由党，以较大优势胜出。根据丹选举机构 22 日公布的投票结果，社会民主党在本次选举中夺得全部 98 个城市中至少 45 个市长职位，其中包括丹前四大城市的市长。在同日举行的地区性议会选举中，社会民主党赢得全部 5 个行政大区中 4 个议会主席职位，另外一个主席职位则由自由党夺得。丹首相拉斯穆森当天承认自由党在选举中失利，但他表示对选举结果感到满意，称该党支持率与 4 年前相比变化不大。在 2013 年选举中，社会民主党仅获得 35 个市长职位，自由党得到 46 个。

热恩别科夫正式就任吉尔吉斯斯坦总统。24 日，索隆拜·热恩别科夫在比什凯克正式就任吉总统。热恩别科夫在就职演说中表示，吉政府将进行经济结构改革，为此他作为总统会给予全力支持；在其任期内，吉将继续在联合国、上海合作组织和欧亚经济联盟等框架内积极参与国际事务和一体化进程。他还说，将深化同中国的关系。

埃及发生严重恐袭事件。24 日，埃北西奈省一所清真寺遭恐怖袭击，约 40 名恐怖分子在寺外引爆汽车炸弹，随后向寺内逃出的民众及赶到现场的救护车开枪，造成至少 235 人死亡、109 人受伤。这是埃现代历史上造成死亡人数最多的袭击事件，也是首次针对穆斯林清真寺的重大袭击。埃政府宣布自当天起举行为期 3 天的哀悼日。埃总统塞西召开紧急安全会议并发表电视讲话称，此次袭击是犯罪和懦夫行为，旨在破坏埃国家团结并阻碍埃反恐努力。但这只会使埃更强大，并坚持不懈打击恐怖主义，埃武装部队和警察将采取有力应对措施。24 日，美国总统特朗普在推特上称，国际社会无法容忍恐怖主义，我们必须以军事行动击败他们并揭穿极端思想。美需要修建边境墙，需要实施入境限制。白宫发言人桑德斯发表声明称，美以最强烈措辞谴责此次恐怖袭击，向伤亡人员家属表示哀悼；特朗普已同埃总统塞西通电话，向埃方表示慰问，重申美将继续与埃共同应对恐怖主义。同日，俄罗斯总统普京向塞西表示慰问并对袭击事件表示震惊。俄外交部发表声明称，俄方向受害者家属表示诚挚慰问；相信恐怖分子无法恐吓埃民众；呼吁俄在埃公民保持安全警惕，避免前往面临恐怖主义威胁的地区。印度总理莫迪在推特上称，强烈谴责此次野蛮恐怖袭击，对遇难者表示深切哀悼；印坚决支持打击一切形式的恐怖主义，并与埃人民站在一起。联合国秘书长古特雷斯发言人称，古特雷斯以最强烈措辞谴责此次袭击事件，希望尽快将有关人员绳之以法。欧盟委员会主席容克在推特上称，以最强烈措辞谴责对埃清真寺的袭击，这是蓄意针对无辜民众的野蛮和懦夫行为，欧洲将与埃方保持团结并提供支持。英国首相特雷莎·梅、法国总统马克龙、意大利总理真蒂洛尼、澳大利亚总理特恩布尔、亚美尼亚总统萨尔基以及罗马教皇方济各也对袭击事件表示了谴责，向埃方表示慰问。

李克强出席第六次中国—中东欧国家领导人会晤并访问匈牙利，出席上合组织成员国政府首脑（总理）理事会第十六次会议。11月26日—12月2日，应匈牙利总理欧尔班、俄罗斯总理梅德韦杰夫邀请，中国国务院总理李克强出席在匈牙利布达佩斯举行的第六次中国—中东欧国家领导人会晤并对匈牙利进行正式访问、出席在俄罗斯索契举行的上海合作组织成员国政府首脑（总理）理事会第十六次会议。26日下午，李克强抵达布达佩斯李斯特国际机场。27日上午，李克强在布达佩斯出席第七届中国—中东欧国家经贸论坛开幕式并致辞。李克强表示，“16+1合作”是中国与中东欧16国共同创建的合作平台，是中欧友好合作的创举，发展前景广阔。“16+1合作”坚持以企业为主、政府推动、市场化运作，遵循国际通行规则，实现了互利共赢。“16+1合作”是中欧关系的重要组成部分和有益补充，助推了中欧关系的发展。27日晚，李克强同中东欧16国领导人在布达佩斯共同出席“16+1合作”五周年纪念活动并致辞。当天，李克强还分别同克罗地亚总理普连科维奇、斯洛伐克总理菲佐、爱沙尼亚总理拉塔斯、立陶宛总理斯克韦尔内利斯、黑山总理马尔科维奇、捷克总理索博特卡、保加利亚总理鲍里索夫等中东欧国家领导人举行双边会见，就双边关系和“16+1合作”交换意见。各方一致认为，本次领导人会晤取得成功，李克强总理与会发言为“16+1合作”注入了新动力。中国与中东欧国家传统友谊深厚，是重要的合作伙伴，期待继续加强对华经贸、人文、互联互通等合作，携手开创双边关系与“16+1合作”更美好的未来。28日下午，李克强在布达佩斯国会大厦同匈牙利总理欧尔班举行会谈。李克强表示，中匈友谊源远流长，两国关系基础牢固。中国视匈牙利为在中东欧的重要合作伙伴、在欧盟的好朋友、在国际事务中可以开展密切沟通协调的好伙伴。李克强指出，中方愿将“一带一路”倡议同匈方发展战略更好对接，扩大双边经贸投资规模，加强基础设施建设等重点领域合作，进一步推进区域互联互通。欧尔班表示，匈中政治关系很好，两国合作富有成果，堪称匈对外关系的成功故事。匈方愿积极推进匈塞铁路等重大项目建设，提升双边经贸水平，加强金融、教育、旅游等合作。会谈后，李克强和欧尔班共同见证两国政治、经贸、金融、人文等领域 11 个双边合作文件的签署。两国总理还接受了匈汉学家赠送的匈汉大辞典。29 日，李克强在莫斯科克里姆林宫会见俄罗斯总统普京。李克强指出，当前两国经济合作正迈出坚实步伐。中方愿将“一带一路”倡议同欧亚经济联盟加强对接，既发挥好传统领域合作的龙头作用，又注重新兴领域的新动能效应，挖掘远东开发潜力，扩大跨境贸易规模，更好造福两国人民。李克强强调，中方愿同俄方加强在国际事务中的沟通协调，密切在上海合作组织等多边框架内的合作，共同助力地区合作稳中求进，为世界的和平发展注入建设性力量。普京欢迎李克强来俄出席上海合作组织成员国总理会议，并表示，俄中保持频繁的高层交往与沟通，充分表明两国关系发展的稳定性和高水平。两国政府及有关合作机制对双方务实合作发挥了重要指导作用。当前俄中贸易增长势头良好，能源、交通基础设施、农业、地方等领域合作积极推进。欧亚经济联盟和“一带一路”倡议具有互补性，希望双方对接好发展战略，更好实现互利双赢。30 日，李克强乘专机抵达索契。12 月 1 日下午，李克强在索契雷迪森会议中心出席上海合作组织成员国政府首脑（总理）理事会第十六次会议。李克强就各成员国一道努力，夯实团结互信，深化务实合作，同心协力打造地区国家命运共同体提出以下建议：第一，塑造安全稳定的地区环境；第二，加快发展战略对接合作；第三，提升贸易自由化便利化水平；第四，构建快捷便利的联通格局；第五，推进产能与创新合作深入发展；第六，系牢人文交流合作纽带。与会领导人表示，维护地区稳定、促进经济发展符合上合组织各成员国共同利益。上合组织合作势头很好，潜力很大，应秉持“上海精神”，加强发展战略对接，推进互联互通和区域贸易一体化建设，深化能源、农业、金融、投资、科技创新、数字经济、地方等领域合作，支持各国企业参与区域经济合作，进一步提升上合组织的影响力，共促地区和平稳定，共谋可持续发展繁荣。李克强同与会成员国领导人签署并发表联合公报，批准上合组织经贸、财政、安全等领域多项合作协定和决议。

朝鲜发射新型洲际弹道导弹。29 日，朝宣布成功试射新开发的“火星－15”型洲际弹道导弹。朝政府声明称，该类型洲际弹道导弹可打击美国本土全境，可装载超大型重型核弹头。美国防部发言人曼宁则在一份声明中说，美方已监测并追踪到朝发射了一枚导弹，但并未对北美、美领土和美盟友造成威胁。国际社会纷纷谴责朝此举违反联合国相关决议，威胁地区及世界和平稳定。联合国秘书长古特雷斯通过发言人发表声明，严厉谴责朝试射弹道导弹，称该行为“公然违反联合国相关决议，完全无视国际社会共识”。当天上午，韩国总统文在寅主持召开国家安保会议，强烈谴责朝试射导弹加剧半岛紧张局势，威胁国际和平与安全。美国务卿蒂勒森发表紧急声明，称朝此举威胁邻国、地区和全球的稳定。美总统特朗普就此同韩国总统文在寅、日本首相安倍晋三通电话，强烈谴责朝的“挑衅行为”。俄罗斯总统新闻秘书佩斯科夫说，朝再次试射导弹系“挑衅”，这一行为加剧朝鲜半岛紧张局势。欧盟对外行动署发表声明说，朝此举违反了联合国安理会多项决议。同日，习近平主席应约同美总统特朗普通电话。习近平在通话中强调，实现朝鲜半岛无核化、维护国际核不扩散体系、维护东北亚和平稳定，是中方坚定不移的目标。中方愿同包括美方在内有关各方继续保持沟通，共同推动朝鲜半岛核问题朝着对话谈判、和平解决的方向发展。

12月

- 习近平出席中国共产党与世界政党高层对话会开幕式并发表主旨讲话
- 英国“脱欧”谈判艰难前行
- 第三届联合国环境大会在内罗毕召开
- 国际奥委会决定禁止俄罗斯参加2018年冬奥会
- 美国政府承认耶路撒冷为以色列首都
- 美国发布新版国家安全战略报告

习近平出席中国共产党与世界政党高层对话会开幕式并发表主旨讲话。1 日,中共中央总书记、中国国家主席习近平出席中国共产党与世界政党高层对话会开幕式，并发表题为《携手建设更加美好的世界》的主旨讲话，强调政党要顺应时代发展潮流、把握人类进步大势、顺应人民共同期待，志存高远、敢于担当，自觉担负起时代使命。中国共产党将一如既往为世界和平安宁、共同发展、文明交流互鉴作贡献。习近平指出，中共十九大规划了中国从现在到 21 世纪中叶的发展蓝图，宣示了中方愿同各方推动构建人类命运共同体的真诚愿望。政党在国家政治生活中发挥着重要作用，也是推动人类文明进步的重要力量。年终岁末，来自世界各国近 300 个政党和政治组织的领导人齐聚北京，共商合作大计，充分体现了大家对人类发展和世界前途的关心。习近平指出，今天人类生活的关联前所未有，同时人类面临的全球性问题也前所未有。世界各国人民前途命运越来越紧密地联系在一起。世界各国人民应该秉持“天下一家”理念，彼此理解、求同存异，共同为构建人类命运共同体而努力。我提出“一带一路”倡议，就是要践行人类命运共同体理念。4 年来，共建“一带一路”已成为有关各国实现共同发展的巨大合作平台。习近平强调，我们要努力建设一个远离恐惧、普遍安全的世界，坚持共同、综合、合作、可持续的新安全观，营造公平正义、共建共享的安全格局；我们要努力建设一个远离贫困、共同繁荣的世界，坚持你好我好大家好的理念，让发展成果惠及世界各国，让人人享有富足安康；我们要努力建设一个远离封闭、开放包容的世界，坚持世界是丰富多彩的、文明是多样的理念，让各种文明和谐共存；我们要努力建设一个山清水秀、清洁美丽的世界，坚持人与自然共生共存的理念，共同营造和谐宜居的人类家园。习近平指出，当前，世界格局在变，发展格局在变，各个政党都要顺应时代发展潮流，把自身发展同国家、民族、人类的发展紧密结合在一起。不同国家的政党应该增进互信、加强沟通、密切协作，探索在新型国际关系的基础上建立求同存异、相互尊重、互学互鉴的新型政党关系，搭建多种形式、多种层次的国际政党交流合作网络，汇聚构建人类命运共同体的强大力量。习近平指出，中国共产党是为中国人民谋幸福的党，也是为人类进步事业而奋斗的党。我们要把自己的事情做好，这本身就是对构建人类命运共同体的贡献。我们也要通过推动中国发展给世界创造更多机遇。我们不“输入”外国模式，也不“输出”中国模式，不会要求别国“复制”中国的做法。中国共产党将一如既往为世界和平安宁作贡献，将一如既往为世界共同发展作贡献，将一如既往为世界文明交流互鉴作贡献。倡议将中国共产党与世界政党高层对话会机制化，使之成为具有广泛代表性和国际影响力的高端政治对话平台。习近平强调，面向未来，中国共产党愿同世界各国政党加强往来，分享治党治国经验，开展文明交流对话，增进彼此战略信任，推动构建人类命运共同体，携手建设更加美好的世界。开幕式后，高层对话会举行第一次全体会议。柬埔寨人民党主席、政府首相洪森，缅甸国务资政昂山素季，俄罗斯统一俄罗斯党总委员会主席团副书记热列兹尼亚克，美国共和党全国委员会司库安东尼·帕克，埃塞俄比亚人民革命民主阵线副主席、政府副总理德梅克在全体会议上分别致辞，高度评价习近平关于构建人类命运共同体、携手建设更加美好世界的主张，表示愿与中国共产党一道，共同建设持久和平、普遍安全、共同繁荣、开放包容、清洁美丽的世界。

中国共产党与世界政党高层对话会以“构建人类命运共同体、共同建设美好世界：政党的责任”为主题，来自120多个国家的近300个政党和政治组织的领导人共600多名中外方代表与会。2日，高层对话会举行以“新时代的中国共产党与世界”为主题的中共十九大精神专题研讨会。围绕中共十九大精神，中外代表就“习近平新时代中国特色社会主义思想”“新时代中国：新发展，新理念”“创新世界，中国贡献”进行三场研讨。当日下午，还以“加强政党建设：政党的挑战和未来”“建设美好国家：政党的实践和经验”“共建‘一带一路’：政党的参与和贡献”以及“引领构建人类命运共同体：政党的角色和责任”为题举办了四场分专题会议。3日，高层对话会在北京闭幕，中共中央政治局委员、国务委员杨洁篪出席闭幕式并讲话。闭幕式上通过了《北京倡议》。杨洁篪表示，习近平总书记、国家主席在开幕式上的主旨讲话，全面阐述了中国共产党关于构建人类命运共同体的主张，表达了中国共产党愿同各国政党一道，共促世界发展、共享世界繁荣、共掌世界命运的坚定决心。各方高度评价习近平总书记的主旨讲话，高度肯定中国共产党的历史性贡献，高度期待中国进一步发挥引领作用。杨洁篪指出，构建人类命运共同体、携手建设美好世界是一项伟大的事业。政党和政治家要自觉扛起历史责任，始终做世界和平的建设者、全球发展的贡献者、国际秩序的维护者；要发扬实干精神，切实负起思想引领、组织动员、人才培养的政治责任；要全面树立创新意识，坚持多元的视角、发展的眼光、开放的视野；要始终坚持问题导向，不断推进人类的和平与发展的崇高事业；要精心打造沟通平台，真正拉近各国人民心灵距离。中国共产党愿同各国政党巩固和深化友好合作关系，为构建人类命运共同体、携手建设美好世界贡献政党的力量。

朝鲜半岛局势牵动各方。1 日，韩国国防部将朝鲜 11 月 29 日发射的导弹界定为“火星—15”新型洲际弹道导弹，飞行距离超过 1.3 万公里，射程可达美国华盛顿地区。韩统一部副发言人李有振称，韩政府认为朝此次射导并不意味着朝已掌握洲际弹道导弹的全部技术，尤其是重返大气层和精确制导技术，因此韩认为朝此次射导并未逾越红线。1 日，俄罗斯总理梅德韦杰夫表示，当前朝鲜半岛局势紧张，相关各方应以俄罗斯和中国就解决朝鲜半岛问题共同提出的“路线图”为基础，朝方应暂停核导活动、美韩应暂停大规模军演，采取切实措施，开创半岛和平新机遇。2 日，美总统国家安全事务助理麦克马斯特称，美仍致力于朝鲜半岛无核化的目标，目前仍可通过非军事手段解决朝核问题，如呼吁中国加大对朝经济施压等。但朝对美构成最大直接威胁，美朝爆发战争的潜在可能性与日俱增。朝核导能力正在一天天加强，解决朝核问题的剩余时间已经不多。3 日，朝祖国和平统一委员会发言人警告说，美韩定于 4 日开始的联合空中军演是对朝的严重挑衅，朝方对此类接连不断的挑衅行为将给予无情的回击。再次提醒美及其追随势力，朝最高领导人金正恩曾发表声明指出，朝方正慎重考虑采取史上超强硬措施，以期让对方付出代价。4 日，美韩两军启动为期 5 天、代号为“警惕王牌”的年度联合空中演习。美韩双方逾 230 架战机参演。美方参演军事人员共计约 12000 人。6 日，韩总统文在寅表示，已向美坚定表态，决不允许未经韩同意在半岛采取军事行动。朝核问题一定要解决，也必须施压促谈，但不能以战争方式解决。文在寅表示，有望启动解决朝核问题的对话和改善韩朝关系的对话，前者须以朝美互动为中心，而后者受阻于朝进行核试验未能顺利展开。5—8

日，联合国负责政治事务的副秘书长杰弗里·费尔特曼访朝，与朝外务相李勇浩及外务省副相朴明国就共同关注的问题进行了讨论。费尔特曼向朝方强调全面执行联合国安理会相关决议的必要性，同时指出要防止对形势作出误判，应通过开放渠道减少冲突风险。9日，费尔特曼向媒体介绍访朝情况，强调缓和半岛紧张局势的紧迫性，重申诉诸外交途径解决问题的重要性。11日，朝第八届军需工业大会开幕，朝最高领导人金正恩出席。朝劳动党中央政治局委员、党中央副委员长太宗秀在会上强调，当前形势下，国防科学研究事业和军需工业发展一刻也不能松懈。12日，美国务卿蒂勒森说，美仍然希望通过外交方式解决朝核问题；只要朝准备好了，美愿意开始与朝进行不设先决条件的谈判。15日，联合国安理会就朝鲜半岛问题召开部长级会议。联合国秘书长古特雷斯表示，半岛核问题是当今世界最紧张和危险的和平与安全问题。联合国安理会的团结是和平解决朝半岛问题的最重要手段。外交介入是达成可持续和平和无核化的唯一途径。他呼吁朝遵守联合国安理会有关决议，要求朝为恢复朝鲜半岛无核化和可持续和平的谈判留下空间。22日，安理会一致通过第2397号决议，进一步加大对朝制裁力度。24日，朝外务省发表声明谴责联合国安理会涉朝决议，并表示朝将继续加强核遏制力。25日，俄外交部长拉夫罗夫表示，俄方建议美朝首先应停止互相“挑衅”行为，其次无条件开展对话，对话可以以美朝双边形式或其他国家共同参与的多边形式展开。

阿富汗安全形势依然紧张。1日，塔利班武装分子与阿军方在东部加兹尼省发生交火，双方共有58人死伤。3日，阿东部楠格哈尔省政府证实，该省首府贾拉拉巴德当天发生的一起自杀式爆炸袭击共造成6人死亡、13人受伤。9日，阿官员称，阿安全部队过去3天在东部加兹尼省和北部昆都士省打死23名塔利班武装分子，打伤28人。12日，《阿富汗时报》援引当地官员的话报道说，朱兹詹省南部杜尔扎卜和胡什泰帕两地已被恐怖组织“伊斯兰国”控制，仅有警方和政府官员办公场所还在当地政府控制之下。当地大量民众逃往该省首府希比尔甘避难。25日，阿首都喀布尔情报局办公室附近发生一起自杀式炸弹袭击事件，至少造成5人死亡。31日，楠格哈尔省首府贾拉拉巴德市发生一起自杀式爆炸袭击事件，造成12人死亡、16人受伤。

德国组建联合政府艰难进行。1日，德社会民主党表示，将在7日召开的党代会上决定是否同意就组建联合政府同联盟党展开对话。社民党主席舒尔茨是在 11 月 30 日晚与德总统施泰因迈尔和德联盟党主席、现任德总理默克尔举行会谈时作出这一表态的。4 日，舒尔茨在该党主席团会议后宣布，该党准备同默克尔所在的联盟党围绕社民党是否参与，以及以何种形式参与新政府组建展开对话。同日，社民党高层就重组大联合政府提出己方谈判底线，要求“最大程度上”实现该党本次大选前在竞选纲领中提出的施政理念。7 日，社民党在柏林召开党代会，会议决定与联盟党就联合组阁问题展开对话。13 日，默克尔同舒尔茨会面，双方一致希望尽快组阁，解决当前的政治困局。两党定于 2018 年 1 月就联合组阁启动试探性谈判。

洪都拉斯总统连任。1 日，由于质疑总统选举计票进度和阶段计票结果，洪自由和重建党、革新和团结党联合推举的候选人萨尔瓦多·纳斯拉亚的支持者接连几日在多地举行大规模抗议示威，其中一些游行活动升级为暴力冲突。政府宣布全国进入 10 天紧急状态。10 日，纳斯拉亚发起了抵制总统选举计票结果的游行，并要求洪最高选举委员会重审计票结果。17 日，洪都拉斯最高选举委员会宣布，现任总统、国民党总统候选人胡安·奥兰多·埃尔南德斯赢得 2017 年总统选举，实现连任。现年 49 岁的埃尔南德斯是职业律师出身，2013 年 11 月代表国民党击败对手当选总统，2014 年 1 月宣誓就职。

也门前总统萨利赫被打死。2 日，也胡塞武装和前总统萨利赫武装在首都萨那的交火升级。3 日，联合国秘书长古特雷斯通过其发言人发表声明，对也武装冲突升级表示严重关切，呼吁相关各方立即停火。4 日，也前总统萨利赫在首都萨那城外被胡塞武装打死。10 日，沙特阿拉伯领导的多国联军对位于也西北部哈杰省的一处胡塞武装军事训练营实施空袭，造成约 20 名胡塞武装人员死亡，另有多人受伤。19 日，沙领导的多国联军称，也胡塞武装当天向沙首都利雅得发射一枚弹道导弹，被沙防空部队拦截，没有人员伤亡。21 日，红十字国际委员会发布消息称，也霍乱疑似感染人数突破 100 万，其中 2219 人死亡。25 日，也安全和医疗部门消息人士说，沙及其主导的多国联军最近一个星期以也胡塞武装为目标的新一轮空袭和进攻致 60 余人死亡。

英国“脱欧”谈判艰难前行。3 日，英前首相布莱尔表示，正致力于推动英进行二次公投，以逆转英退出欧盟的决定。布莱尔称，“脱欧”将使英医疗系统每周增加 3 亿 5 千万额外资金的承诺是不真实的。4 日，英首相特雷莎·梅与欧盟委员会主席容克举行会晤，双方未就“脱欧”达成一致协议。同日，爱尔兰副总理科文尼表示，英与爱尔兰尚未就英“脱欧”后北爱尔兰的边境事宜达成一致，英和爱尔兰政府有关达成可能的协议文本的谈判正处于“敏感地带”，该协议是英与欧盟的“脱欧”谈判进入下一阶段的前提条件。8 日，英与欧盟就 400 万公民的特殊公民权利写入“分手”协议，英将为这份艰难达成的协议支付 400 亿—600 亿英镑。11 日，特雷莎·梅说，英预计向欧盟支付 350 亿—390 亿英镑的“分手费”，但条件是双方未来要达成一份贸易协议。特雷莎·梅当天在英国议会下院说，如果英与欧盟无法就贸易伙伴关系达成一致，“分手费”则免谈。13 日，英议会通过“脱欧”修正动议，要求政府与欧盟签署最终协议前，须由议会另外立法予以批准。15 日，欧盟除英以外的 27 国领导人举行会议，宣布英“脱欧”第一阶段谈判在“分手费”、爱尔兰边界以及欧盟在英公民权利等核心议题上取得“足够进展”，可以开启第二阶段谈判。第二阶段谈判将主要聚焦英“脱欧”过渡期以及欧英未来关系。欧盟将英“脱欧”过渡期的最迟期限限定在不超过 2020 年 12 月 31 日。欧盟负责英退欧事务谈判的首席代表巴尼耶表示，英在“脱欧”过渡期内仍要承担其权利和义务。

第三届联合国环境大会在内罗毕召开。4 日，第三届联合国环境大会在肯尼亚首都内罗毕开幕。本届大会以“迈向零污染地球”为主题，致力于团结政府、企业、民间社会和个人的力量，采取行动对抗一切形式的污染问题。来自全球的 4000 余名政府官员、商界领袖和民间机构代表参加了大会，其中包括超过 100 名环境部长。会议将联合国环境规划署最新报告《迈向零污染地球》作为确定问题和制定新行动的基础。报告称，环境恶化导致全世界每年 1260 万人死亡，占全球每年死亡人口的 1/4。联合国环境规划署执行主任埃里克·索尔海姆表示，数据表明，污染对人类自身和地球造成的伤害触目惊心，联合国环境大会急需出台决定；《2030 年可持续发展议程》《巴黎协定》等全球协定都传达了一个简单的信息：“我们必须珍视人与地球”。5 日，举行 2017 年度“地球卫士”颁奖典礼，中国塞罕坝林场建设者获得“激励与行动奖”；中国企业摩拜单车获“商界卓识奖”，这是该奖项设立 13 年来，首次有中国企业获此殊荣。“地球卫士奖”是联合国系统最具影响力的环境奖项，创立于 2004 年，每年评选一次，由联合国环境规划署颁发给在环境领域有杰出贡献的个人或组织。6 日，大会在内罗毕的联合国环境规划署总部闭幕。与会代表呼吁采取迅速、大规模的协调行动防治污染，并承诺保护人类健康以及人类共同生活的环境。大会发布了自创办以来的首个环境部长声明。

声明说，各国将支持防控和治理空气、土壤和水污染的努力，这些污染危害人类健康、生态系统以及经济发展。环境部长们在声明中承诺，将加强环境领域研发，通过有针对性的行动防治污染，鼓励以循环经济为基础的可持续的生活方式，并加强针对污染的立法和执法等。大会还在应对海洋垃圾和微塑料、防治大气污染、消除涂料和电池带来的铅中毒、保护水生态系统免受污染和应对土壤污染等方面通过了 13 个非约束性决议和 3 个决定。联合国环境大会是全球环境问题的最高决策机制，其前身是联合国环境规划署理事会。2013 年联合国大会通过决议，将环境规划署理事会升格为各成员国代表参加的联合国环境大会。首届联合国环境大会于 2014 年 6 月在内罗毕召开。

津巴布韦新内阁成员宣誓就职。4 日，津新一届内阁宣誓就职的仪式在首都哈拉雷举行。总统埃默森·姆南加古瓦表示，将把实现经济增长作为本届内阁的首要任务。本届内阁将在 2018 年大选后结束使命，任期超过 6 个月。他呼吁津民众增强对新政府的信心，并表示将团结全国民众，以期更好发展经济、促进就业。

北约加强与欧盟的军事合作。5 日，北约成员国外长举行会议，决定进一步加强与欧盟合作，提升军事机动能力以及反恐等方面的协作水平。北约秘书长斯托尔滕贝格表示，北约与欧盟在 2016 年 7 月签署了加强合作的联合声明，随后双方采取了 42 项具体措施，北约与欧盟一直在努力落实这些措施，在应对混合战争威胁、网络安全、海上安全行动等合作上取得进展。欧盟日前深化防务合作等举措有助于欧盟国家国防开支的增加和军事现代化，也有利于跨大西洋盟友公平分担军费。他还强调欧盟防务建设与北约的互补性，指出北约仍然是欧洲集体防御的基石。24 日，斯托尔滕贝格称，俄潜艇愈发频繁地在地中海、大西洋等水域活动，活跃程度已相当于冷战时期。北约潜艇部队司令则发出俄可能切断海底电缆警告。作为回应，北约重建冷战后即被关闭的大西洋司令部。

格鲁吉亚前总统萨卡什维利遭逮捕。5 日，乌克兰敖德萨州前州长、格鲁吉亚前总统萨卡什维利被乌安全部门逮捕。乌安全部门指控萨卡什维利接受乌前总统亚努科维奇支持者的援助用于分离国家的活动。8 日，萨卡什维利再次被乌警方逮捕。乌总检察长尤里·卢岑科称，萨卡什维利被控罪名包括在俄罗斯支持下策划发动政变等。10 日，萨卡什维利的支持者在乌基辅市中心独立广场举行抗议游行。11 日，基辅佩切尔斯克区法院开庭审理乌检方提出的对萨卡什维利实施软禁的申请，法院最终驳回该申请，萨卡什维利被当庭释放。

国际奥委会决定禁止俄罗斯参加2018年冬奥会。5日，由14人组成的国际奥委会小组在瑞士洛桑开会投票决定，禁止俄参加在韩国平昌举行的2018年冬季奥运会，以追究俄“官方兴奋剂”事件责任。不过，国际奥委会在一份新闻稿中提到，仍将允许俄运动员“在严格的条件下”参加冬奥会的相关比赛。6日，2018平昌冬奥会暨冬残奥会组委会发表声明称，尊重国际奥委会作出的禁止俄参加冬奥会的决定。俄总统普京回应称，这是具有政治动机的决定。俄不会抵制冬奥会，也不会阻挠本国选手以中立身份参加平昌冬奥会。2016年5月，俄前反兴奋剂实验室主任罗琴科夫向美国《纽约时报》爆料，在2014年俄索契冬奥会期间，俄政府展开了兴奋剂计划，反兴奋剂专家和情报人员将服用过药物的运动员的尿样换成了几个月前采集的没有问题的尿样。之后，同罗琴科夫关系密切的两位俄反兴奋剂部门的官员相继死亡，罗琴科夫移居美国洛杉矶并受到美国联邦当局保护，世界反兴奋剂机构任命加拿大法律教授麦凯伦为调查员负责调查相关事件。2016年7月和12月，世界反兴奋剂机构相继发布两份《麦凯伦报告》，描述俄在索契冬奥会期间的兴奋剂事件和俄官方的掩盖行为，称俄方相关计划始于2011年，超过千名运动员参与其中，涉及2012年伦敦奥运会和2014年索契冬奥会。报告发布后，国际奥委会未对俄全面禁赛，但设立新条件让各个国际单项体育联合会筛选合格运动员，将参加2016年巴西里约热内卢奥运会的俄运动员由原来的387人减至278人。同时，俄失去了多个国际体育赛事的举办权，国际奥委会开始对2010年加拿大温哥华冬奥会、2012年伦敦奥运会的俄罗斯参赛选手的尿样进行重新分析。俄多次否认国家资助兴奋剂计划，指责罗琴科夫是“流氓员工”，并要求将他引渡回国。2017年11月，世界反兴奋剂机构称，俄反兴奋剂组织表示不会遵守世界反兴奋剂机构的规定。国际奥委会纪律小组主席、瑞士律师奥斯瓦尔德表示，截至12月4日，共有25名俄运动员被取消索契奥运会资格并终身竞赛，11枚奖牌被剥夺，一名俄运动员证实清白。

黎巴嫩总理哈里里发表声明宣布收回辞呈。5日，黎总理哈里里发表声明，宣布收回辞呈，继续担任总理。当天，黎总统奥恩主持召开内阁特别会议，这是自11月4日哈里里在沙特突然宣布辞职以来黎召开的首次内阁会议。内阁会议召开前，奥恩和哈里里在总统府举行了闭门会谈。此次会后声明表示，欢迎哈里里收回辞呈，一致认同新的“不卷入地区冲突”政策，即黎各政治派别承诺“不卷入任何地区争端、冲突或战争”，并在“言语或行动上”均信守这一政策。

美国政府承认耶路撒冷为以色列首都。6 日，美总统特朗普宣布，美承认耶路撒冷为以色列首都，要求美国务院启动美驻以使馆搬迁计划。特朗普称，这一决定并不意味着美不再支持以同巴勒斯坦进行和平谈判，美将支持“两国方案”解决以巴问题。美对于耶路撒冷边界问题不持立场，这将由以巴双方通过谈判解决。美期待以巴能够达成一个持久的和平协定，美将为此做出努力。以对特朗普的决定表示欢迎，以总理内塔尼亚胡感谢特朗普“公正而勇敢的决定”，称其为“实现和平的重要一步”，并称 6 日为以色列“历史性的一天”。巴勒斯坦、中东多国、联合国、欧盟、俄罗斯、法国、非盟、阿盟等都在第一时间纷纷给予警告和谴责。7—8 日，在约旦河西岸和加沙地带，数千名巴勒斯坦人举行示威，并与以士兵在约旦河西岸和加沙地带等数个地区爆发激烈冲突，造成约 1100 人受伤。12 日，巴官方称，巴美的关系就此结束，双方关系目前仅限于经济领域，巴驻华盛顿办事处也准备关闭。13 日，美国务卿蒂勒森表示，美驻特拉维夫大使馆将最早于 3 年后迁往耶路撒冷。18 日，巴总统阿巴斯强调，拒绝美在和平进程上的斡旋，并表示将继续采取一系列措施抵制特朗普关于“承认耶路撒冷为以色列首都”的决定，包括巴将向联合国申请完全成员国身份，并申请加入 22 个国际组织。当天，联合国安理会对一份由埃及起草、旨在推翻美国承认耶路撒冷为以首都决定的决议草案进行表决，结果 14 票赞成、1 票反对。但由于美投票反对，草案未获通过。21 日，联合国大会以压倒性多数通过一项决议，认定任何宣称改变耶路撒冷地位的决定和行动“无效”，要求以巴通过谈判决定耶路撒冷的地位问题。

日本 2018 财年度防卫预算创新高。6 日，日政府开始协调拟将 2018 年度预算案的防卫费增加到创纪录的约 5.2 万亿日元（约合人民币 3100 亿元），这是自 2013 年度以来连续 6 年增长。日以所谓“朝鲜发射弹道导弹以及中国海洋活动频繁”，将 2018 年度预算重点放在加强弹道导弹防御和南西诸岛防御上，除在航空自卫队战斗机上搭载的远程巡航导弹相关费用外，还拟写进最新隐形战斗机 F－35 及运输机“鱼鹰”的购买费用等。8 日，日防卫省要求在 2018 年度政府预算案中追加计入约 22 亿日元（约合人民币 1.3 亿元），作为引进航空自卫队战斗机搭载的 3 种远程巡航导弹的相关费用，该导弹预计将在 2021 年度部署至自卫队。10 日，日防卫相小野寺五典宣布，已追加申请在 2018 年度政府预算案中计入 7.3 亿日元（约合人民币 4260 万元）相关经费，用于引进两套陆基宙斯盾系统。22 日，日政府内阁批准了该国防预算。

普京宣布在叙利亚击溃“伊斯兰国”。6 日，俄总统普京宣布，在叙幼发拉底河两岸完全击溃恐怖组织“伊斯兰国”。7 日，俄军方称，叙已经没有任何一个居民点或地区处在“伊斯兰国”控制下。叙已经从“伊斯兰国”手中“完全解放”，俄军已经完成了将“伊斯兰国”赶出叙的使命。11 日，普京访叙时表示，已对俄国防部长和武装力量总参谋长下达指令，要求军队开始撤回原驻地。如果恐怖势力在叙再次抬头，俄方将对其实施前所未见的打击。克里姆林宫发言人佩斯科夫说，俄将保留在叙的两处军事基地，确保俄军队具备打击能力，以防恐怖分子卷土重来。26 日，俄国防部称，俄军已经开始在叙海军与空军基地设置永久性军力，俄已批准与叙当局的协议，以强化俄在叙军力。根据俄叙在 2017 年 1 月签署的协议，俄将扩大在叙海港城市塔尔图斯的海军设施。

洪森称柬埔寨不做外国人“走狗”。6 日，美国国务院发表声明称，作为对柬逮捕该国反对党救国党主席根索卡、解散救国党、镇压独立媒体等“反民主举动”的回应，美国务卿将限制破坏柬民主的相关个人及其家人进入美国，美宣布停止对柬官员发放签证，欧盟议会也宣布限制柬官员赴欧盟签证。17 日，针对欧美国家的施压，柬首相洪森表示，有些外国势力正侵犯柬的主权，政府和人民必须坚定地站出来反对。国家的独立主权无比重要，柬不会做外国的“走狗”。

蒂勒森称乌克兰问题是俄美关系正常化的最大障碍。7 日，美国国务卿蒂勒森在奥地利维也纳参加第 24 届欧洲安全与合作组织外长会议时说，乌克兰问题成为美俄关系正常化的最大障碍。俄罗斯没有遵守明斯克协议，并采取各种方式帮助乌东部民间武装，11 月乌东部地区违反停火事件上升 60%。蒂勒森强调，俄不从乌东部地区和克里米亚撤军，美就不会解除对俄制裁。当天，俄外交部长拉夫罗夫称，乌东部地区暴力事件责任都与乌政府有关。18 日，俄外交部发布公告称，由于乌当局反对“各方分界线落实停火和稳定问题”联合监控与协调中心出台的任何文件和相关行为规范，俄军事代表单方面决定退出该中心。22 日，美国务院宣布，美已决定向乌提供装备，包括

210 枚反坦克导弹和 35 套导弹发射器，并称美对乌的协助完全属于“防御性质”。23 日，俄外交部发布公告称，美国决定直接向乌出售杀伤性武器的举动已经“越过红线”，俄方对此不会无动于衷。

莫拉维茨基就任波兰总理。7 日，波总理贝娅塔·希德沃递交辞呈。8 日，波总统杜达正式接受希德沃辞职申请，并任命副总理马特乌什·莫拉维茨基为新总理。11 日，莫拉维茨基在首都华沙的总统府宣誓就职，希德沃宣誓就任副总理一职。12 日，莫拉维茨基在议会发表施政报告，强调进一步推动波现代化建设和经济发展是政府的头等大事，表示新政府上台后将出台政策帮助中小企业发展，同时将提高波人民的基本工资，并将政府在医疗保健领域的支出增长到波国内生产总值的 6%。莫拉维茨基来自波执政党法律与公正党，此前任波副总理兼财政和发展部长。在就任总理后，继续保留财政和发展部长职务。法律与公正党人士称，莫拉维茨基在金融和经济领域拥有丰富经验，法律与公正党提名莫拉维茨基为新总理，反映该党将提振波经济作为未来首要目标。

土耳其总统历史性访问希腊。7 日，土总统埃尔多安到访希腊，这是 1952 年以来土国家元首首次访问希腊。当天，希腊总理齐普拉斯与埃尔多安举行会谈。双方讨论了希土关系、欧土关系、难民问题、塞浦路斯问题、地区安全及反恐等问题。齐普拉斯说，虽然两国间一直存在分歧，但双方是以建设性而不是挑衅性的方式来应对，此访将为双边关系揭开新的一页。希腊一贯支持一个民主的土向欧洲靠拢，并希望土尽快回到民主改革道路上来。埃尔多安重申希望希腊遣返逃到该国的 8 名参与 2016 年未遂政变的土军人，齐普拉斯则表示只有司法机构才能决定这一问题，而其决定应得到充分尊重。谈及双方在爱琴海地区的紧张关系时，齐普拉斯要求土停止侵犯希腊领空的行为。埃尔多安表示，双方在此问题上分歧很大，但分歧能够得到解决。在难民问题上，齐普拉斯说，双方在这一问题上已有建设性合作。埃尔多安则表示，土为应对难民危机花费了数百亿美元，而欧盟没有完全履行自己的承诺。在塞浦路斯问题上，双方都强调应找到公平及可行的解决方案。当天早些时候，希腊总统帕夫洛普洛斯和埃尔多安举行了会谈。帕夫洛普洛斯说，希望此访能够架起双方的友谊之桥，希腊愿成为土进入欧盟的门户。8 日，埃尔多安访问了希腊西北部色雷斯省科莫蒂尼市。

美俄相互指责对方违反《中导条约》。8 日，美国国务院发言人希瑟·诺尔特在《中导条约》签署30周年纪念日说，俄罗斯发展、测试和部署的陆基巡航导弹系统覆盖条约所禁止的区域，虽然美方就此多次交涉，但是俄方拒绝就违约行为与美方进行有意义的讨论，也未对美方所列证据予以否认。美国不会对俄继续发展军事系统而破坏条约的行为坐视不理。9日，俄外交部副部长里亚布科夫表示，俄再次警告美，破坏《中导条约》可能沉重打击军控和核不扩散机制，美应明白其肩负的责任。俄始终严格遵守《中导条约》，但如果美停止遵守条约，俄方将按照普京总统的指示作出对等回应。20日，美政府宣布，因为违反《中导条约》，已将诺瓦托尔设计局和泰坦中央设计局两家俄罗斯公司列入美《出口管理条例实体名单》，对其实施制裁。22日，普京在俄高层军事会议上称，美在罗马尼亚的反导系统可部署地对地中程巡航导弹违反《中程核武条约》，俄军拥有应对潜在威胁的所有手段。

伊拉克总理宣布打击“伊斯兰国”取得历史性胜利。9日，伊总理阿巴迪在巴格达发表电视讲话宣布，政府军已收复恐怖组织“伊斯兰国”在伊控制的所有领土，伊取得打击“伊斯兰国”的历史性胜利。9日，美国国务院发表声明称，祝贺伊政府从恐怖组织“伊斯兰国”手中夺回被占的全部领土，并表示将继续支持伊反恐和恢复重建工作。

第八轮叙利亚问题和谈重启。11日，第八轮叙利亚问题日内瓦和谈重启，联合国秘书长叙利亚问题特使德米斯图拉分别会见了叙政府代表团和反对派代表团。和谈提前一天于14日结束。德米斯图拉表示，和谈未取得预期结果。21—22日，第八轮叙利亚问题和谈在哈萨克斯坦首都阿斯塔纳举行。根据会谈结果，停火担保国俄罗斯、土耳其和伊朗发表联合声明称，将于2018年1月29—30日在俄罗斯的索契举行叙利亚国民对话会议，该会议参加者将包括叙国内冲突各方，停火担保国拟于2018年1月19—20日举行此次会议的筹备会。各方决定将继续进行反恐合作，以“完全和彻底地消灭“伊斯兰国”“征服沙姆阵线”等国际恐怖主义组织。

拉胡尔·甘地正式出任印度国大党主席。11日，印度国民大会党正式任命拉胡尔·甘地为新一届国大党主席。47岁拉胡尔·甘地成为该党历史上第六位领导人，将参与2019年大选。16日，在就任演讲中，拉胡尔·甘地表示，国大党绝不允许印民主梦想破灭，他将带领国大党成为一个“具有悠久历史和年轻活力的伟大政党”，致力于与各党派保持兄弟般的关系，并“希望未来能够捍卫每一个印度人自由发声的权利”。拉胡尔毕业于英国剑桥大学三一学院，曾在伦敦一家咨询公司工作，在孟买创立过一家技术外包公司。2004 年，拉胡尔在其父亲、印前总理拉吉夫·甘地所在的北方邦选区参选印议会议员并取得压倒性胜利。2009—2012 年，拉胡尔曾多次负责北方邦和比哈尔邦的议会选举事务。2013 年，拉胡尔被任命为国大党副主席。

中俄印外长第十五次会晤召开。11 日，中国、俄罗斯、印度外交部长第十五次会晤在印度新德里召开。中国外交部长王毅表示，中俄印合作应把重点放在就国际地区重大问题进行战略沟通协调上，对外发出更多一致声音。要展现大国担当，发挥引领作用，共同构建开放型世界经济，推动实现全球化的再平衡，推进全球经济治理改革，维护多边贸易体制，推动落实 2030 年可持续发展议程，致力于欧亚大陆的互联互通。俄外交部长拉夫罗夫和印外交部长斯瓦拉杰表示，中俄印三国应进一步加强协调与合作，推动建立更加公平、民主的国际秩序。会晤结束后三国发表了联合公报。

印度密集举行多场多边会议。11—12 日，首届东盟与印互联互通峰会在印度新德里开幕。峰会主题为“推动 21 世纪亚洲的数字和物理联系”。峰会目标为加速达成印与东盟现有的互联互通预期、确定双方关切的重点问题、制定适当的政策建议、发展加强双方经济、工业和贸易往来的战略。印邀请日本作为唯一的域外国家参加此次互联互通峰会。12 日，印与澳大利亚在新德里举行了首次外交和国防部秘书“2 + 2”对话会。印外交国务秘书、国防秘书同澳外交事务与贸易部秘书和国防秘书共同出席当天对话会。13 日，印澳两国外交秘书与抵达新德里的日本外务省外务事务次官杉山晋辅举行印澳日第四轮三边对话会。

联合国预估 2017 年全球经济增长速度达 3%。11 日，联合国在纽约总部发布了《2018 年世界经济形势与展望》。报告指出，2017 年全球经济增长速度达到 3%，这是自 2011 年以来的最快增长。全球经济增长趋强，2018 年和 2019 年经济的增长预期也将稳定在 3% 左右。东亚和南亚仍是世界上最具经济活力的区域，中国 2017 年对全球经济贡献约占 1/3。

特朗普签署 7000 亿国防授权案。12 日，美国总统特朗普签署总额约 7000 亿美元的 2018 财年国防授权案。特朗普在签署仪式上表示，这一法案将提升美军现代化水平，提供所需战斗装备，加速提升美军力。这是阿富汗和伊拉克战争以来，美国会通过的金额最高的国防授权案。根据该法案，2018 财年美国防支出总额约 7000 亿美元，其中约 6340 亿美元用于国防部军购、军饷等基本开支，约660亿美元用于海外作战任务。该法案还要求扩大美军规模、升级作战装备等。

法国举办气候行动融资峰会。12日，在气候变化《巴黎协定》诞生2周年之际，由法国、联合国和世界银行联合主办的“一个星球”气候行动融资峰会在巴黎举行，包括50多位国家元首和政府首脑在内的164位世界领导人、政府成员、商界领袖出席峰会。法国总统马克龙在峰会上称，应对气候变化行动还不够快，需要立即行动起来，希望美国总统特朗普决定重返协定。联合国秘书长古特雷斯称，许多国家继续为化石燃料提供补贴以降低其价格，这如同人类投资于自己的末日。世界银行行长金镛称，除少数最贫穷国家的特定项目外，世行在2019年后将不再为上游油气开采项目提供融资。美政府未派高级别代表参会，但美加州州长布朗、前州长施瓦辛格、纽约前市长布隆伯格、微软创始人比尔·盖茨等美地方领导人和商界领袖参会。

韩国总统文在寅访华。13—16日，韩总统文在寅访华。14日，中国国家主席习近平同韩总统文在寅举行会谈。习近平主席表示，前段时间，由于众所周知的原因，中韩关系出现一些波折。双方要发挥好高层沟通对两国关系的重要引领作用。中韩可在筹备2018平昌冬奥会和2022北京冬奥会上互相支持、增进合作。必须坚持半岛无核化目标不动摇，绝不允许半岛生战生乱，半岛问题最终要通过对话协商解决。中韩两国在维护半岛和平稳定方面有着重要的共同利益。习近平主席重申中方在“萨德”问题上的立场，希望韩方继续妥善处理这一问题。文在寅表示，习近平主席言行真诚、可信赖。韩中是推动朝鲜半岛、东北亚乃至全世界和平与繁荣的命运共同体。两国关系虽暂时遇到困难，但使双方有机会换位思考、化解隔阂。希望此次会谈能推动两国战略合作关系更上一层楼，愿两国元首的互信与友谊为开辟韩中关系新时代奠定基础。希望双方确认和平解决朝核问题的共同立场，并探讨具体合作方案。15日，李克强总理会见文在寅时表示，两国应努力妥善处理敏感问题，希望两国关系健康稳定向前发展。文在寅表示，希望尽快推动一度萎缩的两国经济交流合作重返正轨。两国签署了经济、贸易、能源、卫生等领域合作的谅解备忘录。

普京召开本届任期内最后一次年度记者会。14日，俄罗斯总统普京举行其本届总统任期内最后一次年度记者会。对于俄各界关注的经济形势，普京当天给予了积极判断，称俄成功克服了油价下跌和外部制裁的双重不利因素，

2017 年俄 GDP 预计增长 1.6%。俄国防支出为 460 亿美元，俄将确保本国安全，但不卷入军备竞赛。普京表示，美国总统选举前俄美总统代表接触是通用的国际惯例，美政府的反对派正试图使美国领导人的工作变得“非法”。普京高度评价了中共十九大通过的决议，表示发展与中国的战略关系是俄全国共识。对于朝鲜核问题，普京称俄不承认朝拥核国地位。美朝都对半岛局势升级负有责任，双方应停止危险举动。

欧盟峰会聚焦“脱欧”、难民和延长对俄制裁问题。14—15 日，欧盟 28 个成员国在布鲁塞尔举行为期两天的峰会，这也是欧盟 2017 年举行的最后一次峰会。欧洲理事会主席图斯克批准欧盟与英国进入第二阶段“脱欧”谈判。难民问题是本届欧盟峰会讨论的重要议题。因波兰等国拒绝参与欧盟难民分配机制，因此就是否应该接受难民分配机制成为欧盟多方争论焦点。欧盟国家领导人以俄罗斯未能有效执行明斯克协议而同意延长对俄罗斯制裁 6 个月，引起俄方强烈不满。

智利前总统皮涅拉赢得总统选举。17 日，在智总统选举第二轮投票中，智前总统塞瓦斯蒂安·皮涅拉当选智利下一任总统。18 日，皮涅拉表示，数十年来，智中一直保持着非常良好的关系。中国是智第一大贸易伙伴，我们要加强与中国的关系，希望与中国在投资、科技和基础设施建设领域加强合作。皮涅拉 1949 年 12 月 1 日出生于智首都圣地亚哥，20 世纪 70 年代开始从事政治活动，1989 年加入智民族革新党，同年当选为参议员，1990 年正式就职参议员至 1998 年，2001—2004 年任民族革新党主席，2005 年 12 月首次参加总统选举落败。2009 年 12 月第二次参加总统选举，并在 2010 年 1 月举行的第二轮投票中获胜当选总统。

美国发布新版国家安全战略报告。18 日，美特朗普政府发布最新国家安全战略，主要内容如下：（一）美国家安全战略界定了四项关键的国家利益：保护美国土、人民和生活方式；促进美繁荣；以实力维护和平；推进美影响力。（二）该战略将应对影响美世界地位的三大关键挑战和趋势，包括修正主义大国如中国和俄罗斯、地区独裁者、“圣战”恐怖分子及跨国犯罪组织。（三）朝鲜寻求以核武杀害上百万美国人的能力，且还在寻求可搭载于导弹的生化武器。美将实现朝鲜半岛无核化和东北亚核不扩散体系。（四）美将重建军力，确保其继续在世界保持领先。（五）美不会再容忍长期的贸易滥用并将寻求自由、公正、互惠的经济关系。该报告共 36 次提及中国，主要内容包括：中俄正挑战美实力、影响和利益，试图侵蚀美安全和繁荣。中国寻求在印太地区取代美国，扩张其国家驱动的经济模式影响，重塑对自身有利的地区秩序。中国建设了世界上仅次于美的最得力、资金雄厚的军队，中国核武库正在增长和多样化。中国在南海建设前哨站和军事化举动危及贸易自由流动、威胁其他国家主权、损害地区稳定。美将继续根据一个中国政策维持与台湾强劲关系，包括在“与台湾关系法”承诺下满足台湾合法防卫需求、遏制胁迫。诸如中国等竞争者每年窃取价值数千亿美元的美知识产权。美将继续与伙伴一道应对中国不公平贸易和经济行为，限制中国获取敏感技术。中国和俄罗斯正向发展中国家投资以扩张影响力、获取对美竞争优势。中国正在非洲扩张经济和军事存在，从20年前的小型投资者成长为非洲最大贸易伙伴。特朗普就该报告发表讲话称，美正面临格外危险的世界，世界已进入竞争的新时代。新国家安全战略继续遵循“美国优先”宗旨，将帮助美赢得竞争。该战略与破坏性的美防卫预算上限决裂，美政府将消除防卫预算上限。美政府正推动最大限度对朝鲜施压行动，对朝实施最严厉制裁，但仍有很多工作要做。美希巴基斯坦采取果断行动帮助打击极端主义。19日，俄罗斯总统新闻秘书佩斯科夫表示，美日前发布新版国家安全战略报告延续了奥巴马时代的政策，显示出美不接受多边世界的态度。俄外交部当天发表声明称，报告表现出美不惜一切代价保留其在国际舞台上的主导地位。俄国家杜马国际事务委员会主席斯卢茨基说，美国家安全战略报告体现了美霸权的恢复和建设单边世界的战略。

俄正式启动新一届总统选举活动。18日，俄罗斯联邦委员会（议会上院）决议指出，俄总统选举将于2018年3月18日举行。俄财政用于新一届总统选举的预算约为149亿卢布（1美元约合59卢布）。俄总统普京已于6日确认将以独立候选人身份参加2018年总统选举。19日，普京在莫斯科举行的全俄人民阵线“面向未来的俄罗斯”行动论坛上称，未来国家的发展方向，既是其目前作为总统的任务，也是其竞选纲领。俄应维护国家的完整与自由，维护社会的稳定与和谐，把力量用到发展和造福祖国上。俄有恢复其世界主导地位的一切能力。这是普京宣布将参加大选后首次阐明自己的纲领。23日，普京在统一俄罗斯党第17次代表大会上阐述了俄所面临的主要任务，即保障发展、消除贫困人口、促进经济增长、面向未来。俄罗斯共产党决定推举名不见经传的商人、57岁的格鲁季宁参选。

南非副总统拉马福萨当选执政党非国大主席。18 日，南副总统西里尔·拉马福萨在执政党非洲人国民大会第 54 届全国代表大会上当选非国大新主席。拉马福萨 24 日称，南政府将建立一个“为人民服务”的经济制度，南人民应该加倍努力，建设“一个所有人都平安、安全和自我有价值感的社会”。拉马福萨 1952 年出生于黑人城镇索韦托，曾在南大学就读法律专业。20 世纪 70 年代开始投身反对种族隔离的斗争，后加入南工会大会，并当选为第一总书记。1991 年，他当选非国大总书记，参与了与白人当局关于废除种族隔离制度的谈判。在角逐非国大主席输给姆贝基后，拉马福萨于 1997 年开始经商。2012 年当选非国大副主席。2014 年 5 月被南总统祖马任命为副总统。

亚投行成员总数扩至 84 个。19 日，亚洲基础设施投资银行在北京宣布其理事会已批准新一批 4 个意向成员加入，成员总数再扩围至 84 个。这一轮加入的成员包括库克群岛、瓦努阿图两个域内成员和白俄罗斯、厄瓜多尔两个域外成员。

美国国会通过 30 年来最大规模税改法案。20 日，美国会参、众两院通过了自 1986 年以来美最大规模的税改法案。根据此法案，美联邦企业所得税率将从 35% 降至 21%；对美企业留存海外的利润进行一次性征税，其中现金利润的税率为 15.5%；推行“属地制”征税原则，即未来美企海外利润将只需在利润产生国交税，而无需向美政府交税。22 日，美总统特朗普签署了该减税法案，该法案将于 2018 年 1 月开始实施。美参、众两院税务联合委员会的初步预测显示，未来 10 年，该法案将让美联邦财政赤字增加 1.46 万亿美元，平均每年推动经济增速提高不到 0.08 个百分点。

秘鲁国会否决针对总统库琴斯基的弹劾案。21 日，秘国会对总统弹劾案进行辩论和最终投票表决。在国会通过总统弹劾案需 2/3 议员支持，也就是至少有 87 张赞成票。最终有 79 人投赞成票，19 人投反对票，另有多人弃权，弹劾案以 8 票之差未能通过。库琴斯基涉嫌腐败案由邻国巴西的反腐行动带出。9 月以来，秘国会负责巴西奥德布雷希特建筑公司行贿案的“洗车行动”调查委员会数次要求库琴斯基当面接受质询，但库琴斯基只同意书面质询。库琴斯基多次表示与这家巴西公司“没有任何直接或间接的关系”。12 月 12 日，国会调查委员会收到奥德布雷希特公司前高管的证词显示，在 2004—2007 年期间，该公司向库琴斯基时任董事会主席的西部田野资本公司支付了 78.2 万美元，这些款项与秘鲁北部奥尔莫斯灌溉项目和北泛美公路建设项目的特许权有关。14 日，库琴斯基针对受贿指责发表讲话，拒绝下台并坚称清白。15 日晚间，秘国会投票通过反对党议员发起的动议，决定启动弹劾总统程序。迫于压力，库琴斯基开始承认自己曾与奥德布雷希特公司有业务往来，但称所接受的付款均为“合法、纳过税并有银行记录的咨询服务费”。20 日晚，库琴斯基再次发表全国讲话，向民众道歉，“我承认我是犯过错误，首先我想要向你们表达的是一份带有清醒认识和心痛的歉意，向你们道歉。”库琴斯基在讲话中也对反对党进行了严厉抨击，称在其 17 个月的执政期间，已有多位部长被反对党占大多数席位的国会审查，或因此被迫离职，并认为国会对其弹劾程序过于仓促。库琴斯基表示，宪法与民主正在受到攻击，我们正在经历一次以所谓的合法法律解释为幌子的攻击。但是反对党的意图，已经因他们仓促而过分的行为暴露无遗。

朝鲜宣布在平壤设立江南经济开发区。21 日，朝最高人民会议常任委员会发布政令，决定在平壤市江南郡古邑里部分地区设立江南经济开发区。朝最高人民会议常任委员会于 2013 年 5 月发布政令，宣布出台经济开发区法，并于同年 11 月发布政令宣布首先在各道设立 13 个经济开发区。此后，朝又宣布设立多个经济开发区。

维阿当选利比里亚总统。27 日，利选举委员会对外公布总统选举的最终结果，在野党民主变革大会党的候选人、前世界足球先生乔治・维阿击败执政党团结党的候选人、现任副总统约瑟夫・博阿凯，成为新一任总统。维阿将于 2018 年 1 月正式就任总统一职。维阿 1966 年出生于利，曾为世界级足球明星，1995 年获得世界足球先生称号。2003 年退役后选择从政，2003 年首次参加总统选举落败，2011 年以副总统候选人身份参加总统选举也未获成功。

伊朗爆发大规模示威游行。28 日以来，伊德黑兰、马什哈德、伊斯法罕、拉什特等多个大城市爆发示威游行，示威者对失业、物价上涨、穷困等问题表达不满，并与警方发生冲突。29 日，美国总统特朗普在推特上多次发文称，伊政府应尊重伊朗人民表达权等权利。31 日，伊总统鲁哈尼在内阁会议上首次针对抗议活动发表讲话称，批评不同于暴力和破坏公共财产，政府机构应当提供合法批评和抗议的空间。一些问题不易解决，需要时间，政府和国家必须携手共同面对。鲁哈尼还称，特朗普没有权力同情伊示威者。这是 2009 年以来伊发生的最大规模抗议活动。

索　　引

（按首字汉语拼音顺序排列）

附 录

A

B

C

D

E

F

G

H

J

K

L

M

N

O

P

Q

R

S

T

W

X

Y

Z

图书在版编目(CIP)数据

当代世界大事概览.2017/郭业洲主编. —北京：党建读物出版社，2018.7（2018.10 重印）

ISBN 978-7-5099-1025-2

Ⅰ.①当… Ⅱ.①郭… Ⅲ.①大事记—世界—2017 Ⅳ.①D5

中国版本图书馆 CIP 数据核字(2018)第 133160 号

当代世界大事概览

DANGDAI SHIJIE DASHI GAILAN

(2017)

郭业洲　主编

责任编辑：谢洪波

责任校对：钱玲娣

封面设计：李志伟

出版发行：党建读物出版社

地　　址：北京市西城区西长安街 80 号南楼（邮编：100815）

网　　址：http://www.djcb71.com

电　　话：010-58587122/7166

经　　销：新华书店

印　　刷：保定市中画美凯印刷有限公司

2018 年 7 月第 1 版　2018 年 10 月第 2 次印刷

710 毫米×1000 毫米　16 开本　17.25 印张　260 千字

ISBN 978-7-5099-1025-2　定价：42.00 元

本社版图书如有印装错误，我社负责调换（电话：010-58587361）